Buch

Jahrzehntelang hat Dr. Joseph Murphy, der in den USA und in Deutschland meistgelesene Lehrer des Positiven Denkens, in Vorträgen und Lesungen die Kraft des Göttlichen in uns beschrieben und Millionen von Lesern mit seinen Büchern einen besonderen Frieden des Herzens beschert. Immer wieder griff er dabei auf das Johannes-Evangelium zurück, daß er selbst auslegte. In diesem biblischen Text offenbarte sich für Dr. Joseph Murphy die Macht des göttlichen Wortes und die unermeßliche Kraft des Glaubens. Murphys Interpretation, die sich nicht scheut, ausgetretene theologische Pfade zu verlassen, macht für uns die Heilige Schrift wieder als lebendige Quelle der Inspiration, der Freude und Erkenntnis spürbar. Nachhaltig fordert sie uns zu hoffnungsvollen, lebensspendenden Gedanken auf. Wer sich seiner göttlichen Natur bewußt wird, findet die Kraft zur positiven Veränderung seines Lebens in sich. Joseph Murphy leistet mit diesem Buch, das die Kraft seiner Lebenslehre im Verständnis der biblischen Offenbarung neu entstehen läßt, einen hilfreichen Beitrag zu unserem ganz persönlichen Entwicklungsweg.

Autor

Joseph Murphy, Dr. theol., jur., rer. nat., verstorben im Dezember 1981, vermittelte mehr als ein Vierteljahrhundert durch persönliche Beratungen und in öffentlichen Vorträgen unzähligen Menschen in aller Welt das Vertrauen in die Kraft des menschlichen Geistes. Er ist Verfasser von etlichen Büchern, die in mehrere Sprachen übersetzt und inzwischen mehr als eine Million Mal verkauft wurden.

Von ihm liegen im Goldmann Verlag außerdem vor:

Das I-Ging-Orakel Ihres Unterbewußtsein (11757)
Das Wunder Ihres Geistes (11739)
Der Weg zu innerem und äußerem Reichtum (11767)
Die Gesetze des Denkens und Glaubens (11734)
Die kosmische Dimension Ihrer Kraft (11755)
Die Praxis des Positiven Denkens (11939)
Die unendliche Quelle Ihrer Kraft (11736)
Leben in Harmonie (11751)

Dr. Joseph Murphy
Die Kraft Ihres inneren Friedens

Aus dem Amerikanischen übertragen
von Susanne Kahn-Ackermann

GOLDMANN VERLAG

Originaltitel: Peace Within Yourself
Originalverlag: Book Graphics, Inc., California
Die Kapitel dieses Buches entsprechen der Kapitelfolge des Johannes-Evangeliums; alle Zitate stützen sich auf DIE BIBEL-Einheitsübersetzung des Neuen Testaments, 1980, Katholische Bibelanstalt, Stuttgart.

Umwelthinweis:
Alle bedruckten Materialien dieses Taschenbuches
sind chlorfrei und umweltschonend.
Das Papier enthält Recycling-Anteile.

Der Goldmann Verlag
ist ein Unternehmen der Verlagsgruppe Bertelsmann

Genehmigte Taschenbuchausgabe
© 1956 by Jean Murphy
© 1983 der deutschen Ausgabe by Ariston Verlag, Genf
exclusive Lizenzausgabe für Wilhelm Goldmann Verlag, München
Umschlaggestaltung: Design Team München
Druck: Elsnerdruck, Berlin
Verlagsnummer: 11855
Ba · Herstellung: Gisela Ernst/sc
Made in Germany
ISBN 3-442-11855-7

5 7 9 10 8 6

Inhalt

Vorwort von Erhard F. Freitag
9

KAPITEL 1
Wie Sie sich die Kraft des Wortes
zunutze machen können
13

KAPITEL 2
Die Gestaltungskraft Ihres Bewußtseins
bestimmt Ihr Leben
33

KAPITEL 3
Der Weg zu Ihrer geistigen Wiedergeburt
45

KAPITEL 4
Wie Sie Vorurteile überwinden lernen
57

KAPITEL 5
Den Weg zur inneren Gewißheit finden
71

KAPITEL 6
Der Aufstieg des Bewußtseins
81

KAPITEL 7
Der Schlüssel zur Heilkraft
99

KAPITEL 8
Wie Sie die wahre Geistigkeit in sich entdecken
107

KAPITEL 9
Die Überwindung unserer inneren Blindheit
119

KAPITEL 10
Gehen Sie durch die Tür Ihres Bewußtseins!
129

KAPITEL 11
Erleben Sie die Auferstehung des Friedens
in Ihrem Geist!
139

KAPITEL 12
Die Erlösung von Ihren inneren Fesseln
147

KAPITEL 13
Der innere Fortschritt Ihrer geistigen Kraft
159

KAPITEL 14
Wie Sie Ihre ewige Ganzheit erkennen
171

KAPITEL 15
Wie Sie Ihrer geistigen Kraft Wurzeln geben
185

KAPITEL 16
Befreien Sie sich von den falschen Bildern!
197

KAPITEL 17
Wie Sie in sich selbst Gott erleben
207

KAPITEL 18
Pflegen Sie den Garten Ihres Geistes
217

KAPITEL 19
Verstehen Sie das Geschenk
des göttlichen Opfers!
229

KAPITEL 20
Das Geheimnis der Auferstehung
243

KAPITEL 21
Wie Sie das Licht in uns allen finden
249

Vorwort

Liebe Leserinnen und Leser!

Ich bin dankbar und glücklich, dieses Buch meines großen Lehrers und Freundes Dr. Joseph Murphy vorstellen zu dürfen. In seinen Vorträgen und Lesungen sprach er immer wieder über die innere Bedeutung des Evangeliums des Johannes, eines der geheimnisvollsten und bewegendsten Weisheitsbücher der Menschheit.

Die kraftvolle Lebendigkeit der Gleichnisse, die einfache, klare und empfindungstiefe Sprache verleiht ja den biblischen Evangelien noch heute einen einzigartigen Zauber.

In der Auslegung dieser biblischen Texte offenbart sich mit Hilfe Dr. Murphys die Heilige Schrift erneut als lebendige Quelle der Inspiration, der Freude und der Erkenntnis. In den göttlichen Worten brennt immer noch ein spirituelles Feuer, das alles Falsche, Lauwarme und Halbherzige verbrennt und uns ansteckt, uns unserer wahren göttlichen Natur zu erinnern und nur förderliche, lebenspendende Gedankenmuster in unserem Innern zu haben.

Natürlich werden manche Theologen und all diejenigen, die am Wort kleben und am historischen Gehalt festhalten wollen, so gar nicht einverstanden sein mit diesen mutigen spirituellen und psychologischen Einsichten Dr. Murphys.

Aber gerade hier zeigen sich seine Meisterschaft und sein profundes tiefes Wissen um die heiligen Schriften und die ihnen allen gemeinsam zugrundeliegenden geistigen Gesetzmäßigkeiten.

Dr. Murphy hat mir vor vielen Jahren die Kraft und den Mut zu glauben wiedergeschenkt. Er hat mir durch sein unermüdliches Wirken und sein persönliches Vorbild geholfen, das Feuer auch in mir wieder zu entfachen, das in den Worten Jesu brennt. Es war mir durch die leeren kirchlichen Rituale verlorengegangen. Dafür bin ich Dr. Murphy, diesem wunderbaren Philosophen und Lebenslehrer, zutiefst dankbar, denn damit schenkte er mir zugleich den Glauben an mich selbst und mein eigenes unbegrenztes geistiges Kraftpotential zurück.

Ich würde mich sehr freuen, wenn die Bedeutung des positiven Denkens durch dieses Buch viele Menschen aller Konfessionen erreichte und sie die Aktualität des Evangeliums neu erkennen würden. Als unverbesserlicher Positivdenker wage ich es sogar zu hoffen, daß zukünftig auch von den Kanzeln unserer Kirchen etwas von diesem lebendigen Geist der Wahrheit, wie ihn uns dieses wunderbare Buch vermittelt, zu hören und vor allem zu fühlen ist.

Dieser Jesus Christus, wie ihn uns Dr. Murphy hier darlegt, zeigt uns den direkten Weg nach innen, zu unserer eigenen Ganzheit, unserem »Heil«sein. »Intuition ist ganz einfach die Weisheit Gottes, die im subjektiven Innern des Menschen wohnt. Wir benützen den Intellekt (Johannes), um die Anweisungen des Göttlichen in uns auszuführen«, erklärt Dr. Murphy. Damit hilft er uns, den Staub jahrhundertelanger Schuldzuweisungen und Drohungen von den Augen zu wischen und diese wundervollen heiligen Gleichnisse erneut mit lebendigem Odem zu füllen.

Auch Sie sind Stellvertreter des einen großen Vaters hier auf Erden, auch Sie sind Erlöser und Prophet – diese zentrale Heilsbotschaft wurde Dr. Murphy nicht müde, sein Leben lang denen zu wiederholen, »die Ohren hatten zu hören«.

Auch Sie können, indem Sie diese Texte nicht nur mit kritischem Verstand, sondern mit dem offenen Herzen der Liebe lesen, das Tor zu Ihrem Himmelreich und zu den unendlichen positiven Möglichkeiten in Ihrem Leben weit aufstoßen.

Möge dieses Buch die Kraft Ihres inneren Friedens mehren und Ihr inneres Licht zum Leuchten bringen.

In geistiger Verbundenheit mit den aufrichtigsten Wünschen

Ihr Erhard F. Freitag

KAPITEL I

Wie Sie sich die Kraft des Wortes zunutze machen können

(1) Am Anfang war das Wort, und das Wort war bei Gott, und das Wort war Gott.

Am Anfang, das bedeutet den Anfang eines jeglichen schöpferischen Prozesses. Lassen Sie uns das obige Zitat sofort an einem praktischen Beispiel zur Anwendung bringen. In der Bibel lesen Sie: *Er sandte sein Wort und heilte sie.* Nehmen wir an, Sie wollen für Ihre kranke Mutter beten; dann würden auch Sie Ihr Wort senden. Das *Wort,* das bedeutet Ihren Wunsch, Ihren klar formulierten Gedanken, Ihre eindeutige Vorstellung. Ihr Wunsch oder Ihr Wort müssen eindeutig sein.

Sie stellen sich vor, daß Ihre Mutter vollkommen gesund ist. Diese Vorstellung ist nicht real, aber sie ist ein Keim, der seine eigene Mathematik und seinen eigenen Mechanismus hat. Sie selbst verleihen einem Pflanzenkeim nicht das Leben; Sie können ihn nicht wachsen lassen. Aber Sie legen ihn in die Erde, und wenn Sie ihn wässern und nähren, beschleunigen Sie sein Wachstum; Sie können nichts erzwingen. Er besitzt seine eigene Vitalität und Kraft, die die ihm innewohnenden Eigenschaften zur Entfaltung bringen.

Das Wort war bei Gott. Dies ist Ihr zweiter Schritt. *Bei* oder *mit* ist ein Verhältniswort, das zwei Gedanken oder Bilder gefühlsmäßig miteinander verbindet. Das Wort *bei* oder *mit* bedeutet Gefühl, Überzeugung. Wenn Sie Ihre Gedanken zur Ruhe bringen, indem Sie an die innere göttliche Heilkraft denken, die Ihre Mutter erschuf, dann werden Sie in Gemüt und Geist empfänglich. Dies ist die Erde, in die Sie Ihren Keim oder Wunsch legen. Fühlen und wissen Sie, daß die heilende Kraft Gottes nun Ihre Mutter wiederherstellt und heilt gemäß dem göttlichen Bild von vollkommener Harmonie, Gesundheit und Frieden. Fahren Sie damit fort, bis Sie die entsprechende geistige Atmosphäre oder das Gefühl von vollkommener Gesundheit ganz real erfahren. Sie können sich auch vorstellen, daß Ihre Mutter zu Hause ist und all das tut, was sie immer getan hat. Hören Sie, wie sie von Gottes Wunder und ihrer erstaunlichen Gesundung berichtet. Alles das können Sie sich sehr lebhaft und real vorstellen. In Ihrer Mutter wird nun das Gefühl von Gesundheit aufkommen, und heilende Kräfte werden in ihr freigesetzt.

Der Grund dafür liegt darin, daß es nur einen Geist gibt und innerhalb des Geist-Prinzips weder Zeit noch Raum existieren; deshalb fühlt sie sofort Ihre Vorstellung von vollkommener Gesundheit. Sie denken an Ihre Mutter, was Sie mit dem göttlichen Geist eins werden läßt. Sie fängt wie eine Empfangsstation Ihre himmlische Botschaft auf, denn subjektiv sind Sie beide eins; in der passiven, empfänglichen Geisteshaltung gibt es kein Hier oder Dort. Ihr Gedanke ist allgegenwärtig.

Beten Sie zwei- oder dreimal am Tag auf diese Weise und beachten Sie nicht, was die Ärzte sagen oder Verwandte glauben und meinen. Bleiben Sie fest im Wissen, daß Ihre Gedanken und Gefühle die *Worte* sind, die heilen. Dies ist Ihre Vollmacht und Kraft. Sie sind ein Chirurg, der auf geistiger Ebene eine sehr heikle Operation ausführt. Ihre Instrumente (Gedanken und Gefühl) müssen stets sterilisiert sein. Sie weisen entschieden alle Ängste von sich und sprechen das Wort mit Überzeugung, denn Sie wissen, daß sich das, was Sie verfügen, auf den Körper Ihrer Mutter auswirkt. Sie haben in Ihrem Geiste die Vorstellung von der vollkommenen Gesundheit Ihrer Mutter geboren und wissen, daß dieser Gedanke nach seiner eigenen Gesetzmäßigkeit keimen und wachsen wird. Sie haben ihn mit Glaube und Zuversicht genährt, und Ihr Wort (Ihr inneres Gefühl, Ihre Überzeugung) war Gott. Es war gut (Gott und gut sind Synonyme). Es kam in die Welt als vollkommene Heilung der Person, für die Sie beteten. Sie haben die Formel des Gebets zur Anwendung gebracht.

Das ganze *Johannesevangelium* lehrt, wie das Bewußtsein eine Vorstellung annimmt und als Zustand, Erfahrung oder Ereignis in die Welt aussendet. Dieser Gedanke drückt sich auch in der Geschichte von Jonas aus, der vom Wal verschlungen wird. Der *Wal* steht für Ihr Unbewußtes, das einen Gedanken (Jonas), den es als wahr empfindet, aufnimmt; dann drückt es aus (oder wirft aufs trockene Land), was es an Eindrücken erhalten hat.

Es wird gesagt, daß Jonas drei Tage lang im Bauch des Wals blieb. Dies steht für die Zeitspanne, die Sie brauchen, um zu seiner Überzeugung zu gelangen oder bis Sie das Gefühl haben, daß Ihr Gebet erhört wird. Sie hat nichts mit einem tatsächlichen Zeitraum von drei Tagen zu tun. Die Zahl *Drei* steht hier für die Zeit Ihrer geistigen Arbeit mit einem Gedanken, bis das Bewußtsein ihn absorbiert hat.

Die schöpferische Kraft

(2) Am Anfang war es bei Gott. (3) Alles ist durch das Wort geworden, / und ohne das Wort wurde nichts, was geworden ist. (4) In ihm war das Leben, / und das Leben war das Licht der Menschen.

Es gibt nur eine schöpferische Kraft. Es gibt nur einen Ursprung. Gott wird Bewußtheit, grenzenloses Bewußtsein, Leben genannt. Es gibt nur ein Leben, und alle Dinge in der Welt sind innerhalb von und aus Leben oder Bewußtsein gemacht. Die Bibel nennt Gott ICH BIN, was Sein oder Existenz bedeutet. ICH BIN begreift sich selbst als Sonne, Mond, Sterne usw. Alles, was Sie sehen, ist ICH BIN in unendlicher Vielfalt. Es gibt nur eine Ursache, ein Wesen, einen Ursprung. Was immer Sie über Ihr Gefühl mit ICH BIN verknüpfen, das erschaffen Sie in Ihrer Welt des Ausdrucks. Das ist gemeint, wenn in der Bibel steht: »Und ohne das Wort wurde nichts, was geworden ist.« Nichts wird ohne das Gefühl geschaffen. Wenn Sie sich arm fühlen, werden Sie arm. Wenn Sie sich wohlhabend fühlen, werden Sie wohlhabend; wenn Sie sich gewürdigt fühlen, werden Sie gewürdigt.

Licht bedeutet unendlicher Geist in der Bibel. Unendlicher Geist ist in Ihnen. Fühlen und wissen Sie, daß Sie auf göttliche Weise auf all Ihren Wegen geführt werden, und Sie werden es erfahren; dann werden Sie die Bedeutung von *und das Leben war das Licht der Menschen* erkennen und erfahren.

Das Licht in der Finsternis

(5) Und das Licht leuchtet in der Finsternis, / und die Finsternis hat es nicht erfaßt. (6) Es trat ein Mensch auf, der von Gott gesandt war; sein Name war Johannes. (7) Er kam als Zeuge, um Zeugnis abzulegen für das Licht, damit alle durch ihn zum Glauben kommen.

Finsternis bezieht sich auf Unwissenheit oder Mangel an Kenntnis über die Arbeitsweise von Geist und Seele. Wir leben in Finsternis, wenn wir nicht wissen, daß wir sind, was wir denken und fühlen. Der Mensch ist begrenztes Sein des Einen Grenzenlosen und besitzt alle Merkmale, Eigenschaften und Kräfte Gottes. Der Mensch ist hier, um zu entdecken, wer er ist. Er ist kein Automat. Er hat die Fähigkeit, positiv oder negativ zu denken. Wenn er entdeckt, daß all seine guten und schlechten Erfahrungen durch sein Denken und Fühlen bestimmt werden, hört er allmählich auf, sich den äußeren Bedingungen unterworfen und durch sie eingeschränkt zu fühlen. Wenn der Mensch die Gesetze des Geistes nicht kennt, weiß er nicht, wie er sein Verlangen und seine Wünsche realisieren soll.

Der Name *Johannes* bezieht sich nicht auf einen bestimmten Mann, sondern steht für einen Bewußtseinszustand, in dem der Mensch auf intellektuelle Weise die Wahrheit zu erkennen beginnt. Alle von uns sind hier, um Zeugnis abzulegen für das innere Licht (Gott). Wir legen wahres Zeugnis ab, wenn wir der Harmonie, Gesundheit und dem Frieden in unserem Geist, unserem Körper und in unserer Umwelt Ausdruck geben. Jesus ist ein Symbol für den Menschen, der sich fortwährend zu Höherem entwickelt. Er zeigt den Weg und enthüllt die Kräfte, die allen Menschen innewohnen. Er sagt allen: »*Wer an mich glaubt, wird die Werke, die ich vollbringe, auch vollbringen, und er wird noch größere vollbringen.«* Die gleichen Kräfte, deren sich Jesus bediente, sind in allen von uns. Wenn wir in unserem Bewußtsein zum Punkt des Annehmens gelangen, wie Jesus es tat, dann werden auch wir die Augen der Blinden öffnen, die Tauben hören machen und alle die Dinge tun, die Jesus tat, weil wir glauben.

Bewußtsein als Schöpfer

(8) Er war nicht selbst das Licht, er sollte nur Zeugnis ablegen für das Licht. (9) Das wahre Licht, das jeden Menschen erleuchtet, / kam in die Welt. (10) Er war in der Welt, / und die Welt ist durch ihn geworden, / aber die Welt erkannte ihn nicht. (11) Er kam in sein Eigentum, / aber die Seinen nahmen ihn nicht auf.

Vers 8 bedeutet, daß der Intellekt (ein anderer Name für Johannes) nicht das wahre Licht ist; er ist eine Projektion des inneren unendlichen Geistes. Aber wenn mein Intellekt durch die Weisheit Gottes erleuchtet wird, dann lege ich Zeugnis ab für das Licht.

Hier ist ein einfaches Beispiel: Ich hatte, einige Tage bevor ich mit diesem Kapitel begann, ein verzwicktes Problem zu lösen. Ich wurde innerlich still, entspannte mich und sagte: »Nur der unendliche Geist weiß die Antwort. Die Antwort ist jetzt mein.« Ich kümmerte mich nicht weiter um die Angelegenheit und begann zu schreiben. Und während ich diese letzten Sätze schrieb, sprang mir plötzlich die Antwort ins Bewußtsein, so ähnlich, wie eine Toastscheibe aus dem Toaster springt. Dies nennt man Führung oder Intuition. *Intuition* ist ganz einfach die Weisheit Gottes, die im subjektiven Innern des Menschen wohnt. Wir benützten den Intellekt (Johannes), um die Anweisungen des Göttlichen in uns auszuführen.

Das wahre *Licht, das jeden Menschen erleuchtet,* stellt das ICH BIN oder Gott im Menschen dar. Einfach ausgedrückt, sagen wir, daß Bewußtheit oder Bewußtsein das Licht der Welt ist.

Wenn Sie sich zum Beispiel irgendeiner Sache nicht bewußt sind, dann existiert sie in Ihrer Welt nicht. Angenommen, ein paar Straßen weiter stürzt ein Haus ein. Wenn Sie nichts gesehen oder gehört haben, ist, was Sie angeht, nichts geschehen; Ihr Licht (Bewußtheit) fiel nicht darauf; von daher ist die Sache auch nicht Teil Ihres Bewußtseins. Denken Sie stets an diese Wahrheit: Was immer Sie sich bewußtmachen, das tritt in Ihre Welt ein. Mit anderen Worten, Ihre Bewußtheit ist das Licht, das Ihre Welt erschafft. Mit *Ihrer Welt* meine ich Ihren Körper, Ihre Lebensumstände, Ihre Umwelt und alle Ihre vielschichtigen Erfahrungen.

Sie haben schon in Vers 5 gelesen: *Das Licht leuchtet in der Finsternis.* Falsche Konzeptionen, falsche Theorien und negative Gedanken stellen Ihre Finsternis dar. Wenn Sie glauben, daß ein Ventilator bei Ihnen einen steifen Hals verursacht, dann ist dies ein falsches Licht oder falsches Wissen, das in Ihrer Welt Leiden verursacht. Gedanken und Vorstellungen, die Sie inspirieren und erheben, Sie heilen und für Sie segensreich sind, stellen die Weisheit Gottes dar, das wahre Licht. Wahres Wissen von Gott wird Ihren geistigen Himmel erhellen und Ihnen Frieden, Heiterkeit, ein Gefühl der Sicherheit und Gelassenheit geben. Ich nehme an, Sie wissen ganz gut, was das Wort *Bewußtheit* umfaßt. Wir müssen immer daran denken, daß wir unsere eigene Welt entsprechend und gemäß unserer geistigen Bilder und Denkmuster erschaffen.

Vers 10 verweist darauf, daß Ihr Bewußtsein der Schöpfer Ihrer Welt ist, aber die Mehrheit der Menschen weiß nicht, daß die Ursache von allem ihr eigener Bewußtseinszustand ist. Mit *Bewußtseinszustand* ist all das gemeint, was Sie denken, fühlen, glauben und wonach Sie geistig streben.

Vers 11 erläutert, daß sich der Mensch im allgemeinen zu glauben weigert, daß sein Bewußtseinszustand die Ursache aller seiner Erfahrungen ist – seien sie gut oder schlecht. Lieber macht er äußere Dinge dafür verantwortlich.

Kinder Gottes sein

(12) Allen aber, die ihn aufnahmen, / gab er Macht, Kinder Gottes zu werden, / allen, die an seinen Namen glaubten.

Die Macht oder Kraft, die Jesus gebrauchte, wohnt allen Menschen inne. Wenn wir die Tatsache, daß Gott allmächtig ist, ebenso selbstverständlich akzeptieren würden, wie wir ein Telefonat führen, dann könnten wir Tote auferstehen lassen, Blinde heilen und all die Dinge tun, die Jesus tat. Theoretisch stimmen wir diesen Wahrheiten zu, glauben sie aber im Herzen nicht wirklich. Deshalb beten wir weiterhin, um uns von der Wahrheit, die wir bekräftigen, zu überzeugen. Solange wir glauben, daß wir das Kind von Hinz oder Kunz sind, werden wir nie die Werke Gottes tun. Wir brauchen nur die Macht Gottes zu erkennen und daran zu glauben; dann wird das Wunder geschehen.

(13)... die nicht aus dem Blut, / nicht aus dem Willen des Fleisches, / nicht aus dem Willen des Mannes, / sondern aus Gott geboren sind. (14) Und das Wort ist Fleisch geworden / und hat unter uns gewohnt, / und wir haben seine Herrlichkeit gesehen, – / die Herrlichkeit des einzigen Sohnes vom Vater, / voll Gnade und Wahrheit.

Das *Fleisch und Blut*, von dem hier die Rede ist, steht für unsere gegenwärtigen Begrenzungen, die sich in dem Moment aufheben, in dem wir die innere spirituelle Kraft und ihre Allmacht erkennen, im Wissen, daß sie auf unsere Denkmuster und geistigen Bilder reagiert. Der *Wille Gottes* ist die Natur Gottes; und die Natur Gottes ist Güte, Wahrheit, Schönheit, Ganzheit, Vollständigkeit und Perfektion.

Die Worte *Fleisch geworden* werden Teil Ihrer Erfahrung, wenn Sie in das Gefühl eintreten, geheilt zu werden; dann werden Sie geheilt werden. So wird das Wort (Ihr Verlangen) Fleisch (manifestiert), und Sie sehen die Herrlichkeit (die Verwirklichung des göttlichen Gedankens) des einzigen Sohnes (Ihr höchster Wunsch) voll Gnade und Wahrheit, was die Harmonie und das Glück bedeuten, die der Antwort auf Ihr Gebet folgen.

Gnade und Wahrheit

(15) Johannes legte Zeugnis für ihn ab und rief: Dieser war es, über den ich gesagt habe: Er, der nach mir kommt, ist mir voraus, weil er vor mir war. (16) Aus seiner Fülle haben wir alle empfangen, / Gnade über Gnade. (17) Denn das Gesetz wurde durch Mose gegeben, die Gnade und die Wahrheit kamen durch Jesus Christus.

Sie sind Johannes, und Sie legen immer von Ihrem Bewußtseinszustand Zeugnis ab. Jegliche äußere Veränderung ist die Folge inneren Wandels.

Sehen wir uns die Aussage an: *Er, der nach mir kommt, ist mir voraus.* Das Bewußtsein oder die Überzeugung, geheilt zu werden, muß der Heilung vorausgehen. Kürzlich hat sich ein Mann, der eine steife Hand hatte, selbst geheilt, indem er mehrmals am Tag zehn bis fünfzehn Minuten lang der Überzeugung Ausdruck gab, daß die heilende Kraft Gottes seine Hand heile, stärke und wiederherstelle. Er wurde ein neuer Mensch. Der Mann mit der steifen Hand starb, und der Mann mit der vollkommenen und voll funktionierenden Hand erwachte zum Leben. Dies meint den Tod des Glaubens an Paralyse und die Geburt der Vorstellung von vollkommener Gesundheit. Ihr Bewußtsein erstirbt in seinem alten Zustand und gebiert einen neuen Gedanken.

Vers 17 meint das Gesetz und das Wort auf kosmischer (Moses) und persönlicher (Jesus) Ebene. Moses ist Ihr Verlangen, Ihr Wunsch, und Jesus ist Ihre Überzeugung. Moses und Jesus verweisen auf zwei Phasen Ihres Bewußtseins. Moses gibt uns das Gesetz, daß das Gefühl der Schöpfer ist. Jesus Christus bedeutet die harmonische Vereinigung oder das Wirken von Bewußtsein und Unbewußtem. Christus ist die Erfüllung des Gesetzes. In einfache Alltagssprache übertragen bedeutet *Jesus Christus*: Ich bin vom Gefühl erfüllt, das zu sein, was ich zu sein verlange. Gnade und Wahrheit (Liebe und Freiheit) sind die Folge eines solchen Bewußtseinszustands.

Der Weg zu Gott

(18) Niemand hat Gott je gesehen. Der Einzige, der Gott ist und am Herzen des Vaters ruht, er hat Kunde gebracht. (19) Dies ist das Zeugnis des Johannes: Als die Juden von Jerusalem aus Priester und Leviten zu ihm sandten mit der Frage: Wer bist du?, (20) bekannte er und leugnete nicht; er bekannte: Ich bin nicht der Messias. (21) Sie fragten ihn: Was bist du dann? Bist du Elija? Und er sagte: Ich bin es nicht. Bist du ein Prophet? Er antwortete: Nein. (22) Da fragten sie ihn: Wer bist du? Wir müssen denen, die uns gesandt haben, Auskunft geben. Was sagst du über dich selbst?

Wir sehen Gott nicht in direktem Angesicht. Wir sehen Gott so, wie wir die Lösung eines verzwickten mathematischen oder geometrischen Problems sehen. Alle Menschen sind aus dem Alleinzigen hervorgegangen. Wir sind alle Kinder oder Ausdruck des einen Gottes oder Lebens. Auch Ihr klarer Wunsch ist ein Kind Gottes oder ein Gedanke des Unendlichen. Ihr Wunsch nach Gesundheit ist ein Versprechen oder eine Proklamierung der göttlichen Kraft, Sie zu heilen.

Johannes (Intellekt) ist nicht Christus (Weisheit Gottes). Bist du Elija? Elija bedeutet: Gott ist Erretter. Bevor wir die Antwort auf irgendein Problem erfahren können, müssen wir erkennen, daß der Unendliche Geist in uns ist und auf unsere Gedanken reagiert. Mit anderen Worten, Elias muß vorausgehen. Bist du der Prophet? Der Prophet ist immer Jesus oder Ihre innere Überzeugung oder Ihr inneres Gefühl, das bestimmt, was kommt. Eine einfache Anwendung von Bibelvers 15 ist die Erkenntnis, daß *Johannes* Ihr Bewußtsein ist, das zur Wahrheit erwacht.

Christus ist die subjektive Weisheit und Kraft Gottes, die Sie herbeirufen, wenn Sie innerlich still werden und sich nicht auf die äußerliche Erscheinungswelt der Dinge einlassen. In Ihrer meditativen Haltung werden Sie der inneren Stimme und göttlichen Weisheit gewahr, die in Ihnen aufsteigt und Ihnen den Weg zeigt.

(23) Er sagte: Ich bin die Stimme, die in der Wüste ruft: Ebnet den Weg für den Herrn!, wie der Prophet Jesaja gesagt hat. (24) Unter den Abgesandten waren auch Pharisäer. (25) Sie fragten Johannes: Warum taufst du dann, wenn du nicht der Messias bist, nicht Elija und nicht der Prophet? (26) Er antwortete ihnen: Ich taufe mit Wasser. Mitten unter euch steht der, den ihr nicht kennt.

Die Stimme, die in der Wüste ruft, ist der kosmische Schaffensdrang, sind die Ideale und Impulse, die in allen von uns aufsteigen. Sie ist das eingeborene Lebensprinzip oder Gott in uns allen, die wir das Richtige zu tun suchen. Die Stimme in der Wüste ruft nach dem richtigen Weg. In der Wüste befinden wir uns in einer Situation der Beschränkung. Der Herr ist die Macht und Kraft unseres Geistes im Einklang mit dem Unendlichen. Wir befinden uns in der Wüste des Hörensagens, der nichtigen Gedanken und Meinungen, bis wir zum Reich Gottes in uns erwachen. Dieses Reich ist zeitlich oder räumlich nicht weit von uns entfernt, sondern existiert in unser aller Leben. Wir können in das Reich des Friedens, der Harmonie und der Freude eintreten, wenn wir unseren Geist und unser Gemüt von falschen Glaubensüberzeugungen (Taufe) reinigen und die Wahrheit Gottes akzeptieren. Johannes (Bewußtsein) tauft mit Wasser. Wir werden natürlich nicht dadurch gereinigt, daß wir uns Wasser über den Kopf schütten. Für uns gilt die Aussage Jesu: »Wer vom Bad kommt, ist ganz rein und braucht sich nur noch die Füße zu waschen.«

Die *Füße* symbolisieren unsere Einsicht und Verständniskraft. Wenn wir unsere falschen Überzeugungen und abergläubischen Vorstellungen aufgeben, dann sind wir bereit zu glauben, daß die Gegenwart Gottes nichts anderes ist als unser Bewußtsein oder Gewahrsein. Unser Bewußtsein hat kein Gesicht, keine Form oder Gestalt. Es ist unsichtbar, eine formlose Kraft in uns, die je nach unseren Gedanken und Gefühlen Gestalt annimmt. Hier in Ihrer Welt des Geistes oder Bewußtseins sind Sie Christus oder der König Ihrer Welt. Ihr Königs*gewand* ist die Kleidung oder der Seinszustand der Liebe. Ihre *Krone* ist Ihr Gewahrsein der Kraft Gottes. Ihr *Zepter* ist die Autorität, mit der Sie diese Kraft benützen, um zu segnen, zu heilen und zu inspirieren.

Johannes sagte: *Ich taufe mit Wasser.* Wasser hat hier natürlich eine besondere Bedeutung. Jesus sagte: *... das Wasser, das ich ihm gebe, (wird) in ihm zur sprudelnden Quelle werden, deren Wasser ewiges Leben schenkt. (Johannes 4,14)*

Wasser bedeutet die Wahrheit oder die Weisheit Gottes, die im menschlichen Geist an oberster Stelle regiert. Wenn Sie diese Worte lesen, wissen Sie, daß die Macht Ihrer Gedanken von Ihrem Geist und Ihrer Seele Besitz ergreift, alle Feinde austreibt und die göttliche Kraft weise und förderlich lenkt. *Die Elenden und Armen suchen Wasser, / doch es ist keins da; / ihre Zunge vertrocknet vor Durst. (Jesaja 41,17)* Nehmen wir an, Sie taufen sich nun selbst mit Wasser. Wasser bedeutet Ihr Bewußtsein, das wie das Wasser die Form jedes Gefäßes annimmt, in das es gegossen wird. Das *Gefäß* ist Ihre geistige Haltung oder Ihr Gefühl. Unser grenzenloses Bewußtsein wird immer durch das begrenzt (Umstände, Erfahrungen und Ereignisse in unserem Leben), was wir denken, fühlen und glauben. Wenn Sie das wissen, besitzen Sie die Wahrheit, die Sie befreit. Sie reinigt den Geist ganz gewiß vom Glauben an äußere Mächte und Ursachen.

Ich bin...

(27)... und der nach mir kommt; ich bin es nicht wert, ihm die Schuhe aufzuschnüren. (28) Dies geschah in Betanien, auf der anderen Seite des Jordan, wo Johannes taufte. (29) Am Tag darauf sah er Jesus auf sich zukommen und sagte: Seht, das Lamm Gottes, das die Sünde der Welt hinwegnimmt.

In Vers 27 wird uns gesagt, daß der bewußte Verstand es nicht wert ist, die Schuhe des tieferen Bewußtseins oder subjektiven Selbsts aufzuschnüren. Mit *subjektivem Selbst* meine ich nicht einfach das Unterbewußte, sondern die Gegenwart Gottes oder des ICH BIN in uns. *Füße* symbolisieren Verstehen, und die Schuhe bedecken die Füße. Mit anderen Worten, der bewußte Verstand kennt nicht das Geheimnis der Schöpfung oder die Art und Weise, in der die unendliche Weisheit und der grenzenlose Geist im Menschen die Dinge zuwege bringt. Diese Dinge sind nicht zu ergründen. Der bewußte Verstand kann nicht erschließen oder enthüllen, wie, wann, wo oder durch welche Quelle die Antwort auf sein Gebet kommen wird. Dem bewußten Verstand erscheinen viele Dinge unmöglich, aber der unsichtbaren Kraft im Menschen ist alles möglich.

Das *Lamm Gottes* in Vers 29 ist ein symbolischer Verweis auf die Sonne, die in das Zeichen des Widders eintritt, ein Schafbock oder ein Lamm. Die Alten nannten die Sonne Retterin der Welt, da sie die Welt aus Dunkelheit und Tod erlöst, wenn sie am Himmel aufsteigt. Wenn Johannes (Ihr Intellekt) Jesus (innere göttliche Kraft) erkennt, dann fangen Sie an, Ihre Wünsche und Bestrebungen zu erfüllen, und Ihre Sünden (Ihr Versagen, Ihr Ziel zu erreichen und Ihre Wünsche zu erfüllen) werden von Ihnen genommen.

(30) Er ist es, von dem ich gesagt habe: Nach mir kommt ein Mann, der mir voraus ist, weil er vor mir war. (31) Auch ich kannte ihn nicht; aber ich bin gekommen und taufe mit Wasser, um Israel mit ihm bekanntzumachen. (32) Und Johannes bezeugte: Ich sah, daß der Geist vom Himmel herabkam wie eine Taube und auf ihm blieb. (33) Auch ich kannte ihn nicht; aber er, der mich gesandt hat, mit Wasser zu taufen, er hat mir gesagt: Auf wen du den Geist herabkommen siehst und auf wem er bleibt, der ist es, der mit dem Heiligen Geist tauft. (34) Das habe ich gesehen, und ich bezeuge: Er ist der Sohn Gottes. (35) Am Tag darauf stand Johannes wieder dort, und zwei seiner Jünger standen bei ihm. (36) Als Jesus vorüberging, richtete Johannes seinen Blick auf ihn und sagte: Seht, das Lamm Gottes! (37) Die beiden Jünger hörten, was er sagte, und folgten Jesus. (38) Jesus aber wandte sich um, und als er sah, daß sie ihm folgten, fragte er sie: Was wollt ihr? Sie sagten zu ihm: Rabbi – das heißt übersetzt: Meister –, wo wohnst du? (39) Er antwortete: Kommt und seht! Da gingen sie mit und sahen, wo er wohnte, und blieben jenen Tag bei ihm; es war um die zehnte Stunde. (40) Andreas, der Bruder des Simon Petrus,

war einer der beiden, die das Wort des Johannes gehört hatten und Jesus gefolgt waren. (41) Dieser traf zuerst seinen Bruder Simon und sagte zu ihm: Wir haben den Messias gefunden. Messias heißt übersetzt: der Gesalbte (Christus). (42) Er führte ihn zu Jesus. Jesus blickte ihn an und sagte: Du bist Simon, der Sohn des Johannes, du sollst Kephas heißen. Kephas bedeutet: Fels (Petrus). (43) Am Tag darauf wollte Jesus nach Galiläa aufbrechen; da traf er Philippus. Und Jesus sagte zu ihm: Folge mir nach! (44) Philippus war aus Betsaida, dem Heimatort des Andreas und Petrus. (45) Philippus traf Natanael und sagte zu ihm: Wir haben den gefunden, über den Mose im Gesetz und auch die Propheten geschrieben haben: Jesus aus Nazareth, den Sohn Josefs. (46) Da sagte Natanael zu ihm: Aus Nazareth? Kann von dort etwas Gutes kommen? Philippus antwortete: Komm und sieh! (47) Jesus sah Natanael auf sich zukommen und sagte über ihn: Da kommt ein echter Israelit, ein Mann ohne Falschheit. (48) Natanael fragte ihn: Woher kennst du mich? Jesus antwortete ihm: Schon bevor mich Philippus rief, habe ich dich unter dem Feigenbaum gesehen. (49) Natanael antwortete ihm: Rabbi, du bist der Sohn Gottes, du bist der König von Israel! (50) Jesus antwortete ihm: Du glaubst, weil ich dir sagte, daß ich dich unter dem Feigenbaum sah? Du wirst noch Größeres sehen. (51) Und er sprach zu ihm: Amen, amen, ich sage euch: Ihr werdet den Himmel geöffnet und die Engel Gottes auf- und niedersteigen sehen über dem Menschensohn.

Die Kernaussage der obigen Verse ist eine wunderbare Formel für das Gebet, und sie bedeutet folgendes: Die Frage in Vers 38, »wo wohnst du?«, bezieht sich offensichtlich nicht auf die Adresse in einem Dorf oder in einer Straße. Ein solcher Gedanke ist absurd. Sie bedeutet: Wo befindest du dich innerhalb deines Bewußtseins – was ist dein Bewußtseinszustand? Weilst du im Bewußtsein von Liebe und Einssein mit Gott? Wir müssen unseren Geist und unser Gemüt so disziplinieren, daß wir von den negativen Aspekten der Welt unberührt und für sie unzugänglich bleiben. Die Jünger Andreas, Simon, Philippus und Natanael stellen Fähigkeiten und Kräfte in uns dar. Jesus steht für unser ICH BIN oder Bewußtsein. Andreas bedeutet Wahrnehmungsfähigkeit, das heißt, die Wahrheit in allen Dingen sehen. Sie bedienen sich des Jüngers oder der Fähigkeit des Andreas, wenn Sie wissen, daß Gott die Antwort hat, daß es einen Ausweg gibt, und wenn Sie sich den glücklichen Ausgang vorstellen. Simon bedeutet, die guten Neuigkeiten hören. Sie bedienen sich dieser Fähigkeit, wenn Sie Ihre Hoffnung oder Ermutigung nicht länger in äußeren Umständen suchen.

In Vers 42 wird Simons Name in Kephas umgeändert, was Stein oder Fels und hier den *Fels des Glaubens* bedeutet. Ein Fels ist hart, beständig und unbeweglich. Dies bedeutet, Ihr Glaube ist unerschütterlich. Ihre Zuversicht ist nun das Vertrauen in den inneren und unsichtbaren Geist, der sich für die Menschen in allem ausdrückt. Ihre Kenntnis der inneren Gesetze befähigt Sie, eine starke Überzeugung aufrechtzuerhalten, gleich wie die Dinge äußerlich erscheinen oder sich wandeln mögen.

Die nächste Fähigkeit, die Sie aufrufen, ist *Philippus*, was Ausdauer und Beharrungsvermögen bedeutet. Phillip bedeutet Pferdefreund. Ein Pferdetrainer ist bestimmt und beharrlich, aber freundlich. Er besitzt die seltenen Eigenschaften von Geduld, Ausdauer und Entschlossenheit. Auch Sie brauchen diese Eigenschaften, um ein erfolgreiches Leben-im-Gebet zu führen. Viele Menschen geben nach ein paar Tagen auf und sagen: »Was soll's? Bei mir funktioniert das nicht.« Seien Sie Philippus und reiten Sie Ihr Pferd (Ihre Gemütsverfassung, Ihre Stimmungen) zum Sieg. Halten Sie Ihre Aufmerksamkeit auf Ihr Ziel konzentriert, bis es in Ihnen Wurzeln faßt; dann machen Sie sich die Charaktereigenschaften und Handlungsweise des Philippus zunutze.

Philippus findet Natanael – letzterer bedeutet Geschenk Gottes (unser Wunsch). In Vers 45 lesen wir: *Philippus traf Natanael und sagte zu ihm: Wir haben den gefunden, über den Moses im Gesetz und auch die Propheten geschrieben haben: Jesus aus Nazareth, den Sohn Josefs. Josef* bedeutet disziplinierte Vorstellungskraft. *Jesus* ist unsere Lösung für das, was wir wollen, und sie kommt aus Nazareth (ein Zweig, ein Sproß, eine Idee, ein Gedanke). Wenn wir diesen Sproß oder diese Idee nehmen, ganz gleich, wie phantastisch sie ist, und sie ganz klar als Tatsache sehen, die nunmehr in unserem Bewußtsein existiert, dann haben wir psychologisch gesehen *Andreas* herbeigerufen. Wenn wir den Glauben und das Vertrauen in Gott haben, daß sie verwirklicht werden wird, dann haben wir *Simon* (die Fähigkeit, die inneren guten Nachrichten und Botschaften zu hören und zu fühlen) herbeigerufen. Wir erhalten diese Gemütsverfassung aufrecht, bis sie sich in uns subjektiv verkörpert; damit rufen wir *Philippus* herbei. Dann erscheint *Natanael* (das Geschenk Gottes – unser Wunsch, der sich manifestiert hat). Wir sagen: »Ja, dies ist Jesus (die Antwort auf mein Gebet, die Lösung), und Er ist aus Nazareth (der Gedanke oder Wunsch, den ich nährte). Ja, wahrlich, er ist der Sohn Josefs, die Manifestierung dessen, was ich mir vorstellte und subjektiv als wahr empfand.« Wenn wir unseren Wunsch ganz und gar, ohne Vorbehalte, im Bewußtsein annehmen, dann sind wir in der Tat ein Israelit ohne Falschheit.

Vers 48 spricht von einem *Feigenbaum,* was bedeutet, wir befinden uns in einem Zustand der Trauer, der Betrübtheit und der Begrenztheit, bis wir die innere Kraft entdecken. Wenn wir unsere drei Jünger herbeirufen, verlassen wir diese Begrenztheit und sitzen nicht länger unter dem Feigenbaum des Mangels. Unser eigenes Bewußtsein, das heißt unser Denken und Fühlen, ist im Besitz der Antwort auf unsere Bedürfnisse. Wir müssen nur wissen, wo und wie sie suchen und finden. Der metaphysische Schlüssel hierzu findet sich in der Aussage: Schon bevor wir um etwas bitten, »existiert es«. Die Schöpfung ist bereits geschehen. Wir geben nur dem Ausdruck, was auf subjektiver und spiritueller Ebene bereits geschaffen wurde.

Wenden Sie sich nun nach innen; bekräftigen, fühlen und stellen Sie sich im meditativen Zustand vor, was Sie wünschen, und werden Sie eins damit. Ich weiß nicht, wie oft Sie das tun müssen, aber ich weiß gewiß, daß die Allmacht Ihren Gedanken verwirklichen wird, wenn Sie Ihrem geistigen Bild unerschütterlich treu bleiben. Was immer Sie sich vorstellen, das können Sie erreichen. Lassen Sie sich nicht davon abhalten, erhabene und himmelstrebende Träume (aufsteigende und herabsteigende Engel Gottes) zu träumen, und lassen Sie sie wahr werden. Wenn Sie sich im meditativen Zustand in der Freude verlieren, das zu sein, was Sie zu sein wünschen, dann steigen Sie mit Ihrem Ideal in den Himmel Ihres Geistes auf. Nach einer Weile werden Sie erfahren, wie es als Umstand, Erfahrung oder Ereignis herabsteigt auf die dingliche Ebene. Die Praxis dieser einfachen Wahrheit ist *das wahre Licht, das jeden Menschen erleuchtet, das in die Welt kam.*

KAPITEL 2

Die Gestaltungskraft
Ihres Bewußtseins bestimmt
Ihr Leben

Das erste Wunder, das von Jesus berichtet wird, ist die Verwandlung von Wasser in Wein. Etwa tausend Jahre davor wurde dieselbe Geschichte von Bacchus, dem Gott des Weines, erzählt. Der Kelch, von dem im Neuen Testament die Rede ist, und der Kelch des Bacchus haben dieselbe Bedeutung. Die Alten nannten den Rebensaft das Blut des Bacchus. Alles dies ist symbolisch und besagt, daß wir durch die Verwandlung unseres Bewußtseins unser Verlangen verwirklichen können. *Die Verwandlung von Wasser in Wein* bedeutet die freudige Erfahrung der Antwort auf das Gebet.

Bewußtsein ist alles für den Menschen, und was immer Sie von sich annehmen, das werden Sie erfahren. So wie Sie den Saft aus den Trauben pressen, so pressen Sie aus dem Bewußtsein alle Dinge, die Sie sich wünschen, indem Sie davon ausgehen, daß Sie sind, was Sie zu sein ersehnen. Wenn Sie in der geistigen Atmosphäre dessen leben, was Sie sein wollen, dann sättigt sich diese Atmosphäre, und so wie der Regen aus den schwer gewordenen Wolken fällt, wird auf Sie niederregnen, was gut für Sie ist.

Bacchus wurde als Gott der Fröhlichkeit und ausgelassenen Heiterkeit dargestellt. Die Dichter wurden sehr beredt, wenn sie diese mythische Figur priesen. Die Namen Bacchus, Osiris, Dionysos, Krishna und Adonis, die alle

Herr des Himmels oder Herr und Gott des Lichts bedeuten, sind Begriffe, die auf die innere göttliche Gegenwart verweisen. Die erwähnten Namen sind Masken verborgener Wahrheit. Bei den griechischen Feiern und Zeremonien wurden Gefäße mit Wasser in den Tempel getragen und zu Füßen der Götter aufgestellt. Es wurde berichtet, daß sich das Wasser über Nacht in Wein verwandelte. Dieser sogenannte Wein wurde dann an die Menge verteilt, und man bezog sich auf ihn als das Blut des Bacchus. Der *Wein* bedeutet natürlich spirituelle Nahrung oder die Weisheit Gottes.

Die *Hochzeit* in Kana ist die Vereinigung von Geist und göttlicher Weisheit. Den *Wein trinken*, das bedeutet die Inspiration, Freude und Liebe, die im Menschen aufsteigen, wenn er Gottes Wahrheit in seinem Herzen belebt. Eine innere Verwandlung findet statt, weil er den neuen Wein trank oder ein neues Verständnis des Lebens.

In der Bibel wird das Gebet mit einem Hochzeitsfest verglichen. Das Reich des Himmels ist innerlich. In den unbewußten Tiefen des Menschen finden sich der grenzenlose Geist, Macht und Kraft und die Liebe des Unendlichen Einen. Hier findet der Mensch die Lösung eines jeglichen Problems, geistigen und seelischen Frieden, Stärke und Kraft für die Betrübten, Gesundheit für die Kranken und Weisheit und Licht für die, die verwirrt sind. Wir werden nun in unseren Gedanken an der Hochzeit von Kana teilnehmen. Diese Hochzeit ist ein psychisches Drama, das in uns stattfindet. Sie, der Leser und die Leserin, haben alle seine Stadien in sich.

Der Wunsch und Ihr Bewußtsein

(1) Am dritten Tag fand in Kana in Galiläa eine Hochzeit statt, und die Mutter Jesu war dabei. Galiläa meint Ihren Geist und Ihr Gemüt oder Bewußtsein; Kana bedeutet Reis, Stamm oder Ihren Wunsch. Die Hochzeit ist die geistige und emotionale Vereinigung mit Ihrem Wunsch. Die Mutter Jesu, die ihn daran erinnert, daß der Wein ausgeht, steht für Ihre Gefühle von Mangel, Angst und Zweifel, die Ihr Ideal oder Ihren Wunsch bedrohen. Möglicherweise beten Sie gerade um etwas, während Sie dies lesen. Fühlen Sie gleichzeitig in sich eine Bedrohung oder einen Widerstand? Dies steht hier für die Mutter oder Ihr Gefühl. Jesus bedeutet Ihr ICH-BIN-SEIN oder Ihr Bewußtsein.

(2) Auch Jesus und seine Jünger waren zur Hochzeit eingeladen. Die Jünger sind Ihre geistigen Fähigkeiten, die bei jeder Hochzeit gegenwärtig sein müssen. Sie nehmen an einer Hochzeit des Geistes mit Ihrem Wunsch, Ihrem Lebensziel teil. Sie müssen aus der Tiefe Ihrer selbst die Braut oder das richtige Gefühl herbeirufen. »Gefühl ist das Gesetz, und das Gesetz Gefühl«, wie Troward sagt.

(3) Als der Wein ausging, sagte die Mutter Jesu zu ihm: Sie haben keinen Wein mehr. Wein bedeutet in der Bibel die Verwirklichung Ihres Wunsches. *Sie haben keinen Wein* erinnert an Mangel, deutet auf Zweifel. Es verweist auf die Spannung, Angst und Furcht, die den Geist durch die Erscheinung der Dinge, den Urteilsspruch der Welt und die Meinung der anderen im Griff halten. Alles dies mag Sie bedrohen.

Wie können Sie diese Zweifel und Ängste überwinden? Die Antwort wird in Vers 4 gegeben: *Was willst du von mir, Frau? Meine Stunde ist noch nicht gekommen.* Dies ist ein orientalischer bildhafter Ausdruck für die absolute geistige Ablehnung aller negativen Gedanken und die Anerkennung der Tatsache, daß es nur Eine Kraft gibt, daß Angstgedanken keine Macht haben und durch nichts gestützt werden. Sie finden für sich selbst heraus, daß Angst und Zweifel eine Anhäufung dunkler Schatten ohne Substanz sind.

Alle negativen Gedanken und Vorstellungen werden von Ihnen als Illusionen von Macht erkannt, denn schließlich gibt es nur die eine Macht – Gott – den lebendigen Allmächtigen Geist in uns. Sie werden selbst zur Erkenntnis kommen, daß die Allmacht Gottes oder Gott zu jeder Zeit, in allen Notsituationen und in jeder Krise zugänglich ist. Wenn die Angst von Ihnen abfällt, wird der Geist von Glauben und Zuversicht erfüllt; dann werden Sie eins mit Ihrem Wunsch, und seine Früchte und Segnungen treten in Ihrem Leben in Erscheinung.

(4) Meine Stunde ist noch nicht gekommen; das bedeutet, Sie sind in Ihrem Innern noch nicht zu wirklicher Überzeugung gelangt. *(5) Seine Mutter sagte zu den Dienern: Was er euch sagt, das tut! Die Diener* sind unsere Gedanken und Gefühle, mit anderen Worten unsere geistigen Fähigkeiten und unsere geistige Einstellung. Wenn Sie beten, dann müssen sich Ihre Gedanken mit Hingabe und Aufmerksamkeit dem widmen, was Sie zu erreichen wünschen. Sie dürfen nicht abschweifen. Sie wollen mit etwas eins sein, das höchst wünschenswert ist, wie etwa Gesundheit, wahrer Friede oder richtige Handlungsweise; Sie können nicht zulassen, daß Ihre Diener (Gedanken) damit befaßt sind, das Gegenteil von dem zu erschaffen, wonach Sie verlangen. Dies würde Ihre Gebets-Bemühungen vereiteln und Ihr ganzes Unternehmen zunichte machen. Sie

würden auf zwei Weisen beten, und diese würden sich gegenseitig aufheben. Sie wären wie ein Soldat, der Zeit vertrödelt; das heißt, Sie würden Ihr inneres Ziel nicht erreichen. *Ihre Stunde* ist noch nicht gekommen, weil Sie mit Ihrem Ziel noch nicht eins sind. Es wird noch nicht subjektiv als wahr empfunden.

Wenn Sie zum Beispiel für eine Heilung Ihrer Augen beten und bemerken, daß Ihre Sehkraft noch nicht wieder völlig hergestellt ist, dann beten Sie weiter, und bewahren Sie Ihre Hingabe und Treue zu der einen Heilkraft, die nun in Ihrem Körper und Ihrem Geist am Wirken ist; Sie werden gewinnen.

Beten um Erfüllung

Die Mutter (das Gefühl) machte Sie im ersten Teil dieses Gebets auf einen Mangel aufmerksam. Wenn Sie anfangen zu meditieren und zu beten, dann verwandelt sich Ihre Mutter (Ihre Gefühlshaltung) in Zuversicht, Glauben und Vertrauen in die einzige Macht und Kraft, die da ist. Ein Gefühl von Siegesfreude und Befriedigung drückt sich aus in: *Was er euch sagt, das tut! (6) Es standen dort sechs steinerne Wasserkrüge, wie es der Reinigungsvorschrift der Juden entsprach; jeder faßte ungefähr hundert Liter.* Dr. Nicoll sagt, daß *Wasser* das Verstehen der Wahrheit (Stein) auf seelischer Ebene symbolisiert. Er bezieht sich hier auf Ebenen spirituellen Wissens oder Gewahrseins. *Stein* hat die Bedeutung von: die Wahrheit buchstäblich nehmen; *Wasser* steht für die innere Bedeutung hinter den Worten; und *Wein* steht für die innere Freude, die auf die innere

Weiterentwicklung des Menschen folgt, der sich die Wahrheit Gottes zu eigen macht und sie anwendet.

Die Zahl Sechs bezieht sich auf die sechs Tage der Schöpfung oder das schöpferische »Es werde«, das im Bewußtsein des Menschen stattfindet. Es steht für einen inneren Reinigungsprozeß oder die Verwandlung des alten Zustands in einen neuen. Sechs und Sex sind Synonyme. Die sechs *Wasserkrüge* beziehen sich auf einen psychologischen Zyklus, den der Mensch durchläuft, um eine subjektive Realisierung seines Wunsches zu bewirken. Dieser kann einen Moment, eine Stunde, Tage, Wochen oder Monate dauern, je nach Glauben und Bewußtseinszustand der betreffenden Person.

(7) Jesus sagte zu den Dienern: Füllt die Krüge mit Wasser! Und sie füllten sie bis zum Rand. Beim Beten lösen Sie sich völlig von der äußeren Welt, und Sie meditieren über Ihr Ziel oder die Lösung Ihres Problems, bis Sie an den Punkt innerer Gewißheit gelangen, an dem Sie wissen, daß Sie wissen. Wenn dieser geistige und emotionale Vorgang abgeschlossen ist, dann haben Sie kein Verlangen mehr, Ihr Gebet noch weiter fortzusetzen. Sie wissen, daß es nunmehr beendet ist. Das ist die Bedeutung von *Sie füllten sie bis zum Rand.* Sie sind erfüllt vom Gefühl, das zu sein, was Sie zu sein wünschen. Wenn Sie innerlich bis zum Rand von der Freude über die Antwort auf Ihr Gebet erfüllt sind, dann ist kein Platz für negative, ungelöste Konflikte wie etwa böser Wille, Ressentiment oder Zwiespalt. Ihre geistige Einstellung geht ganz und gar in der Realität Ihres Wunsches auf.

(8) Er sagte zu ihnen: Schöpft jetzt, und bringt es dem, der für das Festmahl verantwortlich ist. Sie brachten es ihm.

Der für das Festmahl verantwortlich ist, das ist der bewußte Verstand, der die Idee oder den Wunsch aufnimmt und ihn dem subjektiven Innern übergibt, wo er in Dunkelheit keimt und wächst; zu seiner Zeit bricht er dann durch zur Manifestation. Was immer Ihrem Unbewußten eingepflanzt wird, das wird auf räumlicher Ebene verwirklicht; dann gewahren Sie bewußt, was Sie vordem nur subjektiv als wahr empfunden haben.

(9) Er kostete das Wasser, das zu Wein geworden war. Er wußte nicht, woher der Wein kam; (die Diener aber, die das Wasser geschöpft hatten, wußten es). Da ließ er den Bräutigam rufen. Der für das Festmahl *Verantwortliche* steht für den bewußten Verstand und die fünf Sinne. Wenn der bewußte Verstand gewahrt, daß *Wasser zu Wein* wurde, dann heißt das, daß das Gebet beantwortet wurde. *Wasser* bezieht sich auch auf das grenzenlose Bewußtsein und *Wein* auf das begrenzte Bewußtsein, das sich gemäß Ihrem Glauben manifestiert. Die *Diener, die das Wasser geschöpft haben,* stehen für das Gefühl von innerem Frieden und Zuversicht, und Sie wissen, daß Ihr Gebet beantwortet wird. *Da ließ er den Bräutigam rufen,* das bedeutet die freudige Erregung der Vereinigung mit Ihrem Gut. Sie sind nun mit Ihrem höchsten Ideal vereint.

Von den Gefahren der Trunkenheit

(10) ... und sagte zu ihm: Jeder setzt zuerst den guten Wein vor und erst, wenn die Gäste zuviel getrunken haben, den weniger guten. Du jedoch hast den guten Wein bis jetzt zurückgehalten. Dies gilt für jeden Menschen, der in die Wahrheit eintritt. Er macht sich auf mit großem Eifer und

hohen Zielen. Er ist der neue Besen, der auskehrt, und er ist voller guter Absichten. Manchmal vergißt er die Quelle seiner Kraft und wird sozusagen machttrunken. Mit anderen Worten, er mißbraucht das Gesetz und nutzt egoistisch seine Mitmenschen aus. Wir beobachten oft, daß Menschen in hohen Positionen eingebildet, voreingenommen und arrogant werden. Dies beruht auf der Unkenntnis des Gesetzes. Das Gesetz besagt, daß Macht, Sicherheit und Reichtum nicht auf äußerer Ebene erlangt werden sollen. Sie müssen aus der Schatzkammer der Bewußtheit kommen. Wenn Sie in Einklang mit dem Unendlichen bleiben, dann werden Sie entdecken, daß Sie stets den Wein des Lebens, der Liebe, der Freude und des Glücks trinken. Für den spirituell ausgerichteten Menschen ist Gott das ewige Jetzt und seine Güte ist an jedem Punkt in Zeit und Raum gegenwärtig.

Viele Menschen sind im biblischen Sinne trunken, wenn sie voller Angst, Gram und anderer unharmonischer Empfindungen sind. Das bedeutet einen Zustand emotionaler Trunkenheit. Die wunderbare Botschaft ist, daß Gott das ewige Jetzt *ist*. Sie können Ihr Denken in diesem Moment ändern, und Sie verändern Ihr Schicksal. Sie können in jedem Augenblick eines Tages Ihre geistigen Gewänder zusammensammeln und sich zu einem wunderbaren seelischen Fest der Freude und des Glücks begeben. Beobachten und erkennen Sie, wie Gottes Gegenwart Ihnen stets zugänglich ist und auf Ihre Gedanken sofort reagiert. All Ihr Gut liegt im allumfassenden Jetzt. Wir müssen das gegenwärtige *Jetzt* (unsere Beschränkung) verlassen und uns im meditativen Zustand die Wirklichkeit unseres Wunsches vorstellen. Was Sie im allumfassenden Jetzt, Ihrem Bewußtsein, gesehen und empfunden haben, das werden

Sie bei Ihrer Wanderung durch Zeit und Raum realisiert sehen. Wir werden sehen, wie unsere Glaubensvorstellungen zum Ausdruck gebracht werden. Der Mensch ist zum Ausdruck gebrachter Glaube (Quimby).

Wandel des Bewußtseins

(11) So tat Jesus ein erstes Zeichen, in Kana in Galiläa, und offenbarte seine Herrlichkeit, und seine Jünger glaubten an ihn. (12) Danach zog er mit seiner Mutter, seinen Brüdern und seinen Jüngern nach Kafarnaum hinab. Dort blieben sie einige Zeit. (13) Das Paschafest der Juden war nahe, und Jesus zog nach Jerusalem hinauf. (14) Im Tempel fand er die Verkäufer von Rindern, Schafen und Tauben und die Geldwechsler, die dort saßen. (15) Er machte eine Geißel aus Stricken und trieb sie alle aus dem Tempel hinaus, dazu die Schafe und Rinder; das Geld der Wechsler schüttete er aus, und ihre Tische stieß er um. (16) Zu den Taubenhändlern sagte er: Schafft das hier weg, macht das Haus meines Vaters nicht zur Markthalle. (17) Seine Jünger erinnerten sich an das Wort der Schrift: »Der Eifer für dein Haus verzehrt mich.«

Das *Paschafest* bedeutet einen Wandel des Bewußtseins. Wann immer ein Mensch betet, feiert er das Paschafest, denn er wechselt von einer Gefühlsebene zu einer anderen. Ihr *Paschafest* findet statt, wenn Sie sich innerlich mit Ihrem Ideal identifizieren und ihm treu bleiben, bis Ihr Gebet beantwortet wird.

Der nach Jerusalem (Stadt des Friedens) hinaufziehende Jesus bedeutet, daß Sie sich gedanklich der inneren göttlichen Gegenwart zuwenden. Wenn Sie die innere

Haltung des Gebets einnehmen, dann betreten Sie in der Sprache der Bibel den Tempel, um zu beten; manchmal finden Sie dort *Geldwechsler*, die die Diebe und Räuber darstellen, die Ihnen Ihr Gut rauben.

Bei Ihrem Gebet müssen Sie Irrtümer, Ängste, Kritik, Eifersucht, Ressentiments vertreiben und jedermann vergeben. Sie müssen sich ganz entschieden und eindeutig weigern, äußeren Umständen oder anderen Menschen Macht zu übergeben. Werfen Sie mit dem Schwert der Wahrheit, das in der Bibel *die Geißel aus Stricken* ist, alle Ängste, Zweifel und Sorgen aus Ihrem Tempel. Bekräftigen Sie, daß die Kraft Gottes die einzige Kraft und Macht ist und daß sie nun für Sie arbeitet. Schlagen Sie jeglichem anderen Gedanken, der Macht beansprucht, das Haupt ab. Fragen Sie diese negativen Gedanken, woher sie kommen und was ihre Quelle ist. Nichts stützt und erhält sie, da hinter ihnen kein Prinzip steht. Wenn Sie in Ihrem Innern zu einer klaren, eindeutigen Entscheidung gekommen sind, wo die Macht und Kraft ist, dann werden Sie mit Zuversicht erfüllt, und Ihrer psychischen Reise wird Erfolg beschieden sein. Benützen Sie diese *Geißel aus Stricken* regelmäßig, indem Sie im Geiste ganz entschieden Wahrheiten aussprechen, die wie Peitschenschnüre in Ihre negativen Einstellungen einschneiden und Ihre Verbindung mit ihnen ganz und gar durchtrennen.

(18) Da stellten ihn die Juden zur Rede: Welches Zeichen läßt du uns sehen als Beweis, daß du dies tun darfst? Viele Menschen suchen immer nach einem Beweis – einem Zeichen.

Ich hörte einmal eine Dozentin sagen, daß sie erst wieder lehren würde, wenn Gott ihre Hand heilte. Diese Einstellung ist falsch. Sie erwartet ein Zeichen. Ich sagte ihr, sie solle zurückkehren und lehren, als sei nichts geschehen, im innersten Wissen, daß Gott ihren Wunsch nach einer voll funktionierenden Hand im Rahmen der göttlichen Ordnung ehren würde. Sie folgte diesem Rat, und innerhalb von ein paar Monaten funktionierte ihre Hand, die zum Teil gelähmt gewesen war, völlig normal. Das einzige Zeichen ist Ihr inneres Gefühl, Ihr Glaube, Ihre Überzeugung. Ihr *Zeichen* ist die Woge des Friedens und der Zuversicht, die in Ihnen aufsteigt. Sie warten auf die Antwort auf Ihr Gebet mit derselben Gewißheit, wie Sie die aufgehende Sonne erwarten würden; dies ist das innere Zeichen des Glaubens.

(19) Jesus antwortete ihnen: Reißt diesen Tempel nieder, in drei Tagen werde ich ihn wieder aufrichten. Die drei Tage beziehen sich auf die Dreifaltigkeit oder die Funktionsweise des Geistes. Der erste Tag ist der Wunsch; der zweite Tag ist die Arbeit mit Ihrem Wunsch, bis alle Ängste aus Ihrem Bewußtsein verbannt sind; der dritte Tag bezieht sich auf die Überzeugung oder das Gefühl, das zu sein, was ich sein will.

(21) Er aber meinte den Tempel seines Leibes. Der in diesem Vers erwähnte Leib ist die manifestierte Welt des Menschen – das Außen-Bild seines Bewußtseins.

(22) Als er von den Toten auferstanden war, erinnerten sich seine Jünger, daß er dies gesagt hatte, und sie glaubten der Schrift und dem Wort, das Jesus gesprochen hatte. (23) Während er zum Paschafest in Jerusalem war, kamen viele zum Glauben an seinen Namen, als sie die Zeichen sahen, die er tat. (24) Jesus aber vertraute sich ihnen nicht an, denn er kannte sie alle (25) und brauchte von keinem ein Zeugnis über den Menschen; denn er wußte, was im Menschen ist.

Diese Verse sollen in ihrem Kern den Menschen daran

erinnern, daß wir nie glauben dürfen, ein Ding existiere nicht, nur weil wir es nicht sehen können. Wenn wir eine wahre innere Bewegung spüren, dann wissen wir, daß unser Gebet beantwortet und verwirklicht werden wird.

KAPITEL 3

Der Weg zu Ihrer geistigen Wiedergeburt

(1) Es war ein Pharisäer namens Nikodemus, ein führender Mann unter den Juden. (2) Der suchte Jesus bei Nacht auf und sagte zu ihm: Rabbi, wir wissen, du bist ein Lehrer, der von Gott gekommen ist; denn niemand kann die Zeichen tun, die du tust, wenn nicht Gott mit ihm ist. (3) Jesus antwortete ihm: Amen, amen, ich sage dir: Wenn jemand nicht von neuem geboren wird, kann er das Reich Gottes nicht sehen. (4) Nikodemus entgegnete ihm: Wie kann ein Mensch, der schon alt ist, geboren werden? Er kann doch nicht in den Schoß seiner Mutter zurückkehren und ein zweites Mal geboren werden. (5) Jesus antwortete ihm: Amen, amen, ich sage dir: Wenn jemand nicht aus Wasser und Geist geboren wird, kann er nicht in das Reich Gottes kommen. (6) Was aus dem Fleisch geboren ist, das ist Fleisch; was aber aus dem Geist geboren ist, das ist Geist. (7) Wundere dich nicht, daß ich dir sagte: Ihr müßt von neuem geboren werden. (8) Der Wind weht, wo er will; du hörst sein Brausen, weißt aber nicht, woher er kommt und wohin er geht. So ist es mit jedem, der aus dem Geist geboren ist. (9) Nikodemus erwiderte ihm: Wie kann das geschehen? (10) Jesus antwortete: Du bist der Lehrer Israels und verstehst das nicht? (11) Amen, amen, ich sage dir: Was wir wissen, davon reden wir, und was wir gesehen haben, das bezeugen wir, und doch nehmt ihr unser Zeugnis nicht an. (12) Wenn ich zu

euch über irdische Dinge gesprochen habe und ihr nicht glaubt, wie werdet ihr glauben, wenn ich zu euch über himmlische Dinge spreche? (13) Und niemand ist in den Himmel hinaufgestiegen außer dem, der vom Himmel herabgestiegen ist: der Menschensohn. (14) Und wie Mose die Schlange in der Wüste erhöht hat, so muß der Menschensohn erhöht werden, (15) damit jeder, der (an ihn) glaubt, in ihm das ewige Leben hat. (16) Denn Gott hat die Welt so sehr geliebt, daß er seinen einzigen Sohn hingab, damit jeder, der an ihn glaubt, nicht zugrunde geht, sondern das ewige Leben hat. (17) Denn Gott hat seinen Sohn nicht in die Welt gesandt, damit er die Welt richtet, sondern damit die Welt durch ihn gerettet wird.

Vom richtigen Lernen

Bevor ich auf die wunderbare innere Bedeutung dieser Geschichte eingehe, will ich die ausgezeichnete Lehrmethode aufzeigen, die in diesem Kapitel vorgestellt wird. Man hört immer wieder, daß der pädagogisch schlechteste Unterricht in den höheren Erziehungsinstitutionen – der High School oder dem College – erteilt wird und die besten Erziehungsmethoden im Kindergarten angewandt werden, wo die Kinder erfolgreich in die sich langsam entfaltenden Bewußtseinsebenen hineinwachsen. Bei den weiterführenden Schulen macht sich der Lehrer dagegen beim Unterricht gewöhnlich nicht die Mühe festzustellen, ob die Schüler wirklich begriffen haben und fähig sind, die dargebotenen Prinzipien und Techniken anzuwenden.

Die Einwurzelung neuer *Ideen* oder Konzeptionen kann nur erreicht werden, wenn das Bewußtsein der Lernenden sorgsam und geduldig vorbereitet wird. Der Stoff muß klug aufbereitet und dargeboten werden, es müssen immer wieder Fragen gestellt, das Material muß gekonnt rekapituliert, überdacht und zusammengefaßt werden; dann sollte der nächste wichtige pädagogische Schritt folgen – die konkrete Anwendung der gelehrten Prinzipien. Werfen wir nun einen Blick auf die folgende Lehrmethode.

(a) In der Szene zwischen Jesus und Nikodemus ist es Nacht. Die Nacht schützt einen prominenten, aber ängstlichen Schüler; das Thema der Unterweisung ist »von oben geboren sein«; das Ziel des Lehrers war es wahrscheinlich, eine mystische Verwandlung im Leben des Schülers herbeizuführen. Die angewandte Methode war das Gespräch mit Fragen und Antworten, eine bemerkenswert konkrete Beschreibung der Vorgehensweise des Geistes *(Johannes 3,8)*, und das Moment der Überraschung *(Johannes 3,10)*. Eine weitere bemerkenswerte Lehrmethode der Bibel wird in der Szene mit Jesus und der samaritischen Frau gegeben *(Johannes 4,1–42)*. Hier entfaltet sich eine Lehrsituation mit all ihren Faktoren – Lehrer, Schüler, Umwelt, Thema, Ziel und Methode.

(b) Folgende pädagogischen Techniken finden sich in der beschriebenen Situation: Der Kontaktpunkt zwischen Schüler und Lehrer, die Erregung der Aufmerksamkeit und des Interesses durch die Macht der Überraschung, und die Lehrmethode bedient sich des Prinzips des persönlichen Bezugs. Die Einbindung des bewußt wahrgenommenen Hintergrunds der Schülerin führt zu der Bemerkung: »Damit hast du die Wahrheit gesagt.« Verschiedene Probleme, die während des Gesprächs angesprochen werden – lebendiges Wasser und Durst –, dienen als Kontaktgrundlage, bewirken ein Erwachen des Bewußtseins und führen zu dem theologischen Problem, das die Schülerin empfindet und ausspricht, nämlich wo Gott denn angebetet werden soll.

Dieses pädagogische Zwischenspiel verweist auf die grundlegende Schwierigkeit, den mystischen Inhalt der Metaphysik so zu lehren, daß die verborgenen Quellen des Bewußtseins angesprochen und lebendig werden und so aus dem Menschen einen wahren Suchenden machen. Der Lehrer der verborgenen Bedeutung der Bibel genießt die Freude, den Schüler dahin zu führen, daß er höhere Ebenen des Bewußtseins sieht, hört, schmeckt, berührt und riecht, denn *im Haus meines Vaters gibt es viele Wohnungen.*

Das Licht suchen

Die Erklärung der Geschichte ist folgendermaßen: *Nikodemus* bedeutet ein Mensch, der nach dem Licht tastet, dessen Existenz er vage empfindet. Er ist sich nur der Geburt aus dem Fleisch bewußt, was typisch ist für einen Menschen, dessen Sinne an den materiellen Dingen hängen. Sie können die Szene auch als Dialog zwischem Ihrem Intellekt und dem tieferen inneren Selbst betrachten. Nikodemus urteilt aufgrund des äußeren Anscheins und Beweises, »denn niemand kann die Zeichen tun, die du tust, wenn nicht Gott mit ihm ist«. Er ist noch immer dem alten Denken verhaftet, ist jedoch unzufrieden und sucht das Licht. Daß er *ein Pharisäer* ist, bedeutet, daß er dem Buchstaben des Gesetzes folgt, ihm aber der Geist fehlt, der Leben gibt. Er ist ein weltlich gesinnter Mensch, der nicht erkennt, daß sein eigenes Bewußtsein Gott ist, die schöpferische Kraft in ihm, sein Erlöser und Erretter. Bislang hat er noch keine innere Vision oder Wahrnehmung von der Wahrheit.

Das Aufsuchen Jesu bedeutet das Aufsuchen der Wahrheit oder des Lichts. Die Antwort, die ihm Jesus gibt und Wahrheit symbolisiert, lautet: *Wenn jemand nicht von neuem geboren wird, kann er das Reich Gottes nicht sehen.* Nikodemus (der Mensch der fünf Sinne) versteht nicht die Arbeitsweise des Geistes, was sich in der Aussage ausdrückt: *Der suchte Jesus bei Nacht auf;* dies meint, symbolisch gesprochen, spirituelle Dunkelheit und Verlangen nach Weisheit.

Von neuem geboren werden heißt auf eine neue Weise denken, eine innere Wandlung des Geistes und des Gemüts durchmachen, indem man erkennt und weiß, daß Gott die innere spirituelle Kraft ist, die durch das Denken des Menschen kontaktiert werden kann, was eine Wiedergeburt des Bewußtseins bewirkt. Nikodemus urteilt nach dem sichtbaren Zustand. Wenn wir von neuem geboren werden, urteilen wir nach dem unsichtbaren Zustand. Alles in der Bibel ist darauf angelegt, eine bestimmte Bedeutung zu übermitteln, und es geht im Kern darum, daß man weiß, was gemeint ist. Uns interessiert nicht, ob ein solches Gespräch zwischen zwei Männern tatsächlich vor zweitausend Jahren stattgefunden hat oder nicht. Wir sind vor allem daran interessiert, was es für uns bedeutet und wie wir die Geschichte anwenden können, um unser Wissen von Gott zu erweitern. Wenn Sie diese Geschichte lesen, lesen Sie etwas über sich selbst und stellen wahrscheinlich dieselben Fragen wie Nikodemus.

Falls Sie unterrichten, zitieren Sie möglicherweise ein hypothetisches Fallbeispiel und verschiedene Vorfälle, um

Ihren Punkt zu verdeutlichen. Die erleuchteten Männer, die die Bibel schrieben, haben zweifellos viele ihrer Charaktere erfunden, nicht anders, wie unsere Drehbuchautoren bestimmte Charaktere ersinnen.

Shakespeare tauchte in einige uralte Legenden und Mythen ein und meditierte über ihre Bedeutung und brachte dann durch seinen künstlerisch erleuchteten Geist Allegorien hervor, die für uns alle von tiefstem Interesse sind. Er kleidete sie in das Gewand von Männern und Frauen und hauchte ihnen den Atem des Lebens ein. Alle von ihm gezeichneten Charaktere leben in allen von uns.

Und so sind auch die in der Bibel gezeichneten Charaktere und ihre Erfahrungen in dem Sinne wahr, als sie auf uns alle anwendbar sind, als wenn es sich um tatsächliche historische Ereignisse handelte, die an einem bestimmten Tag, in einem bestimmten Land stattgefunden haben und sich auf einen bestimmten Mann oder eine bestimmte Frau beziehen.

Der Augenblick, der ewig dauert

Die *Wiedergeburt*, von der hier die Rede ist, ist eine neue Bewußtseinsebene. Viele denken bei Wiedergeburt an eine Rückkehr auf diesen Planeten. Das hatte wohl auch Nikodemus im Sinn. Andere denken, daß »wiedergeboren sein« den Eintritt in eine bestimmte Kirche und die Annahme eines persönlichen Erlösers bedeutet. »Wie kann ein Mensch, der schon alt ist, geboren werden?« Der Durchschnittsmensch hält Gott für sehr weit entfernt. Er betrachtet den Himmel als eine Sphäre, in die er sich begibt, wenn er die irdische Ebene verläßt. Er erkennt nicht, daß jeder, psychisch gesehen, ein zweites Mal in den Schoß der Mutter eingehen und spirituell wiedergeboren werden kann. Der Mensch kann immer wieder in den Schoß Gottes (sein eigenes Bewußtsein) zurückkehren und immer wieder auf höheren Ebenen neu geboren werden. Hier gibt es kein Ende. *Ihr Schoß* ist Ihr inneres Gefühl – Ihr subjektives Wesen.

Und so können *Sie* in den Schoß Gottes zurückkehren und von neuem geboren werden: Werden Sie ganz ruhig, und entspannen Sie Geist und Körper. Lösen Sie sich von der alten Denkweise, und bilden Sie eine neue Vorstellung oder ein neues Wertgefühl von sich selbst. Stellen Sie sich die Realität dieses neuen Ideals vor und fühlen Sie sie; leben Sie damit; hüllen Sie es in Liebe ein; umwerben Sie es; dann wird das Ideal in Ihnen auferstehen, und Sie werden ein verwandelter Mensch werden.

Ich lernte einst einen Mann kennen, der mir gestand, einen Menschen getötet zu haben. Er hatte zutiefst den Wunsch, sich zu verwandeln und geistig und spirituell von neuem geboren zu werden. Ich schrieb für ihn die Eigenschaften und Wesensmerkmale Gottes auf. Er begann damit, das Rad seiner Gedanken anzuhalten und täglich einige Male fünfzehn bis zwanzig Minuten lang still und liebevoll zu bekräftigen und zu fühlen, daß Gottes Liebe, Friede, Schönheit, Glanz und Licht durch seinen Geist und sein Herz flossen, ihn reinigten, heilten und seine Seele gesund machten. Und als er dies regelmäßig tat, kamen diese Eigenschaften aus dem »Schoß seiner Mutter«, das heißt seinem Gefühl und seiner Stimmung beim Beten. Eines Nachts erstrahlten dieses Mannes Geist und Körper wie auch das gesamte Zimmer, in dem er sich befand, in blendendem Licht. Wie Paulus wurde er tatsächlich dadurch für eine Weile blind. Er sagte mir, er könne sich nur daran erinnern, gewußt zu haben, daß die ganze Welt in ihm war und daß er die Ekstase und das Entzücken von Gottes Liebe fühlte. Ein unbeschreibliches Gefühl. Es war mit anderen Worten der Augenblick, der ewig dauert. Er war ein verwandelter Mensch. Er drückte wahrhaft die wirkliche Inkarnation Gottes in seinem Geist und Herzen aus. Er begann andere zu lehren, wie man leben soll. Er war aus Wasser und Geist geboren.

Geist als Bewußtseinszustand

Geist (hier im Sinne von *spiritus*) ist ein Gefühl, eine geistig-seelische Kraft oder ein belebter, beseelter Bewußtseinszustand. *Aus Wasser und Geist geboren sein* heißt deshalb, Gott und seine Liebe auf neue Weise zu betrachten; eine neue geistige Perspektive zu entwickeln und die Freude des beantworteten Gebets in sich zu fühlen. Wenn wir die Worte *wahrlich* und *amen* in der Bibel lesen, dann deutet es auf eine Aussage, die uns anweist, innezuhalten, zu sehen und zu hören. *Von neuem geboren werden* meint spirituelle Wiedergeburt – die Geburt Gottes im Menschen. *Gleicht euch nicht dieser Welt an, sondern wandelt euch und erneuert euer Denken. (Römer 12,2)* Hören Sie auf, eine Raupe zu sein, und werden Sie ein Schmetterling. Erfahren Sie die innere Wandlung; steigen Sie auf mit den Schwingen des Glaubens und des Verstehens, und schweben Sie über den gegenwärtigen Problemen und Beschränkungen. Sie benutzen Ihre inneren Flügel nicht. Warten Sie nicht darauf, daß Gott irgend etwas tut. Gott wird für Sie nichts tun außer durch Ihr eigenes Denken. Gott hat

Ihnen alles gegeben. Sie sind hier, um in Ihrem Geist, Ihrem Gefühl und Ihrem Bewußtsein zu erwachen. Die Wandlung, nach der Sie suchen, geben Sie sich psychisch und emotional selbst. Der Ausdruck *aus dem Fleisch geboren* bedeutet den Geist, der mit weltlichen Glaubensvorstellungen und Meinungen durchdrungen ist. Sie sind aus dem Fleisch geboren, wenn Sie sich von dem in der Welt vorherrschenden Geist und allgemeinen Glauben der Menschheit bestimmen lassen. Wenden Sie sich nach innen, und lassen Sie Ihren Geist von den Gedanken Gottes regieren. Dann werden Sie *aus dem Geist geboren* sein.

In Vers 8 ist der *Wind* der Geist und nimmt die Form unseres Glaubens oder unserer Überzeugung an. Sein *Brausen* bedeutet unser Gefühl, subjektive Verkörperung oder Überzeugung. Mit anderen Worten, wir hören den Klang unseres Glaubens. Wir können nie sagen, wie, wann, wo oder durch welche Quelle unsere Gebete beantwortet werden; das ist das Geheimnis des Vaters in uns. *Seine Wege sind unerforschlich.* Verharren Sie in Schweigen, und in dem Augenblick, in dem Sie nicht mehr denken, wird der *Menschensohn* erscheinen und Heilung bringen (Verwirklichung Ihres Wunsches). Wie jeder Mensch aus dem Geist geboren ist, so wird auch jede seiner Manifestationen geboren.

Wenn Sie sich fragen: »Warum wird mein Gebet nicht beantwortet?«, beantwortet sich diese Frage von allein. Mit dieser Frage deuten wir Zweifel und Ängste an. Haben Sie Vertrauen zu Gott wie Sie Ihrer Mutter vertrauten, als sie Sie in den Armen hielt und Sie Liebe erfuhren. Wenn Zweifel kommen, konzentrieren Sie sich auf Ihr Ideal, und Sie werden, wenn Sie sich oft darin versenken, entdecken, daß Ihr Vertrauen und Ihr Glaube wachsen.

Diese Wahrheiten sind so einfach und direkt, daß wir darüber hinweggehen, ihre Bedeutung nicht klar erkennen und wie Nikodemus erstaunt fragen: »Wie kann das geschehen?« Bislang glaubten wir, wir brauchten unbedingt Reichtum, Macht und Einfluß, um das zu bekommen, was wir wollen. Das Gegenteil ist wahr. Wir bekräftigen ganz einfach in unserm Innern das, was wir wollen und wissen, daß es so geschieht; dann wird es gemäß unserer geistigen Einstellung eintreten. *Wie ihr geglaubt hat, so soll es geschehen. (Matthäus 9,29)*

Der Wunsch ist Ihr Erlöser

Ich will nun auf die wichtigen Verse des restlichen Kapitels zu sprechen kommen. *(14) Und wie Moses die Schlange in der Wüste erhöht hat, so muß der Menschensohn erhöht werden. Die Schlange* ist ein Symbol der Heilkraft im Menschen; der *Menschensohn* ist die Idee, der Wunsch, die Vorstellung oder die Bestrebung, die Sie verwirklichen wollen; *Mensch* bedeutet in der Bibel Geist, Verstand, Gemüt, Seele. Sie müssen die *Rolle* des Mose spielen, was die siegreiche Geisteshaltung bedeutet, der Glaube an die eine geistig-spirituelle Kraft (ICH BIN). Wenn Sie Ihre Vorstellung im Geiste bis zum Punkt der Annahme erhöhen, werden Sie Heilung oder die Antwort auf Ihr Gebet erfahren. Sie erhöhen die Schlange, wenn Sie die wahre Natur Gottes betrachten.

(16) Denn Gott hat die Welt so sehr geliebt, daß er seinen einzigen Sohn hingab, damit jeder, der an ihn glaubt, nicht zugrunde geht, sondern das ewige Leben hat.

Wenn Sie krank sind, so hat Gott Ihnen seinen einzigen

Sohn gegeben – Geist, Verstand. Sie müssen lernen, ihn zu benutzen. Sie werden herausfinden, daß Sie, wenn Sie ihn richtig benutzen, Gesundheit, Reichtum und inneren Frieden haben werden. Ihr Wunsch ist Ihr Erlöser; wenn Sie sich mit Ihrem Wunsch identifizieren, werden Sie ihm geistig Gestalt geben und ihn verwirklichen. Die Welt ist Ihre äußere Ausdrucksform. Gottes Liebe für Sie bedeutet, daß er Sich Selbst Ihnen hingegeben hat. Sie haben alles nötige Rüstzeug, um jegliche Schwierigkeiten und Hindernisse zu überwinden. Glauben Sie an diese Kraft, und Sie werden nicht in Schmerz, Unglück und Leiden zugrunde gehen, sondern Sie werden das reiche Leben führen, von dem Jesus gesprochen hat.

(27) Kein Mensch kann sich etwas nehmen, wenn es ihm nicht vom Himmel gegeben ist. Das bedeutet, daß Bewußtsein die Ursache von allem ist. Mit anderen Worten, alle Ihre Erfahrungen sind Außen-Bilder Ihres inneren geistigen Zustands – der Himmel Ihres eigenen Geistes und Gemüts.

Er muß wachsen, ich aber muß kleiner werden. Das bedeutet, die Intuition oder Weisheit Gottes muß wachsen, und die intellektuelle, materielle Vorstellung vom Leben muß sich zurücknehmen. Unser Intellekt muß mit der Weisheit Gottes gesalbt werden; dann werden wir unseren bewußten, logischen Verstand und unsere Vernunft benutzen, um die Weisungen des Göttlichen auszuführen.

Denn der, den Gott gesandt hat, verkündet die Worte Gottes; denn er gibt den Geist unbegrenzt. Wir sprechen das *Wort Gottes,* wenn wir die Wahrheit dessen fühlen, was wir bekräftigen und bestätigen; dies ist der Heilige Geist, das Gefühl von Ganzheit, von Einssein; dann gibt es keine Zweifel.

KAPITEL 4

Wie Sie Vorurteile überwinden lernen

(1) Jesus erfuhr, daß die Pharisäer gehört hatten, er gewinne und taufe mehr Jünger als Johannes – (2) allerdings taufte nicht Jesus selbst, sondern seine Jünger –; (3) daraufhin verließ er Judäa und ging wieder nach Galiläa. (4) Er mußte aber den Weg durch Samarien nehmen. (5) So kam er zu einem Ort in Samarien, der Sychar hieß und nahe bei dem Grundstück lag, das Jakob seinem Sohn Josef vermacht hatte.

Jesus, der den Boden von Galiläa (Bewußtsein) betritt, löst ein erhöhtes Gewahrsein von Gottes Gegenwart aus, die aus den subjektiven Tiefen (Judäa) aufsteigt. Hier haben wir eine wunderbare Lektion über das Gebet, die uns lehrt, alle rassischen, politischen und religiösen Vorurteile auszulöschen. *Sychar* bedeutet die Anbetung oder Verehrung falscher Götter, das heißt, irgend etwas Negativem Aufmerksamkeit schenken. Im Gebet müssen wir unsere Gedanken lösen und unsere ganze Aufmerksamkeit Gott und seiner Allmacht schenken und nichts anderem Macht verleihen. Es ist Götzenanbetung, wenn wir äußeren Umständen, Bedingungen und Ursachen Macht zuschreiben. *Josef* bedeutet disziplinierte Vorstellungskraft und die Fähigkeit, sich das Ziel vor Augen zu stellen, seine Realität zu fühlen.

(6) Dort befand sich der Jakobsbrunnen. Jesus war müde

von der Reise und setzte sich daher an den Brunnen; es war um die sechste Stunde.

Der Jakobsbrunnen bezieht sich auf das Innere des Menschen, seine Seele oder sein subjektives Gefühlsleben. In dieser Quelle befinden sich alle Weisheit, alles Wissen und alle Macht. Es ist die grenzenlose Schatzkammer aller Formen immateriellen Lebens. Aus dieser Seele oder diesem subjektiven Selbst werden alle Erfahrungen des Menschen geboren. Wir müssen vom Wasser dieser unermeßlichen unbewußten Tiefen in uns trinken.

(7) Da kam eine samaritische Frau, um Wasser zu schöpfen. Jesus sagte zu ihr: Gib mir zu trinken! (8) (Seine Jünger waren nämlich in den Ort gegangen, um etwas zum Essen zu kaufen.)

Die samaritische Frau steht für das Gefühl von Mangel und Begrenzung. Dies bedeutet einen voreingenommenen Geist voller sektiererischer Glaubensüberzeugungen usw. Jesus, unser Verlangen, sagt zu uns: »*Gib mir zu trinken!*« Hier spricht in Wirklichkeit das höhere Selbst oder göttliche Selbst durch uns und sagt uns, daß wir uns aus unserer Beschränkung oder unserem Problem lösen sollen. Wann immer wir ein Problem oder eine Schwierigkeit haben, klopft die Lösung in Form eines Verlangens schon an die Tür. Wir müssen von der Inspiration, der Führung, Stärke und Macht trinken. *Seine Jünger* sind unsere Gedanken, Gefühle und allgemeine Einstellung, die die Haltung des Gebets in der Stadt unseres Geistes einnehmen, wo sie *etwas zum Essen* kaufen oder sich durch den Glauben an die Allmacht, auf die sie sich konzentrieren, stärken.

Unsere Zweifel und Ängste

(9) Die samaritische Frau sagte zu ihm: Wie kannst du als Jude mich, eine Samariterin, um Wasser bitten? Die Juden verkehrten nämlich nicht mit den Samaritern. Dieser Vers deutet auf Verwirrung, Rassenvorurteile, einen gestörten Geist.

(10) Jesus antwortete ihr: Wenn du wüßtest, worin die Gabe Gottes besteht und wer es ist, der zu dir sagt: Gib mir zu trinken!, dann hättest du ihn gebeten, und er hätte dir lebendiges Wasser gegeben.

Die Gabe Gottes ist unser Verlangen. Wenn der Mensch wüßte, daß seine Bewußtheit Gott und sein Verlangen ganz einfach Leben ist, das ihn weiterdrängt, dann würde er sich nach innen wenden zu der Quelle und sein Verlangen als gegenwärtige Realität bekräftigen. *Die samaritische Frau* steht für einen Geistestypus, der an einen äußeren Gott glaubt und nicht weiß, daß die göttliche Gegenwart im inneren unermeßlichen Unbewußten ruht, und der vom Beweis der fünf Sinne regiert wird. Ein psychischer Wandel und ein spirituelles Erwachen deuten sich im folgenden Vers an: *(11) Sie sagte zu ihm: Herr, du hast kein Schöpfgefäß, und der Brunnen ist tief; woher hast du also das lebendige Wasser?*

Die *Frau in uns* bedeutet unsere Zweifel und Ängste, die sich auf falsche Glaubensvorstellungen über Gott und seine Gesetze gründen. *Du hast kein Schöpfgefäß* bezieht sich auf die Tatsache, daß der Mensch meint, er brauche Unterstützung, um das zu bekommen, was er will. Er braucht einen Eimer, um Wasser zu schöpfen. Er nimmt die Dinge wortwörtlich und stellt sich vor, er müsse notwendigerweise einer Kirche oder Sekte angehören, um gerettet zu werden. Solange der Mensch nicht erkennt, daß das Reich Gottes im Innern ist, wird er annehmen, daß es außen ist; und dazu glaubt er, daß die äußere Welt kausal ist, was zu all seiner Verwirrung, seinem Haß, seinen Vorurteilen und Zweifeln führt. Ewig fragt er: »*Woher hast du das lebendige Wasser?*« *Lebendiges Wasser* bedeutet Inspiration, Wahrheit, Heilung, Führung oder was immer der Mensch zur spirituellen Stärkung braucht. Die alten Glaubensvorstellungen besagen, daß wir Rituale, Zeremonien, Altäre und Kirchen brauchen, in denen wir anbeten und bitten. Die alten Glaubensvorstellungen, Traditionen, religiösen Überzeugungen und Dogmen der Menschheit erheben ihr Haupt und fordern uns heraus. Die alten Vorstellungen, daß wir das Spielzeug des Zufalls sind, daß da äußere Wesenheiten und Mächte sind, denen wir gegenübertreten und die wir bekämpfen müssen. Sie alle sterben und verschwinden, so daß wir das lebendige Wasser – das innere Himmelreich – erfahren können. *Wahrheit* ist das Schwert, das uns dazu bringt, uns von allen falschen Vorstellungen und von allem falschen Glauben an Personen und Traditionen zu trennen. Statt historischen Persönlichkeiten Macht zu geben, müssen wir Vertrauen und Zuversicht in unsere eigene subjektive Tiefe haben, die das schöpferische Medium ist und stets entsprechend unserer Glaubensebene reagiert.

(12) Bist du etwa größer als unser Vater Jakob, der uns den Brunnen gegeben und selbst daraus getrunken hat wie seine Söhne und seine Herden?

Die Herausforderung geht weiter. Mit anderen Worten, dies ist der *Brunnen* traditionellen Glaubens oder die alte Vorstellung von einem anthropomorphen Gott, dem wir unsere Bitten vortragen. Gewöhnlich ist er ein Gott des

Zorns, ein Produkt der Einbildung des Menschen, ein undurchschaubares und tyrannisches Wesen. Menschen fechten die Wahrheit an, daß Gott ihre ihnen innewohnende gestaltlose Bewußtheit ist. »Näher ist er als der Atem und näher als Hände und Füße!« Sie weisen auf ihre Kirche mit ihrem Dogma und der langen Reihe von Heiligen, Märtyrern, Propheten und ihren Ritualen, Zeremonien, ihrem Pomp und ihrer Macht hin. Sie sagen, unsere Väter verehrten all dies und starben dafür. Männer sterben ebenso bereitwillig für Aberglauben wie für die Wahrheit. Menschen weigern sich, die Wahrheit ihrer psychischen Fähigkeit anzuerkennen, nämlich unabhängig und frei von Beschränkung, Problemen, Schmerzen und Elend aller Art zu sein. Millionen werden von Ideen, irrigen Meinungen, falschen Überzeugungen von Menschen, die schon lange tot sind, regiert, kontrolliert und beherrscht. Sie leben in einer toten Vergangenheit, was in der Bibel mit *zwischen Gräbern leben* beschrieben wird. Das *Grab* steht für die Berichte von der toten Vergangenheit. Wenn sich der Mensch weigert, seine Meinungen zu überprüfen und die richtigen Antworten zu suchen, dann bleibt er an diese toten Dogmen und von Menschen geschaffenen Traditionen gefesselt.

Der Mensch kann Gedanken und Formen der Wahrheit finden, die ihn zu einem höheren Bewußtseinsstand führen. Er kann eine Wissenschaft vom Leben entdecken, Kenntnisse und eine Weisheit erwerben, die ihn dazu befähigen, Gesundheit, Glück und inneren Frieden zu erlangen; aber erst muß er sich der falschen Kenntnisse und Überzeugungen entledigen, die ihn seines wahren Seinszustands berauben.

Wenn Sie ein Chemiker werden wollen, dann müssen

Sie erst die chemischen Gesetze, chemischen Formeln, Reaktionen usw. erlernen. Es wäre sehr gefährlich, wenn Sie sich falsche Kenntnisse und Vorstellungen aneignen. Stellen Sie sich vor, Sie lernen bei einem Lehrer, der nichts von Chemie versteht; in diesem Fall würde ein Blinder die Blinden führen.

Fragen Sie sich, woher Ihre religiösen Vorstellungen stammen. Gehen Sie ihrer Geschichte nach. Untersuchen und erforschen Sie diese religiösen Überzeugungen. Verfolgen Sie sie bis zu ihren Verstecken in von Menschen geschaffener Tyrannei und Machtgier. *Es ist sinnlos, wie sie mich verehren; / was sie mich lehren, sind Satzungen von Menschen. (Matthäus 15,9)*

Das Wasser des Lebens

(13) Jesus antwortete ihr: Wer von diesem Wasser trinkt, wird wieder Durst bekommen; (14) wer aber von dem Wasser trinkt, das ich ihm geben werde, wird niemals mehr Durst haben; vielmehr wird das Wasser, das ich ihm gebe, in ihm zur sprudelnden Quelle werden, deren Wasser ewiges Leben schenkt.

Viele wissen nicht, wo das Wasser des Lebens ist. Wenn wir von Wasser sprechen, denkt der Mensch im allgemeinen an Trinkwasser und erkennt nicht, daß von der stärkenden Kraft spiritueller Werte die Rede ist. Der Mensch sucht außerhalb von sich nach Sicherheit, Integrität, Friede und Glück; statt dessen kommen all diese Kräfte aus dem Innern.

Ich erzählte in unserem Seminar über die inneren Lehren Ouspenkys von einem Mann, der seinem Arzt eine

Million Dollar anbot, wenn er seinen Sohn heilte. Der gute Doktor erklärte, daß die medizinische Wissenschaft alles ihr Mögliche getan habe und daß nur noch Beten den Jungen retten könne. Der Mann sagte: »Ich weiß nicht, wie man betet.« Sehen Sie, wie durstig er war? Er wußte nicht, woraus er trinken sollte oder daß sich die Quelle des Lebens in ihm befindet. Er wußte nicht, wie er aus dem Glauben, der Zuversicht und dem Vertrauen in eine unendliche heilende Kraft schöpfen sollte. Der Arzt lehrte ihn zu beten, und der Sohn blieb am Leben.

Seelenfrieden, Gesundheit, Freude und Vertrauen in Gott können Sie nicht kaufen. Sie können Weisheit nicht käuflich erwerben. Alle wirklichen Gaben des Lebens sind immateriell; sie kommen vom Geist. Sie sind ewige Wahrheiten.

Lassen Sie uns eine andere Bedeutungsebene all der Geschichten in der Bibel ansehen. Wir alle können mit einem größeren Potential in uns in Berührung kommen; wir können zu einer höheren Ebene gelangen, wenn wir das richtige Wissen und eine fundierte geistige Praxis anwenden. Erhöhen Sie nun in Geist und Gemüt die Ideen von Frieden, Sicherheit und Glück. Leben Sie mit diesen Ideen, bis sie zu subjektiven Verkörperungen werden; dann werden Sie nie wieder Durst bekommen. *Die sprudelnde Quelle, deren Wasser ewiges Leben schenkt*, ist der allmächtige lebendige Geist im Innern; durch Meditation und Gebet können wir durch alle Zeiten hindurch seine Früchte genießen, bis dereinst die Zeit aufhört zu sein.

Von der richtigen Befruchtung

(15) Da sagte die Frau zu ihm: Herr, gib mir dieses Wasser, damit ich keinen Durst mehr habe und nicht mehr hierherkommen muß, um Wasser zu schöpfen. (16) Er sagte zu ihr: Geh, ruf deinen Mann, und komm wieder her!

Unser *Mann* sollte Gott oder das Gute sein. Wir sollten darauf achten, daß unser Geist, Gemüt oder Bewußtsein nur mit großgesinnten, liebenden und weisen Vorstellungen befruchtet wird. In der Mehrheit aller Fälle geschieht allerdings folgendes: Unsere fünf Sinne werden mit allen möglichen falschen Kenntnissen und Konzeptionen befruchtet, und alle möglichen Irrtümer wirken ständig auf das empfängliche Medium des Geistes und Gemüts ein. Eine Lawine von Bildern, Tönen, falschen Überzeugungen und Ängsten beeindruckt unseren Geist über die fünf Sinne, die zu den fünf falschen Männern werden, wo doch die Weisheit allzeit unser Mann sein sollte. Die Folge davon ist, daß das emotionale Wesen des Menschen in seinen Erfahrungen ständig die Beschränkungen reproduziert, die ihm von den unerhellten fünf Sinnen aufgeprägt werden.

In der Bibel steht: *Der Mann ist das Haupt der Frau,* was bedeutet, die Vorstellung, der Gedanke, den Sie haben, befruchtet Ihre emotionelle oder subjektive Natur. Wenn unsere Gedanken Gottes Gedanken sind, dann *rufen wir den Mann* herbei.

(17) Die Frau antwortete: Ich habe keinen Mann. Jesus sagte zu ihr: Du hast richtig gesagt: Ich habe keinen Mann. (18) Denn fünf Männer hast du gehabt, und der, den du jetzt hast, ist nicht dein Mann. Damit hast du die Wahrheit gesagt.

Eine Person, die sich in einem Zustand der Verwirrung, des Mangels und der Beschränkung befindet, hat nicht Gott oder das Gute zum Mann; von daher die Antwort: *Ich habe keinen Mann.* Wenn wir uns in der geistigen Atmosphäre von Angst und Furcht bewegen, sind wir nicht mit Gott verheiratet; wir haben deshalb keinen wahren Mann (ein diszipliniertes, spirituell entwickeltes Bewußtsein). Befriedigt Sie Ihr religiöser Glaube? Gibt er Ihnen inneren Frieden und inneres Wachstum? Stellen Sie sich selbst die Frage: Sind alle meine Gedanken auf die Wahrheit Gottes gegründet?

(19) Die Frau sagte zu ihm: Herr, ich sehe, daß du ein Prophet bist. (20) Unsere Väter haben auf diesem Berg Gott angebetet; ihr aber sagt, in Jerusalem sei die Stätte, wo man anbeten muß. (21) Jesus sprach zu ihr: Glaube mir, Frau, die Stunde kommt, zu der ihr weder auf diesem Berg noch in Jerusalem den Vater anbeten werdet. (22) Ihr betet an, was ihr nicht kennt, wir beten an, was wir kennen; denn das Heil kommt von den Juden. (23) Aber die Stunde kommt, und sie ist schon da, zu der die wahren Beter den Vater anbeten werden im Geist und in der Wahrheit; denn so will der Vater angebetet werden. (24) Gott ist Geist, und alle, die ihn anbeten, müssen im Geist und in der Wahrheit anbeten.

Viele Menschen meinen, der einzige Ort der Anbetung sei eine aus Stein erbaute Kirche oder ein bestimmtes Heiligtum. Hier wird uns gesagt, daß wir Gott im Geist und in der Wahrheit anbeten sollen. *Anbeten* meint, die Aufmerksamkeit auf etwas zu richten, würdig, hingebungsvoll zu sein. Eine *Kirche* ist ein Symbol für einen geistigen und emotionalen Zustand, in dem man sich der Weisheit, der Liebe und Wahrheit widmet. Ihre Kirche ist das innere Heiligtum der Seele. Der *Chor* stellt das innere Gefühl der

Freude, des erhabenen Gefühls dar, das der stillen Kontemplation Gottes folgt. Die Kirche (eine Verbindung von Gedanken, Fähigkeiten und innerer Haltung, die sich auf Gott konzentriert) ist innerlich. Der *Hohepriester* (Gefühl) ist innerlich. Gott (unser Bewußtsein oder ICH-BIN-SEIN) ist innerlich.

Das Heil kommt von den Juden. Dies bezieht sich nicht auf irgendeine Rasse oder ein Volk. Eine der Bedeutungen des Wortes *Jude* beinhaltet den durch das Licht erhellten Intellekt. Rettung oder die Lösung kommt dem Menschen zu, dessen Intellekt mit der Weisheit Gottes gesalbt ist. Der wahre Jude kennt den Messias in sich; dein Glaube an Gott ist sein Retter. Er vertraut darauf, daß der grenzenlose Geist auf sein Gebet reagiert. Er weiß, daß der kommende Messias die Lösung oder die Antwort auf sein Gebet ist.

Lassen Sie die Wahrheiten, über die wir hier gesprochen haben, lebendig werden, zu einer lebendigen Quelle neuer und wunderbarer Bedeutungen; dann werden Sie nicht mehr hungern und nicht mehr dürsten. Sie werden aus der Quelle lebendigen Wassers trinken; Gott wird alle Tränen aus Ihren Augen wischen, und alles Weinen wird ein Ende haben.

Der erhellte Verstand

Wir werden uns nun kurz mit den Höhepunkten des restlichen Kapitels befassen.

(29) Kommt her, seht, da ist ein Mann, der mir alles gesagt hat, was ich getan habe: Ist er vielleicht der Messias?

Messias ist Ihr Erwachen zur Wahrheit oder der erhellte Verstand. Sie sind sich nun bewußt, daß alles, was Ihnen je geschah, auf die Beschränkungen zurückzuführen ist, die Ihnen die fünf Sinne auferlegt haben; des weiteren wird Ihnen, wenn Sie auf Ihr Leben zurückschauen, klar, daß Sie ständig Zeugnis von diesen falschen Eindrücken ablegten. Das ganze Gespräch zwischen Jesus und der Frau ist eine Auseinandersetzung, die sich im Geiste eines Durchschnittsmenschen zwischen der Erscheinung der Dinge, das heißt dem, was die fünf Sinne sagen, und dem, was er sein möchte, abspielt. In ihm findet eine Herausforderung statt. Das höhere Selbst in Ihnen sagt: »Wenn Sie nur glauben wollten, daß Sie jetzt sind, was Sie sein wollen, dann würden Sie es werden.« Das kleinere Ich sagt: »Es ist zu schön, um wahr zu sein. Sieh dir die Beweise an. Der Brunnen ist tief, und ich habe nichts, um daraus zu schöpfen.« Lassen Sie die Beweise Ihrer Sinne beiseite. Wenden Sie sich nach innen, schließen Sie die Tür und beginnen Sie zu fühlen, daß Sie sind, was zu sein Sie ersehnen. Fahren Sie damit fort, bis Ihr Bewußtsein davon erfüllt ist; dann wird Sie ein Gefühl der Ruhe und des Friedens überkommen. Sie werden verwirklichen, was Sie subjektiv akzeptiert haben.

(35) Sagt ihr nicht: Noch vier Monate dauert es bis zur Ernte? Ich aber sage euch: Blickt umher und seht, daß die Felder weiß sind, reif zur Ernte.

Das *Fleisch, das wir essen, ist der Wille Gottes. Der Wille Gottes* für alle Menschen ist das reiche Leben, was das geistige Merkmal aller guten Dinge ist. Wir sollen nicht sagen, daß es *noch vier Monate bis zur Ernte* dauert. Mit anderen Worten, wir sollen aufhören, das, was gut für uns ist, aufzuschieben. Ihr Gut, Ihr Verlangen existiert jetzt in der nächsten Dimension oder auf einer höheren Seinsebene. Friede, Gesundheit, Harmonie, Weisheit usw. sind in Ihnen. Schieben Sie den Frieden nicht auf; nehmen Sie ihn jetzt an!

Sie wollen zum Beispiel ein Haus verkaufen: Machen Sie sich klar, daß es auf der Ebene des göttlichen Geists bereits verkauft ist. Nehmen Sie dies geistig an; dann wird der grenzenlose Geist Sie und den Käufer zusammenführen. Der unsichtbare Gedanke ist die Realität hinter allem. Darum sind es nicht vier Monate bis zur Ernte. Alle Bewußtseinszustände existieren in Ihnen im umfassenderen Jetzt, und so auch alle Weisheit und alles Wissen.

Gelegentlich können Sie über jemand hören: »Ohne mich zu kennen, sagte er mir alles, was ich je getan habe.« Für eine mediale, intuitive Person ist die Vergangenheit ein offenes Buch. In einem partiell subjektiven Bewußtseinszustand können sich viele Menschen auf das Unbewußte anderer einstimmen und mühelos ihre Vergangenheit lesen; denn alles, was je im Leben eines Menschen geschehen ist, wird im inneren, unterschwelligen Bewußtsein registriert.

In der Stille Ihres Geistes

(44) Jesus selbst hatte nämlich bestätigt: Ein Prophet wird in seiner eigenen Heimat nicht geehrt.

In der Sprache der Bibel bezieht sich die *Heimat* auf einen Bewußtseinszustand. Wir müssen uns aus unserem gegenwärtigen Bewußtseinszustand begeben und uns, psychisch gesehen, in ein anderes Reich des Geistes und des Gemüts bewegen, wo wir über spirituelle Vorgänge und Funktionen meditieren. Wenn wir die Gedanken zur Stille bringen und unsere Aufmerksamkeit auf unser eigenes Gut richten, dann fließt die Kraft Gottes durch den Brennpunkt unserer Aufmerksamkeit. Wir haben uns dann in eine andere Heimat begeben, weil wir einen neuen Bewußtseinszustand erlangt haben oder zu einer neuen Vorstellung von uns selbst gekommen sind.

(50) Geh, dein Sohn lebt! (52) Gestern in der siebten Stunde ist das Fieber von ihm gewichen.

Diese Verse sind der Kern der Ausgewogenheit dieses Kapitels. Hier bekommen wir eine Lektion über eine Heilung aus der Ferne, in Abwesenheit. Tatsächlich gibt es keine Abwesenheit in der einen Gegenwart und Anwesenheit, wenn wir jemand anderen behandeln oder für seine Heilung beten; es ist notwendig, daß Sie Geist und Gemüt disziplinieren und von den Ängsten und Meinungen der Menschheit reinigen; Sie müssen dies nachdrücklich und mit Entschiedenheit tun. Der nächste Schritt ist, daß Sie sich der inneren heilenden Kraft zuwenden und fühlen, daß der Patient frei von seinen falschen Glaubensvorstellungen und Meinungen ist, während Sie gleichzeitig wissen, daß Ihre Gedanken von Gesundheit, Frieden und Glück Gott in Aktion sind. Ihr inneres Wissen, daß Harmonie, Gesundheit und Frieden wahre Gaben Gottes für Ihren Patienten sind, werden sie auch im Geist und Gemüt des Patienten erstehen lassen.

Er sandte sein Wort und heilte sie. Wenn jemand anders krank ist, dann ruft er nach Hilfe und Linderung. Wenn Sie seine Bitte um Heilung zu Ihrer Überzeugung machen, wenn Sie den Punkt völligen geistigen Annehmens erreichen, dann wird das die siebte Stunde genannt, der Sabbat oder die Stille Ihres Geistes und Gemüts im Wissen, daß Ihr Gebet beantwortet wird. Das ist die Bedeutung der Aussage: *In der siebten Stunde ist das Fieber von ihm gewichen.*

KAPITEL 5

Den Weg zur inneren Gewißheit finden

(1) Einige Zeit später war ein Fest der Juden, und Jesus ging hinauf nach Jerusalem. (2) In Jerusalem gibt es beim Schaftor einen Teich, zu dem fünf Säulenhallen gehören; dieser Teich heißt auf hebräisch Betesda. (3) In diesen Hallen lagen viele Kranke, darunter Blinde, Lahme und Verkrüppelte, die auf die Bewegung des Wassers warteten. (4) Ein Engel des Herrn aber stieg zu bestimmter Zeit in den Teich hinab und brachte das Wasser zum Aufwallen. Wer dann als erster hineinstieg, wurde gesund, an welcher Krankheit er auch litt. (5) Dort lag auch ein Mann, der schon achtunddreißig Jahre krank war. (6) Als Jesus ihn dort liegen sah und erkannte, daß er schon lange krank war, fragte er ihn: Willst du gesund werden? (7) Der Kranke antwortete ihm: Herr, ich habe keinen Menschen, der mich, sobald das Wasser aufwallt, in den Teich trägt. Während ich mich hinschleppe, steigt schon ein anderer vor mir hinein. (8) Da sagte Jesus zu ihm: Steh auf, nimm deine Bahre und geh!

Der blockierte Wunsch

Ein Fest bedeutet ein inneres Fest, bei dem wir über das meditieren, was wir wollen. *Jerusalem* meint Frieden oder das Bewußtsein von Frieden. *Jesus, der nach Jerusalem* *geht,* bedeutet den Geist zur Ruhe bringen und über den Frieden meditieren. *Betesda* ist ein Hafen der Ruhe. Sie kommen zur Ruhe, wenn Sie Ihre Gedanken von der Welt lösen und an Gott und seine Gesetze denken. Halten Sie das Rad Ihrer Gedanken an, und denken Sie an den allmächtigen lebendigen Geist in Ihnen. In diesem Moment befinden Sie sich am *Teich von Betesda.*

Die fünf Säulenhallen sind unsere fünf Sinne. Unsere Sinnesbeweise leugnen das, wofür wir beten; und dazu wurden uns über unsere fünf Sinne alle möglichen Beschränkungen und falschen Überzeugungen eingeprägt. Die vielen Kranken, Blinden, Lahmen, Verkrüppelten stehen für unsere inneren Hoffnungen, Träume, Bestrebungen und Ideale, die wir nicht zu verwirklichen vermochten.

Das Schafstor – ein Marktplatz – bedeutet, daß unser Gebet wie ein Markt ist, wo wir eine Sache für eine andere eintauschen. *Die Schafe* sind die Zustände, die wir zu verkörpern wünschen. Wir müssen also das Gefühl von Mangel für das Gefühl von Überfluß eintauschen, das Gefühl von Krankheit für das Gefühl und Bild von vollkommener Gesundheit. Sie könnten das Bewußtsein einen Marktplatz nennen, wo wir unsere Ideen, Pläne, Wünsche, falsche Glaubensvorstellungen, Zweifel usw. kaufen, verkaufen oder eintauschen. Der durchschnittliche, seinen fünf Sinnen verhaftete Mensch, der nach dem äußeren Anschein urteilt und sich mit äußerlichen Phänomenen abgibt, scheint nur darauf zu warten, daß etwas geschieht, und weiß nicht, daß die schöpferische Kraft in ihm ist und ihn dazu befähigt, seinen Gedanken und Herzenswünschen Leben zu verleihen.

Einssein mit Gott

Es wird gesagt, daß ein Engel das Wasser im Teich zum Aufwallen brachte. Das Wort *Engel* kommt von *angelus* und bedeutet eine Geisteshaltung, eine neue Idee oder ein Wunsch, der in Ihrem Herzen aufwallt. Ihr Verlangen rührt den Teich Ihres Geistes und Gemüts auf. Sie werden keinen wirklichen Frieden finden, solange es nicht verwirklicht ist.

Sie haben vielleicht den Wunsch, im Fernsehen aufzutreten und zu singen, aber Sie finden sich blockiert. Vielleicht sind Sie von Zweifeln, Ängsten, Befürchtungen geplagt oder haben sich von negativen Äußerungen anderer deprimieren lassen. Ihnen wurde gesagt: *Wer als erster hineinstieg, wurde gesund.* Sie müssen sich ein für allemal klarmachen, daß in Wirklichkeit niemand vor Ihnen in den Teich (die Gegenwart Gottes) steigen kann, aus dem einfachen Grund, daß Ihr Denken hier die einzige Kraft ist. Die Meinungen anderer, der kollektive Geist und die allgemeinen Überzeugungen der Menschheit haben keine Macht über Sie. Äußere Bedingungen und die Vorstellungen anderer haben keine ursächliche Wirkung. Dazu müßten Sie sich erst negativen Gedanken hingeben.

Sie sind *der erste im Teich,* wenn Sie wissen, daß Gott alleins und unteilbar ist; seine Gegenwart ist Einheit. Darin gibt es keine Trennungen, keinen Streit; und nichts kann die Allmacht bedrohen. Wenn Sie an Gott und seine Heilkraft denken, dann sind Sie eins mit dem Allmächtigen, eins mit der Allmacht; dann ist es in Wirklichkeit Gottes Denken, und Ihr Gedanke wird und muß verwirklicht werden. Aller Furcht und allen negativen Gedanken dieser Welt ist nun der Zugang zu Ihrem Geist und Gemüt verwehrt, denn Sie sind auf Gott, den Allmächtigen, konzentriert. Wie könnte Sie also irgend jemand Ihres Guts berauben? Deshalb steht geschrieben: »Einssein mit Gott bedeutet Mehrheit.« Die Quelle ist Liebe; sie kennt keine Furcht.

Oft hört man Leute sagen: »Hans war schuld«; »wenn Marie oder Sabine nicht gewesen wären, wäre ich befördert worden«. Sie machen stets andere für ihre Probleme und Mißgeschicke verantwortlich. In der Sprache der Bibel drückt sich ein solches Verhalten in dem Satz aus: »Während ich mich hinschleppe, steigt schon ein anderer vor mir hinein.«

Lassen Sie sich von den Sternen beeinträchtigen, wenn Sie um Heilung beten? Geben Sie ihnen Vorrang, indem Sie sagen, bei dieser Planetenkonstellation kann ich derzeit nicht geheilt werden? Wenn dies der Fall sein sollte, dann sind Sie ambivalent und erkennen nicht die Souveränität der Einen Kraft und Macht an. Ihre Treue und Ergebenheit sind geteilt, und nichts geschieht. Sie befinden sich in einem Konflikt. Halten Sie inne und glauben Sie an den Gott, der die Sterne schuf. Warum sollten Sie eine Zusammenballung von Atomen und Molekülen am Himmel verehren?

So gelangen Sie in den Teich der heiligen Allgegenwart, die immer das Licht der Liebe in Ihrem Herzen brennen läßt und mit dem Licht des Lebens stets Ihren Weg erhellt. Keiner kann stellvertretend für Sie sagen: »ICH BIN.«

Eine Studentin in unserem Bibelseminar über das Johannesevangelium sagte sich: »Ich habe die Macht, ›ICH BIN‹ zu sagen. Niemand kann dies für mich tun. Ich glaube, daß ich jetzt bin, was ich sein will. Ich lebe, bin und bewege mich in dieser geistigen Atmosphäre, und keine

Person, kein Ort, kein Ding kann mich davon abhalten, das zu sein, was ich zu sein wünsche; denn nach meinem Glauben geschieht mir.« Sie hatte bemerkenswerten Erfolg mit diesem Gebet.

Hören Sie auf, Macht an äußere Umstände abzugeben, an das Wetter, die Menschen, die Welt der Ursachen und Wirkungen. Hören Sie auf, eine Wirkung zur Ursache zu machen. Es gibt nur eine Macht, den Geist in Ihnen, Ihre Bewußtheit oder Ihr Bewußtsein. Wenn Sie der erste im Teich sein wollen, dann werden Sie damit aufhören, Ihre innere Macht auf andere zu übertragen und fremde Götter und Vorstellungen anzubeten. Nehmen Sie Ihre Ganzheit und Vollkommenheit an, jetzt. Der *Engel, der das Wasser zum Aufwallen brachte*, ist Ihr Bewußtsein, Ihr Wunsch nach Gesundheit. Der *kranke Mann* ist der Mensch, der nicht weiß, wo die Macht und Kraft ist. Er glaubt, sie läge außerhalb von ihm. Wenn er allmählich zur Wahrheit seines Seins erwacht, erkennt er, daß die heilende Kraft in ihm ist und daß er mit ihr in Berührung kommen kann.

Die *achtunddreißig Jahre* bedeuten in der Zahlensymbolik der Bibel den Glauben an Gottes Gegenwart und spirituellen Reifeprozeß. Die Zahl *Dreißig* bezieht sich auf die Trinität oder den schöpferischen Vorgang in unserem Geist und Gemüt; die Zahl *Acht* bedeutet Oktave oder die Fähigkeit des Menschen, sich durch die Kenntnisse geistiger und spiritueller Gesetze zu Höherem zu entwickeln.

Die Trinität in bezug auf Heilen beinhaltet:

1. Anerkennung der spirituellen Kraft als höchste und allmächtige Kraft.
2. Ihr Wunsch nach Gesundheit.
3. Die Bekräftigung Ihrer vollkommenen Gesundheit; sie fühlen und an sie glauben im Wissen, daß die Allmacht

gemäß Ihrem Glauben und Ihrer geistigen Annahme der Idee von vollkommener Gesundheit antworten wird.

Die Zahl *Acht* wird hinzugefügt, wenn die Heilung stattfindet. Die Acht setzt sich aus zwei Kreisen zusammen, die das synchrone oder harmonische Zusammenspiel von Bewußtsein und Unbewußtem oder von Gedanke und Gefühl darstellen. Wenn Ihr Wunsch und Ihr Gefühl in Einklang sind, dann gibt es keinen Streit zwischen beiden, und die Heilung tritt ein. Alle, die dieses wunderbare Kapitel in der Bibel lesen, mögen es nun anwenden und in ihrem eigenen Leben Wunder wirken.

Die innere Gewißheit

Die Anweisung Jesu oder Ihres erhellten Verstands: »Steh auf, nimm deine Bahre und geh!« meint Ihre innere Überzeugung, die zu Ihnen spricht und Ihnen sagt, daß Sie geheilt sind. Sie haben Ihre Bahre aufgenommen und gehen als freier Mensch. Alles dies geschieht an einem Sabbat.

Der Sabbat ist die innere Gewißheit oder das Gefühl der Ruhe, die dem wahren Gebet folgen. Es ist der Moment des Bewußtseins, in dem Sie unbekümmert, unberührt, unbesorgt sind, weil Sie wissen, daß sich Ihr Wunsch so gewiß, wie die Sonne am Morgen aufgeht, erfüllen wird. Wenn Sie in Ihrem Herzen glauben, ist es Ihnen nicht möglich zu fragen: »Wie? Wann? Wo oder wodurch?« Wenn Sie am Ende Ihrer geistigen Reise angelangt sind, dann fragen Sie nicht: »Wie?«

Wenn Sie zum Beispiel in Chicago ankommen, dann fragen Sie nicht: »Wie bin ich hierhergekommen?« Sie *sind* da. Wenn Sie sich in der Allgegenwart Gottes bewegen, in dieser spirituellen Atmosphäre leben, dann ist für Sie immer Sabbat.

(9) Sofort wurde der Mann gesund, nahm seine Bahre und ging. Dieser Tag aber war ein Sabbat.

Millionen feiern den Sabbat auf äußerliche Weise, glauben, es sei Sünde, einen Nagel in ein Holzbrett zu schlagen usw., was absurd ist. Sie wissen nicht, daß der Sabbat etwas Innerliches ist. Ihnen ist nicht klar, daß er jeden Tag gefeiert wird, wenn der Mensch sein Leben im Bewußtsein von stets zugänglicher Güte, Wahrheit, Schönheit und Reichtum lebt.

Wir werden nun die wesentlichen Höhepunkte des restlichen Kapitels besprechen und die Schlüsselverse erläutern, ohne uns allzusehr wiederholen zu wollen. Viele Verse überschneiden sich und sind bereits besprochen worden.

(17) Mein Vater ist noch immer am Werk, und auch ich bin am Werk.

Für den harmonischen Ausdruck unserer Ideale sind Zusammenarbeit und Übereinstimmung zwischen beiden Geistesebenen notwendig. Weder auf intellektueller noch auf emotionaler Seite darf es Widerspruch oder Streitpunkte geben; beide müssen zustimmen. Wenn die beiden synchron und sich über alles einig sind, wird das Ideal etabliert und manifestiert sich. Wenn Sie sich vor dem Einschlafen vornehmen, daß Sie um 5 Uhr morgens aufwachen wollen, werden Sie von den tieferen Schichten Ihres Bewußtseins geweckt werden. Das ist ein sehr einfaches Beispiel für die Aussage des obigen Abschnitts.

Eine erhabene Vorstellung von uns selbst

(22) Auch richtet der Vater niemand, sondern er hat das Gericht ganz dem Sohn übertragen.

Der *Sohn* bedeutet Idee, Gedanke, Geist oder Ausdruck. Es ist Ihr eigener Geist, der urteilt und verurteilt. *Wie ein Mensch in seinem Herzen denkt, so ist er.* Wir richten über uns selbst durch unsere Gedanken, unsere Vorstellungen von uns selbst.

(30) ...ich richte, wie ich es höre...

Was hören wir? Hören wir gute Nachrichten über uns und andere, oder nehmen wir eine negative Haltung ein?

(23) ...damit alle den Sohn ehren, wie sie den Vater ehren...

Wir sollen den Sohn ehren – was heißt, wir sollten eine erhabenere Vorstellung von uns selbst haben. Diese Vorstellung sollte uns mit Begeisterung erfüllen, wir sollten sie mit Liebe umgeben, und dann werden wir sie verkörpern. Wenn wir nicht strahlen, glücklich, begeistert, voller Freude sind, dann ehren wir den Vater nicht.

(30) Von mir selbst aus kann ich nichts tun; ich richte, wie ich es höre, und mein Gericht ist gerecht.

Das bedeutet, daß der menschliche Intellekt nicht kreativ ist. Das subjektive Selbst des Menschen hat die Antwort, sieht alles und weiß alles. Unser *Gericht ist gerecht* in dem Sinne, daß sich Handlung und Reaktion entsprechen. Der Mensch wendet auf der Grundlage seines Urteils das Gesetz des Geistes an. Alles geistige Handeln, wie getroffene Entscheidungen, durchdachte Angelegenheiten, findet im Bewußtsein statt. Das Absolute argumentiert nicht. Das Urteil, der Schluß, zu dem Sie im Geiste gekommen sind, ruft in Übereinstimmung mit Ihrer Entscheidung oder Ihrem Gedanken automatisch die Antwort des Gesetzes hervor.

Wenn Ihr Urteil oder Ihre Entscheidung weise waren, werden Sie die gerechte Antwort auf Ihr Urteil erfahren. Wenn der Mensch in seinem Urteil irrt oder einen ernsthaften Fehler begeht, wird er die Antwort oder gerechte Reaktion als das erfahren, was manche Leute Rache nennen. Das Gesetz kennt kein Ungleichgewicht, keine Begünstigung. Handlung und Reaktion entsprechen sich, und alle von uns wissen das aus eigener Erfahrung oder sollten es zumindest wissen.

(39) Ihr erforscht die Schriften, weil ihr meint, in ihnen das ewige Leben zu haben; gerade sie legen Zeugnis über mich ab.

Menschen erforschen die Schriften und zitieren sie ausgiebig. Sie haben den Buchstaben des Gesetzes, aber es mangelt ihnen am Geist des Gesetzes, der Leben gibt. Die Anbetung Gottes muß innere Bewußtheit, inneres Gewahrsein sein und nicht Ritual, Zeremonie, Form, Liturgie oder Zitieren der Bibel. Sie muß eine innere mystische Erhöhung sein, ein tiefer Wunsch, im Geiste und in der Liebe mit dem Vater eins zu sein; dann wird die Offenbarung gewiß folgen.

(46) Wenn ihr Mose glauben würdet, müßtet ihr auch mir glauben; denn über mich hat er geschrieben.

Moses bedeutet, daß wir aus der Tiefe unser Verlangen, unser Ziel oder Ideal heraufholen. Wenn wir an die Realität unseres Wunsches oder Ideals glaubten und wüßten, daß es in einer anderen Dimension unseres Geistes existiert, dann würden wir an Gott oder an unser Gut glauben; unser verwirklichter Wunsch würde uns aus jeglicher Notlage retten. Er wäre unser Retter.

KAPITEL 6

Der Aufstieg des Bewußtseins

(1) Danach ging Jesus an das andere Ufer des Sees von Galiläa, der auch See von Tiberias heißt. (2) Eine große Menschenmenge folgte ihm, weil sie die Zeichen sahen, die er an den Kranken tat. (3) Jesus stieg auf den Berg und setzte sich dort mit seinen Jüngern nieder. (4) Das Pascha, das Fest der Juden, war nahe. (5) Als Jesus aufblickte und sah, daß so viele Menschen zu ihm kamen, fragte er Philippus: Wo sollen wir Brot kaufen, damit diese Leute zu essen haben? (6) Das sagte er aber nur, um ihn auf die Probe zu stellen; denn er selbst wußte, was er tun wollte.

Dieses Gleichnis handelt von innerer Wandlung. *Die Speisung von fünftausend Menschen* steht für unsere hungrigen, wirren, niedergeschlagenen und ängstlichen Gedanken, die uns den ganzen Tag verfolgen. Die *große Menschenmenge* steht für die Ansammlung von Botschaften, die wir durch die äußeren fünf Sinne erhalten. Wir müssen diese blinden, lahmen, hungrigen Gedanken in uns mit spiritueller Nahrung und mit Wissen speisen.

Menschen haben zum Beispiel Gedanken, die ihnen eingeben, daß der Himmel irgendein Ort über ihnen und die Hölle irgendwo unten ist. Wenn sie lernen, daß sie sich ihren eigenen Himmel (Harmonie, Friede, Freude) und ihre eigene Hölle (Schmerz, Elend, Leid) durch falsches oder gar kein Denken schaffen, dann werden ihre blinden Gedanken sehend, und sie verstehen die Ursache ihrer Probleme. Dann kann gesagt werden, daß die Blinden sehen.

Das Kraftzentrum in uns

Die obige Geschichte soll den Menschen lehren, ein von äußeren Dingen unabhängiges Kraft- und Machtzentrum in sich aufzubauen. Im allgemeinen glaubt der Mensch nur an die Realität, die ihm seine fünf Sinne zeigen. Und er meint, daß die äußere Welt mit all ihren Ereignissen die Ursache von allem ist. Der Mensch ist spirituell blind, wenn er nicht weiß, daß er über die angeborene Fähigkeit verfügt, seine Ideale trotz äußerer Umstände oder Sinnesbeweise zu verwirklichen. Das Selbst des Menschen überkommt alle Beschränkungen und kennt keinen Widerstand; es ist allmächtig.

1955 hielt ich in Neuseeland einen Vortrag über dieses Gleichnis. Ein Mann aus dem Publikum sagte, er könne nicht sehen, wie sein Sohn geheilt werden könnte. Er war spirituell blind; dann gab er sich in diesem blinden Zustand spirituelle Nahrung, indem er bekräftigte, daß die grenzenlose Heilkraft seinen Sohn verwandelte. Er war für die Wahrheit taub gewesen, doch nun konnte er hören, wie der grenzenlose heilende Geist auf seinen Gedanken antwortete. Sein Sohn wurde geheilt.

Der Mann fühlte die Wahrheit dessen, was er bekräftigte. Er schmeckte die Süße Gottes, das heißt, er machte die herrliche Erfahrung, daß sein Gebet eine wunderbare Heilung bewirkte. Sein Geschmackssinn (Unterscheidungsvermögen) wurde genährt. Er sonderte die falschen Überzeugungen und die Irrtümer in seinem Geiste aus und gelangte zur Wahrheit, einem Gefühl von Harmonie und Vollkommenheit für seinen Sohn. Die fünftausend (irrigen Gedanken) wurden im spirituellen und seelischen Sinn der Bibel wahrhaft genährt.

Diese wunderbare Geschichte verstehen heißt erkennen, daß alles Leiden, alle Krankheit, aller Schmerz und Mangel Lügen sind; dann erfahren Sie eine außerordentliche innere Ruhe, weil Sie die Wahrheit über sich selbst sehen. Dieser Mann sah die Lügengedanken in sich. Einige davon sagten ihm, daß sein Sohn nicht geheilt werden könne. »Die Krankheit ist schon zu weit fortgeschritten«; »es ist hoffnungslos«; »warum noch weitere Anstrengungen unternehmen?«; »andere starben auch an dieser Krankheit« usw.

Ich sagte ihm, er solle sich dieses buntscheckige Durcheinander in seinem Kopf ansehen und sich mit dem Wissen nähren, daß der Lebendige Geist und die Kraft, die den Körper seines Sohnes geschaffen hat, ihn auch heilen kann. Er sah sich all seine täuschenden, lügenden, dummen, unwissenden, abergläubischen Gedanken (Menschen) an und sagte sich: »Ich bin ein Sklave und Diener dieser Gedanken; sie sind mein Herr. Ich sollte der Herr sein und meine eigenen Gedanken und Gefühle beherrschen und alle meine Diener (Gedanken) anweisen, was sie zu tun haben.« Er beschloß, Herr in seinem eigenen Hause zu werden und all den Hungernden in sich Nahrung zu geben.

Wir fangen an, *die fünftausend zu nähren*, wenn wir unsere fünf Sinne allmählich disziplinieren. (Wir haben dieses Thema bis zu einem gewissen Grad in Kapitel 4 behandelt, als von der Frau mit den fünf Männern die Rede war. Die Bedeutung ist hier dieselbe.) Die Geschichte in Kapitel 6 will Sie im Kern lehren, Ihre Bewußtseinsebene zu wandeln, höher zu steigen. Die Person, die Sie sind, Ihr Bewußtseinszustand zieht die entsprechenden Situationen, immer die gleichen unlösbaren Probleme, an. Wenn Sie sich selbst wandeln, wird sich Ihr ganzes Leben verändern. Sie werden entdecken, daß die Dinge, die Sie aufregten, nicht mehr die gleiche Macht über Sie haben. Wenn Sie beten, dann steigen Sie mit Ihren Jüngern auf einen Berg, was heißt, Ihre geistige Einstellung und Ihre geistigen Fähigkeiten sind auf spirituelle und geistige Vorgänge ausgerichtet.

Brot der Stille

(5) Wo sollen wir Brot kaufen? bezieht sich auf das Brot des Himmels, das Brot der Stille, wo wir uns geistig von der Harmonie, von Gesundheit, Frieden und allen guten Dingen nähren. *(7) Philippus antwortete ihm: Brot für zweihundert Denare reicht nicht aus, wenn jeder von ihnen auch nur ein kleines Stück bekommen soll. (8) Einer seiner Jünger, Andreas, der Bruder des Simon Petrus, sagte zu ihm: (9) Hier ist ein kleiner Junge, der hat fünf Gerstenbrote und zwei Fische; doch was ist das für so viele!*

Der *kleine Junge* bedeutet Christus oder der zur Wahrheit erwachende Mensch. Namen wie Johannes, Petrus, Christus usw. bezeichnen Bewußtseinszustände. Die Aussage: »Johannes schrieb das Evangelium« ist kein Beweis. Es gibt keinen historischen Beweis, das heißt, niemand weiß sicher, wer dieser *Johannes* war, dessen Name mit diesem Evangelium verbunden wird. Wir wissen auch nicht genau, wann es geschrieben wurde. Das alles ist unwesentlich aus dem einfachen Grunde, daß die inneren Wahrheiten der Bibel heute noch so gültig sind wie vor zweitausend Jahren. Wenn wir auf dieses Gleichnis von dem Brot und den Fischen zu sprechen kommen, dann betrachten wir es nicht als historisches Ereignis, sondern als etwas, das zu allen Zeiten in allen Teilen der Welt geschieht.

Brot für zweihundert Denare meint einen wankelmütigen, verwirrten Zustand oder das Gefühl der Bedürftigkeit und ist für den Menschen unbefriedigend.

Andreas meint hier die Erkenntnis der Wahrheit über die eigene Fähigkeit, aus Gottes unerschöpflichem Reichtum schöpfen zu können. Der Name *Andreas* bedeutet Wahrnehmung oder die wahre Situation sehen. Er bedeutet in der Wahrheit leben.

Philippus ist Beharrlichkeit, und *Petrus* ist Glaube an Gott.

Wir haben *fünf Gerstenbrote*, die die undisziplinierten Sinne bedeuten, und zwei kleine Fische, die sich auf Gedanke und Gefühl oder die harmonische Einheit von Bewußtsein und Unbewußtem beim Gebet beziehen.

Geistige Hilfe rufen

(10) Jesus sagte: Laßt die Leute sich setzen! Es gab dort nämlich viel Gras. Da setzten sie sich; es waren etwa fünftausend Männer. (11) Dann nahm Jesus die Brote, sprach das Dankgebet und teilte an die Leute aus, soviel sie wollten; ebenso machte er es mit den Fischen. (12) Als die Menge satt war, sagte er zu seinen Jüngern: Sammelt die übriggebliebenen Brotstücke, damit nichts verdirbt. (13) Sie sammelten

und füllten zwölf Körbe mit den Stücken, die von den fünf Gerstenbroten nach dem Essen übrig waren.

Laßt die Leute sich setzen! bedeutet eine empfängliche Geisteshaltung einnehmen. Sie haben alle Charaktere dieser Geschichte in sich. Sie sind Jesus und versammeln Ihre geistigen Fähigkeiten und Standpunkte in der Haltung des Gebets, um Ihre Probleme zu lösen. Dabei sondern Sie sich auf psychischer Ebene von der Welt ab, lösen sich von der Macht der Sinne, und Sie sehen allmählich die Lösung Ihres Problems. Sie halten das Rad Ihrer Gedanken an, die fünf Sinne richten sich nach innen, und alle Ihre Fähigkeiten und Gedanken sind auf Gott konzentriert.

Lassen Sie mich erläutern, wie ein junger Mann in unserem Seminar über »Die Bedeutung der Sakramente« die Brote und Fische vermehrte. Er hatte ein Magengeschwür, sehr wenig zu essen für seine Familie, er lebte von Arbeitslosenunterstützung, 25 Dollar die Woche. Er war in all seine Schmerzen, sein Elend und seine negativen Vorstellungen verstrickt. Dieser junge Mann erfuhr von der grenzenlosen heilenden Kraft in seinem Innern; mehrmals am Tag brachte er sich innerlich zur Ruhe und bekräftigte, daß Gottes Strom des Friedens und der Harmonie jedes Atom seines Seins durchtränkte. Er konzentrierte sich auf seine Gesundheit, stellte sich bildlich vor, daß er all die Dinge tat, die er früher getan hatte, und sich so ernährte wie früher. Er meditierte über Gesundheit und schenkte all seine Aufmerksamkeit und Hingabe der Idee von vollkommener Gesundheit. In seiner Meditation rief er Andreas herbei, indem er sich vorstellte, seine Frau gratuliere ihm zu seiner vollständigen Gesundheit, seiner wunderbaren Beförderung und seinem erhöhten Einkommen. Diese geistige und spirituelle Prozedur wiederholte er häufig, was das Herbeirufen von Philippus (Beharrlichkeit und Ausdauer) ist. Er rief auch *Petrus* oder den Glauben herbei, indem er die Überzeugung, die Gewißheit hatte, daß Gottes Gegenwart in ihm sei; von daher hatte er das Gefühl, daß Gesundheit, Fülle und alles, was er brauchte, möglich waren.

Diese geistige Praxis führte ihn aus seiner Konfusion, seinen Ärgernissen und dem Aufruhr seiner fünf Sinne in die innere Ruhe und Annahme von Gottes heilender Gegenwart. Er gab den fünftausend unbotmäßigen Gedanken in seinem Kopf spirituelle Nahrung und vervielfachte sein Gut durch seine Kenntnis von Gott und seinen Gesetzen.

Die fünf Brote den Jüngern geben bedeutet, die fünf Sinne sind nun gesalbt mit Frieden, Harmonie und dem Gefühl, versorgt zu sein. Sie sind genährt mit der inneren Weisheit Gottes. Sie können die Speisung der fünftausend jetzt – heute –, wenn Sie dies lesen, durchführen. Entfernen Sie sich von den Sorgen und Ängsten der Welt; denken Sie an Ihren inneren göttlichen Kern; fühlen Sie, daß Gott dort in einem Ort der Stille anwesend ist. Sie brechen nun den Bann der ängstlichen und widerstreitenden fünf Sinne. Denken Sie an den erwünschten Gegenstand, an Ihr Ziel, Ihre Absicht im Wissen, daß Gottes Hand darauf ruht. Stille, innerer Frieden, Ruhe werden Sie überkommen. Wenn Sie zu der Tatsache stehen, daß Sie durch die Autorität und Kraft Gottes eine Antwort bekommen werden, dann werden Sie Ihr Ideal manifestiert sehen.

Die Stücke sammeln meint das göttliche Maß, das stets »gepreßt und gerüttelt wird und übervoll ist«. »Gesegnet seien die Barmherzigen, denn sie werden Barmherzigkeit erlangen.«

Vertrauen in die innere Kraft

Für jemand anderen beten heißt für sich beten. Sich über den Erfolg eines anderen freuen heißt Erfolg auf sich selbst ziehen. Haben Sie jemals jemandem duftende Blumen gebracht und dann an Ihren Händen gerochen? Sie werden sich an den Duft Ihrer Hände erinnern. Das Gute, das Sie in anderen als wahr bekräftigen, fühlen und beglaubigen, wird sich natürlich in deren Erfahrung äußern, aber auch Sie werden auf vielfältigste Weise gesegnet werden, was die zwölf Körbe meint, die nach der Speisung übriggeblieben sind.

Wir werden uns nun den Höhepunkten der Schlüsselpassagen im Rest des Kapitels zuwenden.

(18) Da wurde der See durch einen heftigen Sturm aufgewühlt. (19) Als sie etwa fünfundzwanzig oder dreißig Stadien gefahren waren, sahen sie, wie Jesus über den See ging und sich dem Boot näherte; und sie fürchteten sich. (20) Er aber rief ihnen zu: Ich bin es; fürchtet euch nicht! (21) Sie wollten ihn zu sich in das Boot nehmen, aber schon war das Boot am Ufer, das sie erreichen wollten.

Ein Boot besteigen bedeutet in der Sprache der Bibel eine neue geistige oder gefühlsmäßige Haltung einnehmen, die Sie von einem geistigen Ort zum andern oder auf eine höhere Bewußtseinsebene bringt. Jesus geht immer über die Wasser Ihres Geistes. *Jesus* ist Ihr Ideal oder Wunsch, die Lösung Ihres Problems. *Der heftige Sturm* steht für negative Gedanken und emotionalen Aufruhr. Vielleicht sagen Sie gerade: »Ich wollte, ich sähe die Lösung meines Problems.« Das heißt, Jesus geht über die Wasser Ihres Geistes.

Vers 19 sagt, sie fürchteten sich, als sie Jesus über das

Wasser gehen sahen. Manchmal fürchten wir uns davor, der inneren Kraft zu vertrauen, und wir sagen: »Ich wollte, ich wüßte die Antwort« oder »Es gibt keinen Ausweg aus diesem Dilemma«. Denken wir aber über die Wahrheit, die wir gelehrt wurden, nach, dann erkennen wir allmählich, daß der Wunsch, der da an die Tür unseres Herzens klopft, so real ist wie jegliches Möbelstück in dem Zimmer, in dem wir uns gerade aufhalten. Er ist real in einer anderen geistigen Dimension, und er hat seine eigene Struktur, Form und Gestalt; von unserem dreidimensionalen Standpunkt aus erscheint er uns jedoch nicht faßbar. Die innere Stimme spricht: »Ich bin es«, was heißt, das grenzenlose Eine in Ihnen sagt, daß Ihr Wunsch oder Ideal real und keine Lüge ist. In dem Augenblick, in dem Sie erkennen, daß Ihr Traum oder Ideal real ist, nähren Sie sie mit Aufmerksamkeit, Liebe und Hingabe; dann sind Sie Jesus, der über die Wasser Ihrer Angst, Ihres Zögerns, Ihres Zweifelns geht. Sie stehen sozusagen darüber.

Ihre Visionskraft ist nun auf Ihr Ziel gerichtet, und Sie gehen dorthin, wo Ihre Weisheit ist. Ihr Glaube und Ihre Zuversicht sind Schiffe, die Sie in den sicheren Hafen führen. Sie wollen Jesus bereitwillig in Ihr Schiff aufnehmen, und *schon war das Boot am Ufer, das sie erreichen wollten.* Wenn Sie keine Angst mehr haben und mit absoluter Zuversicht mit Ihrem Wunsch eingehen, dann haben Sie den Retter angenommen; Jesus hat Ihr Boot bestiegen. Das *Ufer*, das Sie erreichen, ist die Manifestierung Ihres Ziels.

Freundlichkeit manifestieren

(26) Jesus antwortete ihnen: Amen, amen, ich sage euch: Ihr sucht mich nicht, weil ihr Zeichen gesehen habt, sondern weil ihr von den Broten gegessen habt und satt geworden seid. (27) Müht euch nicht ab für die Speise, die verdirbt, sondern für die Speise, die für das ewige Leben bleibt und die der Menschensohn euch geben wird. Denn ihn hat Gott, der Vater, mit seinem Siegel beglaubigt.

Die Leute, die Jesus suchen, sind Wünsche, Ideen und Vorstellungen, die stets nach Erfüllung streben. Wir müssen die Wahrheit um ihrer selbst suchen und nicht wegen der Brote und Fische. In greifbaren, materiellen Dingen läßt sich nicht wirkliche Sicherheit finden. Keine Regierung kann gesetzlich Frieden, Harmonie, Gesundheit, Freude, Fülle und Sicherheit verfügen oder garantieren. Unsere wahre Sicherheit liegt in unserer Kenntnis von Gott und unserer Einheit mit Ihm. Ein Mensch, der fest daran glaubt und darauf vertraut, daß Gott all seine Bedürfnisse befriedigen wird, wird auf all seinen Wegen stets von einer gütigen Vorsehung behütet sein. Wenn der Aktienmarkt zusammenbricht, Regierungen gestürzt werden oder eine Naturkatastrophe allen materiellen Besitz zerstört, wird der Mensch, der glaubt, immer Sicherheit in Gott finden; sein Glaube in die göttliche Quelle ist der Fels, auf dem er steht. Sie wird ihn nie enttäuschen. Er wird erfahren, daß er wieder inmitten von Gottes Fülle und Frieden lebt.

Großer materieller Besitz, Reichtum, eine Menge Geld schließen spirituelles Wachstum und Erleuchtung nicht aus. Wir müssen aber wissen, daß unsere Sicherheit nicht in diesen Dingen ruht, auch wenn sie in der irdischen Welt wichtig sind. Unsere Sicherheit liegt immer in Gott und seiner Liebe. Wenn wir unser Vertrauen in ihn setzen, werden wir aller Wahrscheinlichkeit nach auch keine materiellen Verluste erleiden, und wenn doch, so werden sich diese Verluste ohne allzu viele Unannehmlichkeiten bald wieder auffüllen.

Friede, Unversehrtheit, Glück, Inspiration und Harmonie sind Schätze des Geistes. Sie sind nicht faßbar, und wir sollten daran denken, daß wir beispielsweise auch nicht mit einer Million Dollar Gesundheit, Frieden, Freude oder die wirkliche Liebe einer Frau kaufen können. Diese Dinge sind nicht zu kaufen. Der Preis, den wir für diese Güter zahlen, ist der Glaube an Gott, Zuversicht und Vertrauen in den Vater des Lichts.

Wir sollen freundlich sein, nicht um Freunde zu gewinnen, sondern weil Freundlichkeit eine von Gott gegebene Eigenschaft ist. Viele Menschen schließen sich der Friedensbewegung an und nehmen an ein paar Demonstrationen teil; dann verschwinden sie und tauchen wieder auf, wenn sie in Schwierigkeiten stecken. Wir müssen die Wahrheit um ihrer selbst willen suchen und alles andere fahren lassen. Der Mensch, der im Bewußtsein von Frieden, Harmonie, Liebe ruht und um die Zugänglichkeit zu Gottes Gedanken und Fürsorge weiß, wird nie Mangel an den guten Dingen leiden, denn diese Dinge werden ihm gegeben. Wir wollen uns nicht abmühen für die Speise, die verdirbt. *Die Speise, die für das ewige Leben bleibt*, das sind die göttlichen Gedanken, die ewigen Wahrheiten.

(30) Welches Zeichen tust du, damit wir es sehen und dir glauben?

Der Mensch will immer ein Zeichen sehen ... *es wird ihr kein anderes (Zeichen) gegeben werden als das Zeichen des*

Jona, was das eigene innere Gefühl bedeutet, die innere Gewißheit oder Überzeugung von der Realität des unsichtbaren geistigen Zustands, in dem wir leben, uns bewegen und unser Sein haben. Wir müssen lernen, an das Unsichtbare zu glauben.

Vor einigen Jahren wurde mir von einem schottischen presbyterianischen Pfarrer berichtet, der sich während des Ersten Weltkriegs in der Wüste verirrte. Er nahm die Bibel wörtlich und bat Gott, ihm Manna zu schicken. Er empfing eine süße, zuckrige Substanz und aß davon. Ihm geschah, wie er glaubte. Mehl, Brot, Kuchen usw. sind allerdings nicht das wahre Brot. *Das wahre Brot*, das sind die Gedanken des Friedens, des Glücks, der Freude und des guten Willens. Wenn wir uns mit der umfassenden Wahrheit Gottes identifizieren, dann essen wir vom wahren Brot des Himmels.

Unsere Wünsche mit Leben erfüllen

(35) Jesus antwortete ihnen: Ich bin das Brot des Lebens; wer zu mir kommt, wird nie mehr hungern, und wer an mich glaubt, wird nie mehr Durst haben.

Das Brot, das ihr eßt, kommt vom Himmel, was unser Bewußtsein oder unsere innere spirituelle Kraft bedeutet. Der *gedeckte Tisch* des Herrn oder das Gesetz ist stets gegenwärtig. *Das Brot*, das wir essen, sind die göttlichen Gedanken; das Fleisch, das wir essen, ist die Macht und Stärke Gottes; der *Wein*, den wir trinken, ist das Gefühl der Freude; *die Früchte* sind das beantwortete Gebet. Wenn der Mensch die spirituelle Kraft in sich entdeckt, dann ruft er aus: »Die Wüste ist nun das Paradies.«

(32) Nicht Mose hat euch das Brot vom Himmel gegeben.

Als Mose den Israeliten in der Wüste Manna gab, handelte es sich nicht um die Speise der inneren spirituellen Kraft. *Mose gab das Brot vom Himmel* in den Zehn Geboten und in anderen Schriftstellen der Bibel, die man ihm zuschreibt. Buchstäblich genommen, ist *Manna* der Saft, den man von der blühenden Esche gewinnt und in der Medizin gebraucht. Als Junge habe ich ihn oft gekostet und mochte ihn sehr. (Ich habe keinen Grund, die Geschichte des schottischen Pfarrers anzuzweifeln, der sagte, daß eine mannaähnliche Substanz herabfiel, von der er sich nähren konnte, bis er gerettet wurde; doch es handelte sich nicht um das wahre Brot.) Wir mögen die köstlichsten Speisen essen und alle weltlichen, materiellen Reichtümer besitzen, die wir uns wünschen; und doch können wir sehr hungrig nach Frieden, Freude, Gesundheit, Glück, Liebe und Lachen werden. Alle diese Güter kommen von Gott in uns und müssen in unserem Bewußtsein durch Meditation und Gebet erworben werden. Deshalb lesen wir in der Bibel: *(34) Da baten sie ihn: Herr, gib uns immer dieses Brot.* Dies ist Ihre Bitte und der Wunsch aller Menschen überall.

(44) Niemand kann zu mir kommen, wenn nicht der Vater, der mich gesandt hat, ihn zu mir führt; und ich werde ihn auferwecken am Letzten Tag.

Wir können keine Erfahrung machen, die nicht Teil unseres Bewußtseins ist. Mit anderen Worten, unsere Seinsebene oder unser Bewußtsein zieht all unsere Erfahrungen, Lebensumstände und Ereignisse an. Wir können unseren Geistesinhalten nur entkommen, wenn wir uns dazu entscheiden, uns zu ändern. Bevor das Alte zerstört werden kann, muß geistig etwas Neues angenommen worden sein. Wenn wir lernen, unsere Denkmuster und unser Vorstellungsvermögen nach spirituellen Prinzipien zu verändern, werden wir neue und wunderbare Erfahrungen machen. Die äußere Welt ist stets ein Spiegel der inneren Welt des Geistes; denn »wie innen, so außen«.

Der Letzte Tag bezieht sich auf die Zeit, wenn jegliches Gefühl der Beschränkung und Frustration in uns erstirbt. Dann werden wir auferweckt oder sind spirituell erwacht. Jeder Tag ist der Letzte Tag insofern, als unsere letzte Einschätzung von uns selbst, bevor wir jede Nacht in den Schlaf fallen, das letzte geistige Bild ist. Es ist unser letzter Gedanke, die letzte Vorstellung, die wir haben; wenn wir daran glauben, werden sie als Lebensumstand, Erfahrung oder Ereignis auferstehen.

(53) Wenn ihr das Fleisch des Menschensohnes nicht eßt und sein Blut nicht trinkt, habt ihr das Leben nicht in euch.

Das Fleisch essen und das Blut trinken bedeutet, daß wir uns unseren Wunsch aneignen und ihn mit Leben erfüllen, indem wir seine Realität empfinden. Blut ist Leben. Wir müssen daher unsere Idee, unseren Wunsch, Plan oder unser Ziel beleben, lebendig werden lassen. Geist und Herz müssen eins sein. Wenn wir das tun, essen und trinken wir von unserem Verlangen. Wenn wir das nicht tun, haben wir kein Leben. Wir sind tot. Wir müssen schöpferisch sein und unsere Ideen in der Erfahrung Form annehmen lassen, weil unser Bewußtsein alles, was wir glauben und unsere Zustimmung hat, lebendig werden läßt.

(63) Der Geist ist es, der lebendig macht; das Fleisch nützt nichts. Die Worte, die ich zu euch gesprochen habe, sind Geist und sind Leben.

Hier erklärt Jesus, daß er von inneren Bedeutungen und nicht im buchstäblichen Sinne spricht. Hier *Fleisch und Blut* wörtlich zu nehmen wäre absurd. Es ist richtig, daß alle feste oder flüssige Nahrung, die wir zu uns nehmen, in Gewebe, Muskeln, Knochen, Blut und Zellen verwandelt wird; in diesem Sinne verwandelt sich alle Nahrung in den Körper und das Blut Gottes. Die Nahrung, die wir essen, wird auch in Energie verwandelt, die in unserem Gehirn, unserem Denkzentrum zirkuliert. Deshalb sagte ein Wissenschaftler vor einiger Zeit, daß die Nahrung, die wir essen, zum Gedanken im Gehirn wird.

Der innere Judas

(70) Habe ich nicht euch, die Zwölf, erwählt? Und doch ist einer von euch ein Teufel. Unser Teufel ist unsere Begrenztheit. Unser Verlangen deutet auf unseren Mangel.

Ein ausgezeichneter Maler, der an einem unserer Seminare teilnahm, erklärte, daß er die wahren Töne, Schattierungen und Eigenschaften einer leuchtenden Farbe nur dann herausarbeiten könne, wenn er einen grauen und schwarzen Untergrund benutze. Die dunklen Töne des Untergrunds schienen die Schönheit der anderen Farben zu erhöhen.

Wie wüßten Sie, was Freude ist, wenn Sie keine Träne des Kummers vergießen könnten? Wie könnten Sie wissen, was Frieden ist, wenn Sie kein Ärgernis kennen? Der Mensch wüßte nicht, was Fülle ist, wenn er nicht Mangel erlebte. Alle von uns sind mit zwölf Fähigkeiten geboren; eine davon heißt Judas, was ein Gefühl von Beschränkung und Begrenztheit bedeutet. Ich muß wissen, daß ich Mangel und Not empfinde, bevor ich weiß, was ich brauche.

Vielleicht haben Sie, während Sie dies lesen, ein bestimmtes Bedürfnis und Verlangen nach etwas Größerem und Großartigerem. Diese Bedürfnisse könnten Sie nicht empfinden, wenn Sie sich nicht gegenwärtig in einem Zustand der Einschränkung befänden. Das ist gut so. Wir wachsen an unseren Problemen. Wann immer Sie sich mit einer Schwierigkeit oder einem Problem konfrontiert sehen, haben Sie die Gelegenheit, das Göttliche in Ihnen hervorzubringen und Ihre Schwierigkeiten zu überwinden. Dazu sind Sie geboren. Wenn Sie nichts zu überwinden hätten, würden Sie sich nicht selbst entdecken. Sie wären ein Roboter. Ihr Teufel besagt, daß Sie den Zustand des Absoluten und Grenzenlosen verlassen haben und sich nun in einem begrenzten oder eingeschränkten Zustand befinden, den man die dreidimensionale Welt nennt.

(71) Er sprach von Judas, dem Sohn des Simon Iskariot; denn dieser sollte ihn verraten: einer der Zwölf.

Der innere *Judas* symbolisiert den Zustand, aus dem die Vollkommenheit hervorgeht. Ihr Judas erinnert Sie vielleicht gerade daran, daß Sie nach besserer Gesundheit, mehr Freiheit oder Fülle verlangen. Ihr Zustand des Mangels bringt Sie dazu, daß Sie sich die Erfüllung Ihrer Bedürfnisse wünschen; von daher verrät (enthüllt) Judas Ihren Retter. Die Verwirklichung Ihres Wunsches ist immer der Retter, Ihre Erlösung, Ihr Befreier. Deshalb können Sie Judas nicht übergehen, so, wie in der Geschichte in der Bibel Jesus (erhellter Verstand) den Mann nicht loswerden kann, der ihn verrät. Dies ist nicht wörtlich zu verstehen. Doch es ist wunderbar, wenn man die psychische und spirituelle Bedeutung begreift.

In der Bibel steht, daß wir immer von Armen umgeben sein werden. Das ist natürlich wahr. Wir müssen Beschränkungen erleben, um zu wachsen. Es gibt keinen anderen Weg. Wenn Sie sich in Abhängigkeit befinden, drängt es

Sie nach Freiheit. Sehen Sie sich auf dem Gebiet der Elektronik, Chemie, Physik, Astronomie, Metaphysik usw. um. Wir wissen nicht einmal sehr viel über Elektrizität. Unser Wissen über all diese Dinge ist sehr begrenzt. So ist es auch mit allen anderen Dingen. Sagen Sie sich, daß Sie alles über die verborgene Weisheit der Bibel wissen? Es gibt Bedeutungsebenen in der Bibel, die noch von keinem Menschen ausgelotet worden sind; so, wie es Fische im Meer gibt, die noch niemand gesehen oder gefangen hat. Wir existieren im Unendlichen; den Glanz und die Schönheit, die in Ihnen sind, können Sie bis in alle Ewigkeit nicht erschöpfen. Alle Dinge wachsen und entfalten sich in dieser Welt; nichts ist vollkommen.

Der Brief an die Hebräer besagt, daß alle Werke im absoluten oder inneren Reich Gottes getan und vollendet sind. Ihr Zustand der Bedürftigkeit, Ihr Problem, Ihre Schwierigkeit sind daher insofern ein Segen, als Sie daran wachsen. Wenn Sie an Weisheit wachsen, lösen Sie Ihr Problem. Und ganz gleich, wie weise Sie sind, ob Sie ein Paulus, ein Moses oder ein Jesus sind, Sie werden immer Herausforderungen und Hindernissen begegnen, denn spirituelles Wachstum und spirituelle Entfaltung kennen kein Ende. Wenn Sie sich auf dem spirituellen Weg befinden, werden Sie auf die Herausforderungen der Welt anders reagieren. Sie werden gefaßt, gelassen, ruhig und friedlich bleiben, da Sie gelernt haben, alle Probleme Gott zu übergeben und Ihn die Last tragen zu lassen. Gott wischt alle Tränen von Ihrem Gesicht, und es wird kein Weinen mehr geben.

Wenn wir unsere Probleme durch Gebet und Meditation überwinden, enthüllen (verraten) wir Christus, was die wirkende Kraft Gottes meint. Wenn alles Gefühl der Beschränkung ganz und gar in uns erstirbt, werden wir hier und jetzt zum Gottes-Mensch und kehren ein in die Herrlichkeit, die unser war vor Anbeginn der Welt. *Im Garten Gottes, in Eden, bist du gewesen. / Allerlei kostbare Steine umgaben dich (Ezechiel 28,13).*

KAPITEL 7

Der Schlüssel zur Heilkraft

In diesem Kapitel finden sich viele Wiederholungen. Wir werden die Verse heranziehen, die die wunderbarste spirituelle Heilmethode offenbaren, die der Mensch je erhalten hat. Sie bilden die Grundlage von Quimbys erstaunlichen Heilungen.

(1) Danach zog Jesus in Galiläa umher; denn er wollte sich nicht in Judäa aufhalten, weil die Juden darauf aus waren, ihn zu töten. (2) Das Laubhüttenfest der Juden war nahe. (3) Da sagten seine Brüder zu ihm: Geh von hier fort, und zieh nach Judäa, damit auch deine Jünger die Werke sehen, die du vollbringst. (4) Denn niemand wirkt im verborgenen, wenn er öffentlich bekannt sein möchte. Wenn du dies tust, zeig dich der Welt! (5) Auch seine Brüder glaubten nämlich nicht an ihn. (6) Jesus sagte zu ihnen: Meine Zeit ist noch nicht gekommen, für euch aber ist immer die rechte Zeit.

Ferien vom Glauben der Sinne

Die Brüder Jesu sind alle die Zustände der Hoffnung, des Glaubens, des Vertrauens, des Verlangens und idealistischen Vorstellungen; sie sind stets bei uns. Wir müssen sorgsam darauf achten, auf welchen Wegen unseres Geistes wir wandern, so, wie wir auch in der äußeren Welt achtsam sein müssen. Wir müssen außerordentlich sorgfältig darauf achten, wer uns auf den Straßen unseres Geistes begleitet. Es gibt Gedanken, die immer darauf aus sind, Jesus oder unseren Wunsch zu töten.

Sie mögen sich Gesundheit wünschen: das ist Jesus, der in Galiläa (ihr Geist und Gemüt) herumzieht; andere Gedanken kommen und fordern Sie heraus. Sie sagen: »Du weißt nicht genug«, »es geht dir schlechter«, »was soll's« und so weiter. Sehen Sie, Gedanken dieser Art sind dabei, Ihre Vorstellung von Gesundheit oder Ihren Wunsch danach abzutöten. Das dürfen Sie nicht zulassen. Sie müssen Ihren Wunsch oder Ihre Vorstellung von Gesundheit verinnerlichen, indem Sie Ferien vom Glauben der Sinne machen, Ihre Aufmerksamkeit von der Krankheit und ihren Symptomen lösen und sich auf Ihre Gedanken von Gesundheit konzentrieren. Wenn Sie sich das angewöhnen und sich häufig im Geiste Bilder von Gesundheit vorstellen, dann werden Sie, wenn Ihr Glaube an die Antwort des heilenden Prinzips dazukommt, erfolgreich nach Judäa gehen, was die unbewußte Verwirklichung von vollkommener Gesundheit meint.

Die Jünger, die Sie bei Ihrer Meditation mitnehmen, sind die nach innen auf die göttliche Heilkraft gerichteten Fähigkeiten und Einstellungen. *(6) Meine Zeit ist noch nicht gekommen, für euch aber ist es immer die rechte Zeit.* Ihre Zeit ist gekommen, wenn Sie den Sieg über Ihre Probleme erlangt oder wenn Sie zu einer Überzeugung gekommen sind. Glaube und Vertrauen sind immer bereit und warten darauf, für Sie zu arbeiten; sie sind Ihre Brüder.

Das Prinzip der Heilung

Im folgenden liegt der Schlüssel für das ganze Kapitel. *(33) Jesus aber sagte: Ich bin nur noch kurze Zeit bei euch; dann gehe ich fort, zu dem, der mich gesandt hat. (34) Ihr werdet mich suchen, und ihr werdet mich nicht finden; denn wo ich bin, dorthin könnt ihr nicht gelangen.*

Was soll das heißen: »Ihr werdet mich suchen, und ihr werdet mich nicht finden; denn wo ich bin, dorthin könnt ihr nicht gelangen«? Quimby sagte, daß die praktische Anwendung des Heilungsprinzips in diesen Versen dargelegt wird. Dieser Lehrer der Wahrheit rief eine Frau zu sich, die gealtert, lahm, gebeugt war und an Krücken ging. Er sagte, daß ihre Leiden und Schmerzen darauf beruhten, daß sie einen so kleinen und engen Glauben hatte, daß sie nicht aufrecht stehen oder sich vorwärts bewegen konnte. Sie lebte in einem Grab der Angst und Unwissenheit; dazu nahm sie die Bibel wörtlich, und das versetzte sie in Angst und Furcht. In diesem Grab, so sagte Quimby, versuchte die Kraft Gottes die Sperren zu sprengen, die Schranken zu durchbrechen und von den Toten aufzuerstehen. Wenn sie andere um die Erklärung einer Passage aus der Bibel bat, war die Antwort ein Stein; dann hungerte sie nach dem Brot des Lebens. Dr. Quimby diagnostizierte, daß es sich in ihrem Fall um ein verdüstertes und stagnierendes Gemüt handelte, was von der Aufregung und Angst herrührte, die sie empfand, weil sie die Bedeutung der Bibelpassagen, die sie las, nicht klar zu verstehen vermochte. Sie hatte ein Gefühl von Schwere und Trägheit, was sich in ihrem Körper auswirkte und schließlich zur Lähmung führte.

An diesem Punkt seiner Diagnose fragte Quimby sie,

was mit folgendem gemeint sei: *Ich bin nur noch kurze Zeit bei euch; dann gehe ich fort, zu dem, der mich gesandt hat.* Sie gab zur Antwort, dies bedeute, daß Jesus in den Himmel aufstieg. Quimby erklärte dann die wirkliche Bedeutung. *Nur eine kurze Zeit bei ihr sein* meint seine Erläuterung ihrer Symptome, ihrer Gefühle und deren Ursachen; das heißt sein momentanes Mitgefühl und Mitempfinden für sie, aber er konnte nicht in diesem geistigen Zustand verweilen; der nächste Schritt war, daß er zu Ihm ging, der uns gesandt hat, die Gegenwart Gottes in uns allen.

Quimby machte sich sogleich zu einer geistigen Reise auf und meditierte über vollkommene Gesundheit, die Teil Gottes ist. Er sagte zu dieser Frau: »Dort, wo ich bin, kannst du nicht hingelangen, denn du bist im Glauben Calvins, und ich bin in der Gesundheit.« Diese Erklärung bewirkte eine sofortige Empfindung, und in ihrem Geist und Gemüt trat ein Wandel ein. Sie ging ohne Krücken. Sie war sozusagen tot in ihrem Irrtum, und sie zum Leben oder zur Wahrheit zu bringen bedeutete, sie von den Toten auferstehen zu lassen. »Ich zitierte die Auferstehung Christi und wandte diese auf den Christus in ihr oder die Gesundheit an; dies übte eine mächtige Wirkung auf sie aus« (Quimbys »Manuskripte«).

Wenden Sie dieses Heilungsprinzip in Ihrem Leben an. Angenommen, Ihr Sohn ist krank; gehen Sie nach innen zu Ihm, der Sie gesandt hat. Gott oder Leben hat uns alle in die Welt gesandt. Gott ist Seligkeit, Harmonie, Friede, Schönheit, Weisheit und Vollkommenheit. Sie wenden sich in Meditation nach innen und erkennen, daß die Weisheit und der grenzenlose Geist Gottes in Ihnen gegenwärtig sind. Der lebendige Geist und die Kraft Gottes sandten Sie in diese Welt und formten alle Ihre Organe nach seinem eigenen unsichtbaren Plan. Sie wenden sich nun an den Schöpfer Ihres Körpers. Sie sind entspannt, ausgeglichen und ruhig. Sie sind voller Vertrauen und Zuversicht, daß der Schöpfer Ihres Körpers und Geists Ihren Körper nach seinem eigenen göttlichen Plan erschaffen und umgestalten kann.

Sie haben Ihren Sohn krank und von Schmerzen geplagt gesehen, aber in Ihrer Meditation sprechen Sie zu Gott und rufen seine heilende Gegenwart und Kraft hervor. Denken Sie an Ihren Sohn, und verweilen Sie sofort beim Frieden, der Gesundheit und Harmonie Gottes. Sie wissen, daß sich nun diese Eigenschaften, Kräfte und Aspekte Gottes in Ihrem Sohn widerspiegeln. Sie begeben sich nun in die geistige Atmosphäre von Gesundheit, und wie Quimby, meditieren Sie über das göttliche Ideal – Vollkommenheit, Ganzheit und Harmonie für Ihren Sohn. Tun Sie das drei-, viermal am Tag, bis Sie an die Idee von vollkommener Gesundheit glauben. Wenn Sie geistig und gefühlsmäßig annehmen, daß die heilende Kraft Gottes für Ihren Sohn arbeitet, dann ist das die erwünschte Heilbehandlung.

Ihr werdet mich suchen, und ihr werdet mich nicht finden bedeutet, andere werden sich fragen, was Sie tun, und Ihnen möglicherweise in Ihrem Verstehen und Glauben nicht folgen können. *Denn wo ich bin, dorthin könnt ihr nicht gelangen.* Andere Familienmitglieder oder der Patient selbst sind vielleicht nicht imstande, sich auf eine höhere Bewußtseinsebene zu begeben und sich in das Gefühl von vollkommener Gesundheit zu versenken, weil sie in weltliche Glaubensvorstellungen verstrickt sind. Nach Quimby ist der falsche Glaube des Menschen die Grabstätte, in die die Weisheit Gottes eingeschlossen ist, und die Wahrheit ist der Engel, der den Stein des Aberglaubens und der Unwissenheit wegrollt und Geist und Körper heilt.

Ein neuer Sinn von Behandlung

Das Wort *Behandlung,* so, wie es in den Kreisen des neuen Denkens verwendet wird, meint das harmonische Zusammenspiel und die Ausrichtung der bewußten und unbewußten Kräfte für einen bestimmten Zweck. Wenn wir andere oder uns selbst behandeln, identifizieren wir uns nie mit der Krankheit. Wir haben momentanes Mitgefühl für die betreffende Person, *ich bin noch eine kurze Zeit bei euch;* dann gehen wir zu Gott und verwirklichen die ideale Vollkommenheit des Patienten. Der pharisäische Glaube (Angst und Zweifel) kann nicht dorthin gelangen, wo Vertrauen in die Kraft Gottes besteht. Im Gebet sind Sie eins mit Gott, der einzigen Kraft und Macht.

(42) Der Messias kommt aus dem Geschlecht Davids und aus dem Dorf Bethlehem, wo David lebte?

Der Messias oder der Geist der Wahrheit kommt aus Bethlehem – Haus des Brotes, unser Bewußtsein oder unsere Bewußtheit – ICH BIN genannt. Quimby nannte Christus »Weisheit«. Wir müssen in unserm Innern nach Weisheit suchen. Das Wissen, daß Sie einen Gedanken oder eine Vorstellung hegen, sie mit Gefühl besetzen und ihre Realität spüren können, was zu ihrer Manifestation auf der Projektionsfläche des Raumes führt, dieses Wissen ist Teil der Weisheit, die Christus heißt.

(49) Dieses Volk jedoch, das vom Gesetz nichts versteht, verflucht ist es.

Wenn wir das Gesetz auf negative Weise anwenden, werden wir automatisch eine negative Reaktion erfahren. Das wird in der Bibel *ein Fluch* genannt. Weisheit ist es, wenn man weiß: »Wie ein Mensch in seinem Herzen denkt, so ist er.« *Erwirb dir Weisheit, / erwirb dir Einsicht mit deinem ganzen Vermögen! (Sprichwörter 4,7)*

KAPITEL 8

Wie Sie die wahre Geistigkeit in sich entdecken

(1) Jesus aber ging zum Ölberg. (2) Am frühen Morgen begab er sich wieder in den Tempel. Alles Volk kam zu ihm. Er setzte sich und lehrte es. (3) Da brachten die Schriftgelehrten und die Pharisäer eine Frau, die beim Ehebruch ertappt worden war. Sie stellten sie in die Mitte (4) und sagten zu ihm: Meister, diese Frau wurde beim Ehebruch auf frischer Tat ertappt. (5) Mose hat uns im Gesetz vorgeschrieben, solche Frauen zu steinigen. Nun, was sagst du? (6) Mit dieser Frage wollten sie ihn auf die Probe stellen, um einen Grund zu haben, ihn zu verklagen. Jesus aber bückte sich und schrieb mit den Fingern auf die Erde. (7) Als sie hartnäckig weiterfragten, richtete er sich auf und sagte zu ihnen: Wer von euch ohne Sünde ist, der werfe als erster einen Stein auf sie. (8) Und er bückte sich wieder und schrieb auf die Erde. (9) Als sie seine Antwort gehört hatten, ging einer nach dem anderen fort, zuerst die Ältesten. Jesus blieb allein zurück mit der Frau, die noch in der Mitte stand. (10) Er richtete sich auf und sagte zu ihr: Frau, wo sind sie geblieben? Hat dich keiner verurteilt? (11) Sie antwortete: Keiner, Herr. Da sagte Jesus zu ihr: Auch ich verurteile dich nicht. Geh und sündige von jetzt ab nicht mehr! (12) Als Jesus ein andermal zu ihnen redete, sagte er: Ich bin das Licht der Welt. Wer mir nachfolgt, wird nicht in der Finsternis umhergehen, sondern wird das Licht des Lebens haben.

Jesus, der *zum Ölberg geht*, bedeutet spirituelle Einsicht und Erkenntniskraft. Wenn Sie sich nach innen Gott zuwenden und Erhellung für Ihr Problem suchen, dann kommen Ihnen Frieden, Wahrheit und Schönheit zu Hilfe. Die Menschen neigen dazu, alles wörtlich zu nehmen. Doch es gibt auch eine Gleichnishaftigkeit der Worte. Wenn wir zum Beispiel von den Blinden, Verkrüppelten, Tauben und Lahmen sprechen, dann müssen wir daran denken, daß es spirituelle Blindheit, eine innere Taubheit gibt, auch wenn die physischen Ohren intakt und gesund sind. Da sind jene, die nichts Neues hören wollen. Sie weigern sich, auf die inneren Bedeutungen der Bibel zu hören und sind spirituell taub. Viele Menschen fürchten sich davor, auf ihr angekündigtes Ziel zuzugehen; sie sehen nur Hindernisse vor sich auftürmen; sie sind mit den Lahmen und Tauben gemeint.

Die Geschichten in der Bibel möchten eine innere Bedeutung auf höherer Ebene vermitteln als auf jener des buchstäblichen Verständnisses der Worte. Es ist eine Sache, sich diese Geschichte im wörtlichen Sinne anzusehen, eine ganz andere ist es, sie auf der Grundlage innerer Einsichten zu verstehen. Quimby interpretierte die Geschichte von der Ehebrecherin vor über hundert Jahren auf exzellente Weise, wie ich meine. Er erläutert, daß dieser Frau vorgeworfen wurde, den orthodoxen Weg verlassen zu haben und auf die Lehren Jesu zu hören. Sie hatte deshalb in den Augen ihrer früheren Freunde gesündigt. Die Steine stehen für die Anschuldigungen, die Witzeleien und die Beschimpfungen, mit denen andere diese Frau überhäuften; als sie sich jedoch nicht mehr darum kümmerte, was andere dachten und der Wahrheit treu blieb, fand sie auch keine Schuld mehr in sich. Als sie aufhörte,

Schuld in sich zu sehen, warf man auch keine Steine mehr auf sie!

Das bedeutet, gleich wie sehr ein Mensch die Gesetze des Lebens übertreten hat, gleich wie abscheulich sein Verbrechen sein mag, und auch wenn er von der Gesellschaft verurteilt wird – wenn er sein Bewußtsein zu dem Punkt erhebt, wo er sich selbst nicht mehr verdammt, wird aller Klatsch und Tratsch aufhören, und keine Hand wird sich gegen ihn erheben. Ein paar oberflächliche Gebete werden hier nicht genügen, aber ein tiefer Hunger und Durst, ein neuer Mensch zu werden, und die Verwandlung von Geist und Herz wird Verstand und Gemüt von allen Irrtümern der Vergangenheit reinigen und alle Dinge neu machen.

Die abtrünnige Stimme in uns

Das Wort »Ehebruch«, wie es hier in der Bibel vorkommt, meint ursprünglich Unkeuschheit, Götzendienst, Abtrünnigkeit oder geistige oder religiöse Unmoral. Wann immer wir uns auf eine negative Stimmung wie Furcht, Haß und Ressentiment einlassen, sind wir abtrünnig, weil wir uns einem falschen Glauben verbunden und die Wahrheit verfälscht haben. Wann immer wir an zwei Mächte oder an die Existenz des Teufels glauben, begehen wir »Ehebruch« im wahren Sinne der Bedeutung. Wann immer wir dem Bösen beiwohnen, wie Neid, Eifersucht, Verleumdung, Kritik, Groll, Haß usw., verunreinigen wir das Heiligtum Gottes, nämlich unseren Geist und unser Gemüt.

Es steht geschrieben, daß unser Geist ein Haus des Gebets genannt werden solle, aber wenn wir uns mit negativen Gedanken und Gefühlen identifizieren, dann machen wir unseren Geist und unser Gemüt zu einer Räuberhöhle. Wir werden das, womit wir uns identifizieren. Wenn wir uns mit Groll identifizieren, haben wir im Herzen (subjektives Gefühl, Emotion) Ehebruch begangen; diese negative Emotion beherrscht nun unsere Sprache, unser Denken, unsere Handlungen und Reaktionen. Wenn sich der Mensch unter dem Einfluß negativer Vorstellungen und Emotionen befindet, ist er ein Knecht oder Sklave und wird tatsächlich von den negativen, in seinem Geist vorherrschenden Gedanken herumkommandiert wie ein Diener. (Ich möchte Sie an dieser Stelle auf das 2. Kapitel »Die Hochzeit in Kana« aufmerksam machen, wo dargelegt wird, daß alles Gebet eigentlich ein Hochzeitsfest ist.)

Womit identifizieren Sie sich in diesem Moment geistig und emotional? Ihr Ehepartner ist Ihr gegenwärtiges Empfinden und Gefühl, Ihr Gewahrsein, Ihre Stimmung oder innere Überzeugung. Ihre Selbsteinschätzung oder Ihre Blaupause von sich selbst bestimmt, welcher Art die Kinder Ihres Geistes sind. Die Kinder, die aus Ihrem wahren Selbst-Gefühl entstehen, manifestieren sich als Gesundheit, Friede, Fülle, gesellschaftlicher und finanzieller Status usw. Jedesmal, wenn Sie sich einem negativen Gedanken oder einer negativen Vorstellung mit Aufmerksamkeit, Gefühl und Emotion hingeben, begehen Sie in der Sprache der Bibel Ehebruch.

Wenn eine Ehefrau oder ein Ehemann anfangen, einen Groll zu hegen und zu nähren, haben er oder sie schon Ehebruch begangen, weil er oder sie geistig und emotional mit Vorstellungen und Gedanken negativer Art verbunden ist. Ein launenhafter, verdrießlicher, streitsüchtiger und sich ewig beklagender Mann wohnt in seinem Bett bösen Gedanken bei. *Sein Bett* bedeutet sein Geist und Gemüt. Wir ruhen doch inmitten unserer Gedanken, nicht wahr? Aber findet auch unsere Seele Ruhe? Die tiefe Ruhe, den Frieden, die Stille und Sicherheit würden wir finden, wenn wir in Gedanken und in Liebe zum inneren göttlichen Zentrum zurückkehrten und die anderen im Lichte unseres wahren Ziels betrachteten. *Ihr Ziel* ist Friede, Harmonie, Freude und Glück.

Fangen Sie nun damit an, sich auf alle Personen gemäß den ewigen Wahrheiten zu beziehen. Sie werden erfahren, daß Sie unter dem Einfluß innerer spiritueller Kräfte stehen. Wann immer Sie merken, daß Sie wütend werden, denken Sie sofort an das Ziel Ihres Lebens; den negativen Gedanken wird sogleich alle Kraft entzogen. Das positive Gefühl von Güte, Wahrheit und Schönheit wird Sie überkommen, und Sie werden auf Ihrem spirituellen Weg fortschreiten.

(5) Mose hat uns im Gesetz vorgeschrieben, solche Frauen zu steinigen.

Sehen Sie nun allmählich die psychologische Bedeutung dieser wunderbaren Geschichte? Achten Sie darauf, wie sich die Menschen selbst den ganzen Tag lang steinigen. Nehmen wir zum Beispiel einen Mann, der bei einem Geschäft eine beträchtliche Summe Geldes verloren hat; nehmen wir an, er ist bankrott; oft sitzt er dann allein, brütet, kritisiert, züchtigt und geißelt sich mit Fragen und Sätzen wie: »Warum hast du dieses Geld investiert?« – »Du hättest wissen müssen, daß das schiefgeht!« – »Ich tauge nichts.« – »Ich bin ein Versager.« Er klagt sich selbst an. Er wirft Steine auf sich. Der einzige Ankläger ist hier das Gefühl der Unzulänglichkeit, des Versagens, das Gefühl, unfähig zu sein, unser Ziel zu verwirklichen.

Niemand soll sich selbst verdammen

Die Hure, die Frau mit dem unehelichen Kind, die von der Welt verdammt und gesteinigt wird, mag sich der inneren Wahrheit zuwenden und ihre Freiheit beanspruchen und behaupten. Sie erkennt, daß Gott niemanden verdammt, auch wenn die Gesellschaft und die Welt sie verdammen. *Auch richtet der Vater niemand, sondern er hat das Gericht ganz dem Sohn übertragen. Der Sohn*, das ist Ihr Geist und Gemüt. Dies ist der Ort, wo Sie mit Ihren Gedanken über sich selbst richten. Die Hure lernt, daß sie nur aufhören muß, sich selbst zu verdammen; Gott hat ihr schon vergeben. Tatsächlich ist es so, daß Gott oder das Absolute von ihren Irrtümern und Ängsten nichts weiß. Sie vergibt sich deshalb, indem sie sich selbst für das Gefühl von Schuld, Verzweiflung und Selbstverdammung das Gefühl von Friede, Liebe, Harmonie *gibt*. Sie wendet sich von der Vergangenheit ab und löst sich völlig von ihrer früheren Lebensweise. Sie identifiziert sich geistig und emotional mit ihrem Ziel, nämlich Friede, Würde, Glück und Freiheit. Und während sie das tut, wird Gott automatisch antworten. Sie wird erfahren, daß sich eine Welle des Friedens über das ausgedörrte Land ihres Geistes ergießt wie Himmelstau; und das Licht Gottes wird alle dunklen Ecken Ihres Geists und Gemüts durchdringen. Die Morgenröte von Gottes Weisheit zieht herauf, und die Schatten der Furcht, des Schuldgefühls und der Selbstverdammung fliehen. Wenn sie aufhört, sich selbst zu verdammen, kann auch die Welt sie nicht verdammen.

(10) Hat dich keiner verurteilt? (11) Sie antwortete: keiner, Herr.

In diesem Gleichnis steht, Jesus bückte sich. Wir *bücken*

uns, wenn wir uns von der einen Kraft und Macht abwenden und falsche Götter anbeten. Wir sollen uns nicht in niederere Bewußtseinszustände begeben. Wir sollen uns nicht von unserem Ziel ablenken lassen. Wenn wir es zulassen, daß Furcht, Sorgen und Ängste eindringen, dann haben wir uns gebückt oder uns vom Glauben an Gott und alle guten Dinge abgewandt.

Der Teufel steht für den Ankläger in der Bibel oder für unsere negativen Gedanken und Gefühle, die uns daran erinnern, daß wir unser Lebensziel verfehlt haben. Denken Sie an Gott, erinnern Sie sich an ihn, gehen Sie zurück zur Quelle, aus der Sie gekommen sind; denken, sprechen und handeln Sie aus Ihrer inneren göttlichen Mitte, die der geheime Ort des Allerhöchsten ist; Sie werden dann erhoben werden und sich wieder mit Ihren Zielen identifizieren, die die großen Wahrheiten Gottes sind, von denen Sie Kenntnis erhalten haben. Sie sind vor allem hier, um Gottes Eigenschaften zu verwirklichen. Wenn Sie an Ihn und Seine Liebe denken, dann erheben Sie sich selbst zu einer höheren Seinsebene.

(7) ...richtete er sich auf und sagte zu ihnen: Wer von euch ohne Sünde ist, werfe als erster einen Stein auf sie.

Genau so wenden Sie sich an die buntscheckige Menge in Ihrem Geist. Sie bringen sie zum Schweigen, indem Sie sie ganz und gar zurückweisen, erkennen, daß sie keine Macht hat – nichts, das sie unterstützt. Sie ist nichts und versucht, etwas zu sein. Sie schlagen ihr den Kopf ab und verbrennen sie zu Asche, da Sie zum Glauben und zum Vertrauen in den geheimen Ort der Stille in Ihnen zurückgekehrt sind, wo Gott und Seine Allmacht wohnen. Der Schutz Gottes umgibt Sie nun.

(9) Jesus blieb allein zurück mit der Frau, die noch in der Mitte stand.

Jesus und die Frau sind Sie selbst, wenn Sie sich mit dem vereinigt haben, was Sie sein oder haben wollen. Alle Verdammung ist zu Ende. Sie sind mit Ihrem Ideal allein. Sie haben die Freude des beantworteten Gebets in Ihrem eigenen Herzen erfahren.

Sie sind, was Sie denken

Im Rest des Kapitels 8 finden sich viele Wiederholungen. Wir werden jedoch Licht auf die wesentlichen und wichtigsten Verse werfen.

(24) . . . denn wenn ihr nicht glaubt, daß Ich es bin, werdet ihr in euren Sünden sterben.

Troward sagt: »Ich bin das, worüber ich meditiere.« Sie werden zu dem, was Sie zu sein beanspruchen und fühlen, daß Sie sind. Nur wenn Sie nicht glauben und als wahr annehmen, daß Sie jetzt sind, was Sie zu sein verlangen, werden Sie bleiben, wie Sie sind. Mit anderen Worten, Sie werden dann *in Ihren Sünden sterben*, was bedeutet, Sie werden das Ziel Ihres Lebens verfehlen. Wenn ein Mann, der sehr arm ist, sich weigert, sich in das Gefühl von Überfluß und Fülle einzustimmen und an einen Gott der Fülle, der all seine Bedürfnisse erfüllt, zu glauben, dann wird er arm bleiben, gleich welcher Kirche oder Religion er sich anschließt.

(31) Wenn ihr in meinem Wort bleibt, seid ihr wirklich meine Jünger. (32) Dann werdet ihr die Wahrheit erkennen, und die Wahrheit wird euch befreien.

Eine ganz offensichtliche Wahrheit besteht darin, daß,

sollten Sie krank sein, die Verwirklichung von Gesundheit und innerem Frieden Sie befreien würde; dies wäre die Wahrheit, die Sie freisetzen würde. Die Annahme Ihres Wunsches nach Gesundheit wäre Ihr Retter und Erlöser. Sie bleiben im Wort, wenn Sie unabhängig vom äußeren Anschein Ihrer Vorstellung oder Ihrem Gefühl von vollkommener Gesundheit treu bleiben. Das *Wort* ist Ihr Gedanke, Ihr Gefühl, Ihr inneres Gewahrsein.

Vor einigen Minuten, während ich an diesem Kapitel schrieb, rief mich eine Frau an und sagte mir, daß sie die Heilmethoden, die ich in einem meiner letzten Bücher darlegte, in die Praxis umsetzte. Laut ihrem Arzt hatte sie eine sehr schwere Blutvergiftung im Fuß, bei der weder Penizillin noch sonst irgendein Antibiotikum anschlugen. Sie konnte nicht gehen. Sechs- bis siebenmal am Tag hielt sie das Rad ihrer Gedanken an, schloß die Augen und wandte sich nach innen. Sie löste sich geistig von ihrem kranken Fuß, von der Erscheinung der Dinge und bekräftigte ruhig und sanft, daß die grenzenlose heilende Kraft all ihr Denken und jedes Atom in ihr durchdrang und sie heil, rein und vollkommen machte. Dies bekräftigte sie zwei oder drei Minuten lang. Sie stellte sich vor, wie sie in ihrem Haus herumging, all die Gegenstände darin spürte und all die Dinge tat, die sie gewöhnlich tat. Diese Vorstellung hielt sie ungefähr fünf Minuten lang aufrecht. Dann beendete sie ihre spirituelle Behandlung damit, daß sie sich bei der göttlichen Kraft in ihr bedankte. Sie behielt diese Gebetsmethode einige Tage bei (sie blieb im *Wort*), bis eine vollständige Heilung eintrat.

Die Wahrheit in Ihnen

Die *Erkenntnis der Wahrheit* ist einfach eine geistige Bewegung, bei der Sie sich mit Ihrem Verlangen identifizieren und es vollständig akzeptieren. Vielleicht sagen Sie sich: »Ich wollte, ich käme aus dieser Situation heraus.« Oder vielleicht denkt ein Leser gerade: »Ich wollte, ich könnte Urlaub in London machen, aber ich habe kein Geld.« Sie sind frei, weil Sie Ihre gegenwärtige Umgebung ausschließen und sich geistig und gefühlsmäßig vorstellen können, daß Sie in London sind. Sie können in diesem meditativen Zustand einige Minuten oder länger verharren, bis Sie die Selbstverständlichkeit dieses Zustands empfinden. Wenn Sie Ihre Augen öffnen, befinden Sie sich nicht in London, haben aber eine innere Reise dorthin unternommen. Sie haben diese Reise in Ihrem Geist und Gemüt fixiert. Sie haben sich vom Gefühl des Mangels befreit. Ihr tieferes Selbst wird Wege finden, auf denen Sie nach London reisen werden. Sie können sich geistig jeden Bewußtseinszustand aneignen; deshalb sind Sie frei. Ihr Bewußtseinszustand verwirklicht Ihre Meditationen, Gefühle und Überzeugungen.

(44) Ihr habt den Teufel zum Vater, und ihr wollt das tun, wonach es eurem Vater verlangt.

Wenn wir eine negative Vorstellung in unserem Geist installiert haben, ist unser *Vater* der Teufel. Wir müssen unseren Geist und unser Gemüt mit den Samen der Wahrheit befruchten und ihr Keimen mit Liebe und Hingabe nähren. Wenn ein Mensch haßt oder grollt, hat er das Böse zum Vater und zur Mutter. Das vorherrschende Gefühl ist stets der herrschende Faktor. Glaube an Angst, Alter, Tod, Krankheit und alle anderen falschen Glauben stellen den Teufel dar, weil sie Lügen über die Wahrheit verbreiten. Wenn Sie das englische Wort für Teufel *devil* rückwärts buchstabieren, haben Sie das Wort *lived*, »gelebt«. Millionen Menschen werden von den Gedanken an die Vergangenheit beherrscht und leben nach alten Mustern und überkommenen Erfahrungen. Mit anderen Worten, sie leben rückwärtsgerichtet, weil sie von den Zweifeln und Ängsten der Vergangenheit beherrscht werden. Der *Teufel*, das ist rückwärtsgerichtetes Leben.

(58) Noch ehe Abraham wurde, bin ich.

Jede Manifestierung muß, bevor sie in Erscheinung tritt, aus dem Unsichtbaren hervorgehen. Wir müssen erst das Gefühl der Überzeugung in unserem Bewußtsein haben. Wo waren Sie, bevor Sie geboren wurden? In klarer Sprache wird Ihnen gesagt, daß Sie im Zustand des ICH BIN waren. Sie befanden sich in einem absoluten oder paradiesischen Zustand. Wenn Ihr Junge oder Mädchen geboren wird, dann ist dieses Kind universelles Leben, Gott, oder ICH BIN und nimmt die Rolle dieses bestimmten Kindes an. Es ist das Unbegrenzte, das begrenzt wird. Es ist das Gestaltlose, das Gestalt annimmt. *Ich war nackt, und du hast mich gekleidet.*

KAPITEL 9

Die Überwindung unserer inneren Blindheit

(1) Unterwegs sah Jesus einen Mann, der seit seiner Geburt blind war. (2) Da fragten ihn seine Jünger: Rabbi, wer hat gesündigt? Er selbst? Oder haben seine Eltern gesündigt, so daß er blind geboren wurde? (3) Jesus antwortete: Weder er noch seine Eltern haben gesündigt, sondern das Wirken Gottes soll an ihm offenbar werden. (4) Wir müssen, solange es Tag ist, die Werke dessen vollbringen, der mich gesandt hat; es kommt die Nacht, in der niemand mehr etwas tun kann. (5) Solange ich in der Welt bin, bin ich das Licht der Welt. (6) Als er dies gesagt hatte, spuckte er auf die Erde; dann machte er mit dem Speichel einen Teig, strich ihn dem Blinden auf die Augen (7) und sagte zu ihm: Geh und wasch dich in dem Teich Schiloach! Schiloach heißt übersetzt: Der Gesandte. Der Mann ging fort und wusch sich. Und als er zurückkam, konnte er sehen. (8) Die Nachbarn und andere, die ihn früher als Bettler gesehen hatten, sagten: Ist das nicht der Mann, der dasaß und bettelte? (9) Einige sagten: Er ist es. Andere meinten: Nein, er sieht ihm nur ähnlich. Er selbst aber sagte: Ich bin es.

Hier wird uns die Geschichte eines Mannes erzählt, der blind geboren wurde, und die übliche Frage wird gestellt: »Wer hat gesündigt, dieser Mann oder seine Eltern?« Im spirituellen Sinne sind alle Menschen blind, wenn sie in diese dreidimensionale Sphäre geboren werden. Wir haben den gestaltlosen Zustand verlassen, schauen auf die Welt und sehen die Begrenzung und Beschränkung und wissen nichts mehr von unserer Herrschaft und Macht über äußere Umstände und Bedingungen. *Unsere Geburt* nennt man den Fall des Menschen, und unser Erwachen zur Macht und Kraft Gottes in uns nennt man wiedergeboren werden. Wenn uns Weisheit lenkt, fangen wir an, spirituell sehend zu werden. Der Mensch ist psychisch und spirituell blind, solange er nicht weiß, daß er wird, was er den ganzen Tag lang denkt. Die Bibel sagt dazu: »Wie ein Mensch in seinem Herzen denkt, so ist er.«

Haß und Groll überwinden

Der Mensch ist spirituell blind, wenn er haßt, grollt und andere beneidet. Er weiß nicht, daß er tatsächlich geistige Gifte absondert, die für ihn zerstörerisch sind. Wenn Sie sagen, dieses Problem ist unmöglich zu lösen oder die Situation ist hoffnungslos, dann ist das spirituelle Blindheit. Sie fangen an zu *sehen*, wenn Sie zu einer neuen geistigen Wahrnehmung kommen und wissen, daß in Ihnen der grenzenlose Geist existiert, der alle Probleme lösen kann und auf Ihr Denken reagiert. Ihr Geist und Gemüt haben eine neue Erhellung, ein neues Licht erhalten. Wenn Sie im Geiste bekräftigen, daß Gott Sie nun führt und Ihnen die perfekte Antwort offenbart, werden Sie automatisch dazu geführt werden, das Richtige zu tun, und der Weg zeigt sich. Sie waren einst blind für diese Wahrheiten; nun haben Sie die Vision von Gesundheit, Wohlstand, Glück und innerem Frieden.

Betrachten wir die hier erzählte Geschichte unter einem

anderen Aspekt. In jener Zeit glaubte man, daß ein Mensch aufgrund seines Karmas blind geboren wird und daß er nun hier ist, um für seine Sünden zu büßen. Die Menschen jener Zeit glaubten auch, daß die Sünden der Eltern auf die Kinder übertragen werden. Waren die Eltern beispielsweise geisteskrank, dann würden auch die Kinder geisteskrank sein.

Die *Sünde*, von der in der Bibel die Rede ist, bezieht sich auf die Geisteshaltung und das Gefühl der Eltern. Alle Sünde bezieht sich auf geistige Vorgänge und nicht auf den Körper. Eltern übermitteln ihren Kindern ihre Denkweise, ihre Ängste, Spannungen und falschen Überzeugungen über Geist und Gemüt, nicht über den Körper. Unsere Emotionen und Gefühle sind es, die erschaffen.

Wenn es zum Beispiel im Umfeld der Eltern jemanden gibt, dessen Anblick sie hassen oder dessen Stimme sie nie wieder hören wollen, dann wird sich dies entsprechend ausdrücken. Es gibt einen blinden und tauben Bewußtseinszustand, aus dem blinde und taube Kinder hervorgehen. Nach den Gesetzen der Wechselwirkung führt der von den Eltern angeschlagene Ton zu einem entsprechenden Ausdruck.

In Ezechiel 18,2–3 steht: *Wie kommt ihr dazu, im Land Israel das Sprichwort zu gebrauchen: Die Väter essen saure Trauben, und den Söhnen werden die Zähne stumpf? So wahr ich lebe – Spruch Gottes, des Herrn – keiner von euch in Israel soll mehr dieses Sprichwort gebrauchen.*

Was wir den Kindern weitergeben

Das einzige, was den Kindern weitergegeben wird, sind die gefühlsmäßige Haltung, die geistige Einstellung oder die Glaubensvorstellungen der Eltern. Beispielsweise kann jedes Paar einen Sohn bekommen, der ein Shakespeare, Beethoven, Lincoln oder ein Jesus werden kann, was von der gefühlsmäßigen Einstellung und dem Bewußtseinszustand der Eltern im Moment der Empfängnis abhängt. Jesus oder der erhellte Verstand lehnt den populären Aberglauben ab, daß Karma der Grund für die Blindheit des Mannes ist. Dies meint, daß er vielleicht in einem früheren Leben Menschen geblendet hat und nun für sein Verbrechen leidet und sühnt. Ein anderer populärer Aberglaube war und ist noch immer, daß er blind geboren wurde, weil seine Eltern blind waren oder gesündigt haben oder irgendeine physische Krankheit hatten. Natürlich können, wie Sie wissen, ein Mann und eine Frau, die von Geburt an blind sind oder durch einen Unfall blind wurden, Kinder bekommen, die völlig normal sehen.

Es ist die Gefühlshaltung oder der Bewußtseinszustand im Moment der Empfängnis beim ehelichen schöpferischen Akt, die das Wesen des Kindes bestimmen. Es ist auch richtig, daß eine Mutter während der Schwangerschaft durch Gebet die geistige und physische Natur ihres Kindes verändern kann. Durch Gebet kann sie eine vollkommene Heilung bewirken. In Gottes Augen ist das Kind vollkommen. Gott sieht alle seine Schöpfungen als unendliche Vollkommenheit.

Für den Menschen des Gebets oder den wissenschaftlichen Denker ist die Antwort auf alle Krankheiten und Probleme das Vollbringen der Werke Gottes: »Ich muß, solange es Tag ist, die Werke dessen vollbringen, der mich gesandt hat.« Das heißt, während das Licht der Wahrheit scheint, wenden wir bewußt das Gesetz an. Viele Menschen haben ihre Augen durch Gebet geheilt. Das Absolute verdammt oder verurteilt nie.

In verschiedenen Zeitschriftenartikeln können Sie von den Wunderheilungen lesen, die an verschiedenen heiligen Stätten in der ganzen Welt stattfinden. Hier wurde die uns allen innewohnende heilende Kraft freigesetzt, die stets antwortet, wenn wir uns in Glauben und Vertrauen an sie wenden. Es sind nie die heiligen Stätten, das Ritual oder die Zeremonie, die heilen, es ist der Glaube. Auch der Schamane oder Medizinmann in Afrika und Australien heilt durch Glaube. Einige behaupten, daß sie geheilt wurden, indem sie in bestimmten Wassern oder Quellen gebadet oder Reliquien von Heiligen berührt haben. Der Grund für diese Heilungen liegt darin, daß sie sich innerlich von Ängsten und Sorgen entfernt und zum Glauben hinbewegt haben. Doch hinter diesen Heilungen durch blinden Glauben steht eben keine bestimmte Erkenntnis. Alle diese Methoden sind zwar insofern gut, als sie den Menschen von seinen Schwierigkeiten, seinen Schmerzen und seiner Krankheit erlösen; aber Rückfälle sind ziemlich häufig, da kein wirkliches Bewußtsein von der daran beteiligten spirituellen Kraft vorhanden ist, und viele fallen in ihre alten Denkmuster zurück und infizieren sich wieder wie zuvor. Sachgerechtes Heilen bedeutet das Zusammenwirken bewußter und unbewußter Kräfte, die auf wissenschaftlicher Grundlage auf ein ganz bestimmtes Ziel gerichtet werden. Die *Werke des Vaters* sollen sein Wesen, Güte, Wahrheit und Schönheit ausdrücken, denn Er ist in uns.

In Gott erwachen

Dann machte er mit Speichel einen Teig bedeutet nach etwas lechzen, so etwa, wie wenn ein kleiner Junge nach Schokolade lechzt und sabbert. Es ist ein freudiger, übersprudelnder Zustand. Sie haben Geysire hochsprudeln sehen; der *Teig* ist sehr lebendig. Er steht für den normalen Menschen, der tot ist, der sich seiner inneren Schatzkammer nicht bewußt ist. Er ist tot in bezug auf sein inneres Potential, da er sich der Gegenwart und Macht Gottes in ihm nicht bewußt ist. Wenn er erwacht und begeistert wird, wird er lebendig in Gott; das ist die Bedeutung von *er spuckte auf die Erde und machte mit dem Speichel einen Teig*. Dies ist ein orientalischer bildhafter Ausdruck und bedeutet die tiefe innere Überzeugung, daß wir nun ein Bewußtsein haben von dem, was wir wollen, und wir weisen Blindheit oder den alten Zustand der Beschränkung von uns. Wir sehen nun die Wahrheit, so, wie ein Junge an der Tafel die Lösung für sein mathematisches Problem sieht.

Ein Junge schreibt zum Beispiel an die Tafel, drei und drei ist sieben. Der Lehrer ist sich aufgrund seiner Kenntnisse in der Wissenschaft der Mathematik absolut sicher, daß drei und drei sechs ergeben. Es ist nicht seine Aussage, die aus drei und drei sechs macht; es war schon immer so. Er ist überzeugt von dieser Wahrheit, und folglich korrigiert der Junge seine Zahl an der Tafel, um sich der Wahrheit anzupassen.

Und so gilt, daß, was für Gott wahr ist, auch für den Menschen wahr ist. Gott kann unmöglich blind, taub, dumm oder krank sein. Die Wahrheit des Menschen ist, daß der lebendige allmächtige Geist in ihm ist. Er ist ganz

Seligkeit, Ganzheit, Freude, Vollkommenheit, Harmonie und Friede. Er ist all die wunderbaren Dinge, von denen Sie gehört haben. In dieser grenzenlosen Weisheit kann es keinen Streit, keine Teilung geben. Wenn Sie also Ihren Geist und Ihr Gemüt in diesen ewigen Wahrheiten über Gott verankern, sich damit identifizieren, findet in Ihnen eine Umgestaltung Ihres Denkmusters statt, und die Vollkommenheit Gottes manifestiert sich. So, wie der Junge seine Zahlen entsprechend dem mathematischen Prinzip zu korrigieren hatte, strukturieren Sie Ihr Denken in Übereinstimmung mit dem Prinzip der Harmonie. Die Elektronen Ihres Körpers reagieren automatisch in Übereinstimmung mit dem Gesetz der Wechselwirkung oder dem Prinzip der Entsprechung. *Der Teig*, von dem hier die Rede ist, ist der harte, trockene falsche Glaube. Ein trüber, wirrer Geist, der gereinigt werden muß; dann bringen wir unsere Überzeugung von der Wahrheit zum Ausdruck (spucken sie aus).

Geh und wasch dich in dem Teich Schiloach bedeutet aufgeben, wegschicken. Wir lösen uns nun vom alten Bewußtseinszustand, und wir fühlen und bestätigen die Geistigkeit alles Stofflichen. Der Zustand der Blindheit steht auch für unsere Unfähigkeit, den gesegneten Zustand zu erkennen. Wenn der Mensch nicht weiß, daß sein Retter die Verwirklichung seines Herzenswunsches bedeutet, dann ist er wahrhaft blind.

Wenn ich nicht gekommen wäre und nicht zu ihnen gesprochen hätte, wären sie ohne Sünde. Im Zustand der Blindheit sind wir ohne Sünde, auch wenn wir alle möglichen Mängel und Beschränktheiten aufweisen. Der kollektive Geist der Menschheit denkt für uns, doch wenn unsere Augen geöffnet sind, dann fangen wir an, selbst zu denken. Wir denken aus dem inneren göttlichen Mittelpunkt; deshalb denken wir nicht mehr negativ, sondern positiv. Solange wir fortfahren, von den künstlichen, aufgesetzten Zentren des Vorurteils, der Furcht und Unwissenheit aus zu denken, werden wir Zwist, Krankheit und Gewalt erleben. Laßt uns wahre Denkende sein, und wir werden Gnade erfahren wie sanfter Regen, der vom Himmel fällt.

Sündigen heißt das Ziel des Friedens, der Gesundheit und des Glücks verfehlen. Es ist die Verfehlung unseres Lebensziels. Wenn wir nichts haben, worauf wir abzielen, sündigen wir auch nicht. Die wirkliche Sünde besteht darin, unser Ziel nicht zu verwirklichen und ein erfülltes und glückliches Leben zu leben.

Im Rest des Kapitels finden sich viele Wiederholungen, deshalb werden wir uns wieder auf die wichtigsten Verse konzentrieren.

(14) Es war aber Sabbat an dem Tag, als Jesus den Teig gemacht und ihm die Augen geöffnet hatte. (15) Auch die Pharisäer fragten ihn, wie er sehend geworden sei.

Der Pharisäer findet sich überall. Er ist der Mensch der fünf Sinne oder der Mensch, der am Ritual, der Zeremonie, der äußeren Form von Anbetung klebt. Er meint, der Sabbat bezöge sich auf einen bestimmten Tag in der Woche, und erkennt nicht, daß der Sabbat eine innere Bewegung und die Beschäftigung des Geistes mit unserem Ideal oder Wunsch meint, so lange, bis wir im Innern einen Punkt der Stille erreicht haben und uns die äußere Welt und ihr Urteil nicht mehr beunruhigen. Wir sind allein mit Gott und ruhen in unserem inneren Wissen. Der Pharisäer weiß nicht, wo die Lösung ist, weil er nach außen und nicht nach innen schaut. Das Innere ist die Ursache, das Äußere ist Wirkung. Der Pharisäer macht stets das Äußere zur Ursache, betet den Buchstaben des Gesetzes an und hat nicht den Geist, der Leben gibt. Wenn wir zu unseren inneren Kräften erwachen, dann sagen wir: »Wo ich blind war, da sehe ich nun.«

Aus Gottes Schatzkammer wählen

(41) Wenn ihr blind wärt, hättet ihr keine Sünde. Jetzt aber sagt ihr: Wir sehen. Darum bleibt eure Sünde.
Uns alle überkommen beim Beten zuweilen pharisäische Gedanken, vor allem die Dogmen, Meinungen und Lehren der Menschen. Die Fragen und das Gespräch ab Vers 18 bis Kapitelende stehen für den Bewußtseinszustand, der nur mit äußerer Form, Ritual und Zeremonien befaßt ist. Die religiöse Praxis des gewöhnlichen Pharisäers, der in aller Welt auf den Straßen jeder Stadt anzutreffen ist, gründet sich auf Beharren auf Tradition und Aberglaube. Diesen Menschen erscheint es unmöglich, daß die Augen der Blinden sehend werden können oder daß jemand durch Gebet von Krebs geheilt werden kann, denn sie glauben nur an das Urteil des kollektiven Geists und die öffentliche Meinung.

Wir müssen das Prinzip hinter der religiösen Symbolik erkennen. Das ist mit den Sätzen gemeint: *(39) Um zu richten, bin ich in diese Welt gekommen: damit die Blinden sehend und die Sehenden blind werden.* Sie sind hier, um zu richten, denn das Gericht ist ganz dem Sohn übertragen. Ihr Denken ist der Richter, denken heißt vergleichen. Sie vergleichen ein Ding mit einem andern. Sie akzeptieren das Gute und weisen das Negative oder den falschen Glauben zurück. Sie sind hier, um zu unterscheiden, auszuwählen und zu wählen. Wenn Sie Gott in sich entdecken, dann wählen Sie nur aus der Schatzkammer von Gottes Reichtümern aus. Sie erwachen zur Wahrheit. Davor wußten Sie nicht, wie Sie auswählen sollten. Jetzt befähigt Sie Ihre Kenntnis und Bewußtheit über die göttliche Kraft dazu, nur das zu wählen, was Sie heilt, erhebt, segnet und bereichert.

Wenn Sie wahren freien Willen hätten, würden Sie nicht Krankheit, Mangel, Leid, Schmerz und Unglück wählen. *Damit die Sehenden blind werden.* Wenn wir als Mensch der fünf Sinne agieren und wie die meisten Menschen nach dem Gesetz der Durchschnittlichkeit leben, dann müssen wir gegenüber allen unseren früheren Theorien, Überzeugungen, Traditionen und Dogmen blind und in Gott und seiner Allmacht lebendig werden; dann sehen wir wahrhaft. Während des wirklichen Gebets müssen Sie taub und blind werden für alles, was Ihr Gebet bedroht. Sie weigern sich, auf den Anschein der Dinge zu achten. Ihr Blick ist auf Gott und Seine Antwort gerichtet. Wenn wir kein Ziel haben, verfehlen wir es auch nicht oder sündigen nicht, aber wenn wir behaupten, die Wahrheit zu kennen, und unser Ziel nicht verwirklichen, dann bleibt unsere Sünde. Es reicht nicht zu sagen: »Ich sehe die Wahrheit«; wir müssen die Wahrheit *kennen*, und die Wahrheit wird uns befreien. *Kennen* heißt das innere Sehen oder die stille innere Überzeugung, in der wir unseren Gedanken oder unseren Wunsch zum Punkt der Annahme bringen. Darin liegt unsere Freiheit.

KAPITEL 10

Gehen Sie durch die Tür Ihres Bewußtseins!

(1) Amen, amen, das sage ich euch: Wer in den Schafstall nicht durch die Tür hineingeht, sondern anderswo einsteigt, der ist ein Dieb und ein Räuber. (2) Wer aber durch die Tür hineingeht, ist der Hirt der Schafe. (3) Ihm öffnet der Türhüter, und die Schafe hören auf seine Stimme; er ruft die Schafe, die ihm gehören, einzeln beim Namen und führt sie hinaus. (4) Wenn er alle seine Schafe hinausgetrieben hat, geht er ihnen voraus, und die Schafe folgen ihm; denn sie kennen seine Stimme. (5) Einem Fremden aber werden sie nicht folgen, sondern sie werden vor ihm fliehen, weil sie die Stimme des Fremden nicht kennen. (6) Dieses Gleichnis erzählte ihnen Jesus; aber sie verstanden nicht den Sinn dessen, was er ihnen gesagt hatte. (7) Weiter sagte Jesus zu ihnen: Amen, amen, ich sage euch: Ich bin die Tür zu den Schafen. (8) Alle, die vor mir kamen, sind Diebe und Räuber; aber die Schafe haben nicht auf sie gehört. (9) Ich bin die Tür; wer durch mich hineingeht, wird gerettet werden; er wird ein- und ausgehen und Weide finden. (10) Der Dieb kommt nur, um zu stehlen, zu schlachten und zu vernichten; ich bin gekommen, damit sie das Leben haben und es in Fülle haben.

Sein ist haben

Die *Tür*, das ist die Tür unseres eigenen Bewußtseins. *Ich bin die Tür.* Alles, was wir im Leben erfahren, kommt durch unser Bewußtsein. Unser Bewußtseinszustand ist das, was wir denken, fühlen, glauben und unsere Zustimmung hat. Unser Bewußtseinszustand manifestiert sich immer. Nichts geschieht außen, was nicht zuerst innen geschieht. Bevor wir Gesundheit, Friede und Fülle verwirklichen können, müssen wir uns erst unseren Wunsch bewußt aneignen. Wir müssen dieses Gefühl der inneren Aneignung haben. Ich muß sein, bevor ich haben kann. Die Alten sagten: »Sein ist haben.«

Wenn ein Mensch versucht, über äußere Mittel zu erreichen, was er will, wird es sich ihm stets entziehen. Er ist ein Dieb und Räuber insofern, als er sich selbst der Freude der Verwirklichung seines Ideals beraubt, da er sich weigert, dessen Realität geistig zu bekräftigen und zu empfinden. Er muß erst über das geistige Äquivalent verfügen; dann erfolgt die Verwirklichung. Unser Geist und Gemüt oder unser Bewußtsein ist die Tür zu allem äußeren Ausdruck. Ich spreche oft mit Menschen, die versuchen, durch starre Abstinenz zu Spiritualität zu gelangen; sie enthalten sich gewisser Vergnügungen und unterwerfen den Körper schwierigen und schmerzvollen Übungen und Stellungen. Andere leben nur von Obst und ziehen sich aus dem Leben zurück in der Hoffnung, daß sie höhere Entwicklungsstufen erreichen. Fasten und eine rigide Körperdisziplin werden nicht die erwünschte geistige Wandlung herbeiführen. Diese Menschen erklimmen irgendeinen anderen Pfad und werden natürlich völlig desillusioniert werden.

Die Vorstellung ist absurd, daß ein Mensch, der von einem äußerlichen Standpunkt ausgeht, höhere Ebenen spiritueller Bewußtheit erreichen kann. Das Alibi dieser Menschen ist der Spruch: »Der Mensch soll entsagen.« Sie müssen der morbiden Befriedigung von Groll, kleinlicher Verdrießlichkeit, Bosheit, Ressentiment, Selbstgerechtigkeit, geistigem Hochmut, Selbstrechtfertigung und Frömmelei entsagen. Sie sollen ganz bestimmt nicht den Bequemlichkeiten und Annehmlichkeiten des Lebens entsagen. Sie müssen der alten Denkweise entsagen und entsprechend handeln, bevor sie zu höheren Ebenen gelangen können. Sie können nicht geistig derselbe bleiben und sich spirituell höher entwickeln. Es muß eine innere Wandlung stattfinden. *Gleicht euch nicht dieser Welt an, sondern wandelt euch und erneuert euer Denken. (Römer 12,2)*

Die Verwandlung der Raupe in einen Schmetterling, die Ihnen bekannt ist, symbolisiert die Verwandlung, die Sie durchmachen können. Sie haben Flügel (Denk- und Gefühlsweisen), die Sie noch nicht gebraucht haben, mit denen Sie sich hinaufschwingen können in den Schoß Ihres Vaters im Himmel. Die Verwandlung, von der die Bibel spricht, bezieht sich nicht auf die Verwandlung von einem Zellkern in einen Menschen, sondern auf seelische und emotionale Verwandlung.

Ich bin geheilt

Lassen Sie uns folgendes einfache Beispiel nehmen: Ein Mann möchte geheilt werden und bekräftigt immer und immer wieder: »Ich bin geheilt.« Wenn diese Aussage nur mechanisch gemacht wird, dann wird er keine Resultate erzielen. Er muß sich in den Geist oder das Gefühl vollkommener Gesundheit versetzen. Er muß sich die Wahrheit dessen, was er bekräftigt, aneignen, er muß sie fühlen. Die Heilung folgt dem stillen inneren Wissen der Seele. Wenn ich reich sein will, muß ich das Bewußtsein von Reichtum annehmen, dann erfolgt Reichtum. Wenn Sie spirituell wachsen wollen, dann gibt es dazu eine wundervolle Anweisung von Paulus: *Was immer wahrhaft, edel, recht, was lauter, liebenswert, ansprechend ist, was Tugend heißt und lobenswert ist, darauf seid bedacht! (Philipper 4,8)*

Beginnen Sie von innen – nicht von außen, vergeistigen Sie Ihre Gedanken, Gefühle, Reaktionen und Emotionen. Achten Sie darauf, daß alle Ihre Gedanken, geistigen Übungen und Impulse der spirituellen Norm des Paulus entsprechen. Das Äußere wird dem Inneren entsprechen. Die Diebe und Räuber sind die negativen Gedanken und Gefühle, denen wir uns hingeben. Angst, Unwissenheit und Aberglaube sind wirkliche Diebe. Sie berauben uns unserer Gesundheit, unseres Glücks und inneren Friedens.

Die in diesem Kapitel erwähnten *Schafe* sind die edlen, wunderbaren und erhabenen Bewußtseinszustände, die uns Segen bringen. Unsere Überzeugung und unsere Einsicht in das Gute stehen für den Hirten, der über unsere Schafe wacht. Wie ein General seine Armee befehligt, so ist auch stets die vorherrschende Geisteshaltung bestimmend. Wir werden zum wahren Hirten, wenn wir die schöpferische Kraft und Autorität unseres Geistes kennen. Wir haben Zuversicht und Vertrauen in unsere Fähigkeit, das Gute zu wählen und ungesunde geistige Nahrung zu verweigern. Wir *rufen unsere Schafe beim Namen*, wenn wir uns in das Gefühl versetzen, das zu haben, zu sein oder zu tun, was wir haben, sein oder tun wollen. Wenn wir dieses Gefühl aufrechterhalten, festigt und kristallisiert es sich in uns, und diese subjektive Verkörperung wird sich objektiv manifestieren.

In Vers 4 werden wir im Grunde im Gesetz geistiger Entsprechung unterwiesen, was besagt, daß wir vor aller Manifestation die Wahrheit dessen, was wir bekräftigen, geistig annehmen und fühlen müssen. Mit anderen Worten, das Fühlen und Empfinden geht aller Manifestation voraus.

»Die Stimme des Fremden« meint eine Sache bekräftigen und etwas anderes fühlen. Ein Mann betet beispielsweise um Heilung, glaubt aber, daß er nicht geheilt werden kann oder die Sterne gegen ihn stehen. Eine solche geistige Einstellung gleicht der Vermischung von Säure und Lauge, Sie bekommen einen inaktiven Stoff. In der Bedürftigkeit, aus der heraus wir beten, liegt natürlich eine Antwort. Wenn ein Mensch behauptet, etwas anderes zu sein, als er seinem Gefühl nach ist, dann beraubt er sich selbst. Er mag behaupten und bekräftigen, daß er ein großer Schauspieler ist, weiß aber gleichzeitig in seinem Innersten, daß er es nicht ist; ein solcher Mensch ist ein Dieb und Räuber. Die Schafe werden einer solchen negativen Einstellung nicht folgen. *Schafe* sind gehütete Tiere. Aufschneiderei und Maskierung ohne innere Überzeugung bringen nichts zur Verwirklichung. *Alle, die vor mir kamen, sind Diebe und Räuber*, bedeutet nicht, wie einige behaupten, daß alle Religionen vor dem Christentum falsche Religionen waren. Eine solche Behauptung ist unwahr und lächerlich.

Ich bin sicher, daß die folgende Interpretation Sinn ergibt. Wenn Sie glauben, daß äußere Umstände, Bedingungen, Ereignisse, Alter, Rasse, Geldmangel usw. Ihnen die

Möglichkeit verwehren, Ihr Ziel zu verwirklichen, dann sind Sie ein Räuber und Dieb aus dem einfachen Grunde, daß Sie sich selbst der Freude berauben, das zu werden, was Sie sein möchten. Es gibt nur eine Macht und Kraft, und Ihre Überzeugung, daß Ihr Gebet beantwortet wird, kann nicht für nichtig erklärt werden. »Wenn Gott mit Ihnen ist, wer kann gegen Sie sein?« Deshalb wird gesagt: »Alle, die vor mir kamen, sind Diebe und Räuber.«

Der gute Hirte sein

In Vers 11 steht: »*Der gute Hirt gibt sein Leben hin für die Schafe.*« Sie müssen die Wünsche Ihres Herzens beleben und lebendig werden lassen. Sie müssen ihnen Leben geben, indem Sie Ihre Pläne und Ziele mit Leben, Liebe und Empfindung nähren. Gehirn und Herz müssen eine Ehe eingehen. Das Denken muß mit Fühlen vermischt werden, wenn sich Ihre Träume verkörpern sollen.

Der Verweis auf den *Wolf* in Vers 12 bezieht sich auf Gefühle des Zweifels, des Mangels und der Angst, die Ihre positiven Ideale neutralisieren und zerstören. Unsere Überzeugung, unser Glaube an das Gute müssen unerschütterlich und unanfechtbar bleiben. Sonst sind wir nur bezahlte Knechte, weil wir die Schafe nicht besitzen. Wir haben uns das Ideal in unserem Bewußtsein nicht angeeignet. Wir glauben nicht wahrhaft, obwohl wir vielleicht intellektuell dazu bereit sind.

(16) Ich habe noch andere Schafe, die nicht aus diesem Stall sind; auch sie muß ich führen, und sie werden auf meine Stimme hören; dann wird es nur eine Herde geben und einen Hirten.

Wir haben viele Wünsche oder Schafe genauso wie auch einen höchsten Wunsch. Ein Mann mag nach Gesundheit und wahrer Verwirklichung verlangen und zugleich seinem Sohn Wohlstand und seiner Tochter eine glückliche Ehe wünschen. Dann wird er jeden Wunsch gesondert behandeln, das Gesetz für jeden gesondert anwenden. Dazu zieht er sich in die innere Stille zurück. Wenn er mit jedem einzelnen Wunsch fertig ist, dann weiß er, daß nun alle seine Wünsche erfüllt werden. Sein ausgesandtes Wort (Gedanke und Gefühl) ist zum Gesetz geworden, und er schläft nun in der freudigen Gewißheit, daß alle seine Gebete beantwortet werden. Die *eine Herde* ist die allumfassende Umhüllung der Liebe; der *eine Hirte* meint die absolute Gewißheit, daß es so ist.

In Vers 17 steht: ... *weil ich mein Leben hingebe, um es wieder zu nehmen.* Dies bezieht sich auf die Tatsache, daß Sie sich von Ihrer alten Vorstellung und von sich selbst lossagen müssen, bevor Sie ein neues Ideal errichten können. Bevor etwas geboren wird, muß etwas sterben. Der materialistisch denkende Mensch muß sterben, bevor der spirituell orientierte Mensch erwacht. Unwissenheit muß sterben, damit Weisheit geboren werden kann. Wenn ein bei der Arbeit unachtsamer, nachlässiger und gleichgültiger Mensch plötzlich zu lernen anfängt und sich in jeder Hinsicht verbessert, dann wird der neue tüchtige und fleißige Mensch geboren, und der alte nachlässige, faule und konfuse Mensch ist tot.

Es gibt den Tod nur in der Vorstellung

In Vers 18 wird uns gesagt, daß der spirituell erwachte Mensch weiß, daß der einzige Tod, so, wie ihn die Welt versteht, der Glaube an den Tod ist. Der *Tod* ist in uns, nicht in der Person, die im Sarg liegt. *Niemand entreißt es dir.* Die absolute Wahrheit hier ist dies: Wenn ein Mensch getötet wird, so hat er in Wirklichkeit sich selbst getötet, auch wenn ein anderer auf den Abzug gedrückt und die Kugel ausgelöst hat, die ihn tötete. Der sogenannte Mörder war nur ein Instrument, das den Bewußtseinszustand des Getöteten zur Erfüllung brachte. Bewußtsein ist die einzige Ursache, und der Mensch selbst ist Ursache und Wirkung. *Niemand kann zu mir kommen, wenn nicht der Vater, der mich gesandt hat, ihn zu mir führt.* Nichts geschieht mir, wenn es nicht mein Vater (mein vorherrschender Bewußtseinszustand) zu mir führt. Der innere Mensch ist immer die Ursache, der äußere die Wirkung. Wenn wir davon überzeugt sind, daß Gott existiert und daß wir im geheimen Ort des Allerhöchsten wohnen, kann niemand uns etwas wegnehmen, kann uns nichts Böses geschehen, denn wir glauben, daß Gott mit uns ist. Das ist Glauben, das ist Vertrauen. Das ist Überzeugung.

1955 berichtete mir in Japan ein Lehrer von einer chinesischen Frau, die während eines Bombenangriffs der Japaner zu anderen Menschen sagte: »Komm unter meinen Regenschirm; ich glaube an Gott.« Rings um sie fielen Bomben, aber ihr geschah nichts. Der Grund dafür war, daß sie auf heiligem Grund (ihr Bewußtsein von Gottes Liebe und Gegenwart) stand. In dieser Welt sollten wir so leben, daß wir uns weigern, auf irgend etwas zu hören, das unsere Seele nicht mit Freude erfüllt.

(28) Ich gebe ihnen ewiges Leben. Sie werden niemals zugrunde gehen, und niemand wird sie meiner Hand entreißen.

Dies bedeutet, daß ewig währt, was vom Bewußtsein berührt oder gesegnet ist. Wenn wir Gott oder den Geist der Wahrheit einmal erfahren haben, sind wir nie wieder dieselben, und die neue Einsicht oder das neue Verstehen und Begreifen werden uns nie wieder verlassen.

(33) Die Juden antworteten ihm: Wir steinigen dich nicht wegen eines guten Werkes, sondern wegen Gotteslästerung; denn du bist nur ein Mensch und machst dich selbst zum Gott.

Der Begriff *Juden* bezieht sich nicht auf eine bestimmte Rasse oder ein bestimmtes Volk, sondern auf den ganz gewöhnlichen Menschen, der denkt, es sei gotteslästerlich zu sagen, daß der Mensch ein Ausdruck Gottes auf Erden ist. Er wirft insofern Steine auf jene, die die Wahrheit verkünden, als er solche Lehren als blasphemisch kritisiert und verdammt, weil sie seiner Erziehung widersprechen, die auf unwissenden Theorien und Glaubensvorstellungen von Gott beruht. Gewöhnlich hat der Mensch die Mentalität eines »Wurms im Staub«.

(34) Heißt es nicht in eurem Gesetz: »Ich habe gesagt: Ihr seid Götter«?

(38) ...dann glaubt wenigstens den Werken, wenn ihr mir nicht glaubt. Dann werdet ihr erkennen und einsehen, daß in mir der Vater ist und ich im Vater bin.

In Wirklichkeit ist jeder Mensch ein Kind des Unendlichen und besitzt gewiß dieselben Eigenschaften, Merkmale und Kräfte wie der Vater. *Er war Gott gleich,/hielt aber nicht daran fest, wie Gott zu sein (Philipper 2,6).*

Laßt uns aufstehen, aufwachen und unsere Göttlichkeit

jetzt beanspruchen. Laßt uns aufhören, historische Persönlichkeiten anzubeten; laßt uns statt dessen den Einen Wahren Gott tief in uns verehren. Der Geist in uns ist Gott, und wenn wir uns mit ihm in Einklang bringen, und uns *im Glauben* an ihn wenden, werden wir anfangen, die Werke dessen zu tun, der uns gesandt hat. Wenn wir dies glauben, wird uns alle Macht in den Himmeln unseres eigenen Geistes gegeben. Dies ist die Macht und das Handeln Gottes.

Kapitel 11

Erleben Sie die Auferstehung des Friedens in Ihrem Geist!

(1) Ein Mann war krank, Lazarus aus Bethanien, dem Dorf, in dem Maria und ihre Schwester Marta wohnten. (2) Maria ist die, die den Herrn mit Öl gesalbt und seine Füße mit ihrem Haar abgetrocknet hat; deren Bruder Lazarus war krank. (3) Daher sandten die Schwestern Jesus die Nachricht: Herr, dein Freund ist krank. (4) Als Jesus das hörte, sagte er: Diese Krankheit wird nicht zum Tod führen, sondern dient der Verherrlichung Gottes: durch sie soll der Sohn Gottes verherrlicht werden. (5) Denn Jesus liebte Martha, ihre Schwester und Lazarus. (6) Als er hörte, daß Lazarus krank war, blieb er noch zwei Tage an dem Ort, wo er sich aufhielt. (7) Danach sagte er zu den Jüngern: Laßt uns wieder nach Judäa gehen. (8) Die Jünger entgegneten ihm: Eben noch wollten dich die Juden steinigen, und du gehst wieder dorthin? (9) Jesus antwortete: Hat der Tag nicht zwölf Stunden? Wenn jemand am Tag umhergeht, stößt er nicht an, weil er das Licht dieser Welt sieht; (10) wenn aber jemand in der Nacht umhergeht, stößt er an, weil das Licht nicht in ihm ist.

Maria und Marta stehen für zwei verschiedene Bewußtseinszustände, den äußeren und den inneren, den materialistischen und den spirituellen. *Maria* bezieht sich auf den inneren oder subjektiven Aspekt des Lebens. *Marta* bezieht sich auf die objektiven Seiten des Lebens. Maria bedeutet auch Liebe zu den spirituellen Werten; Marta ist der Wunsch, für die physischen Bedürfnisse der Kranken und Notleidenden zu sorgen.

Lazarus ist der Bruder (Wunsch) von Marta und Maria (zwei Aspekte des Bewußtseins, Bewußtes und Unbewußtes). Lazarus meint das Tote in uns. Unser Verlangen oder Ideal ist tot, weil wir es nicht zum Leben erweckt haben oder nicht wußten, daß unser Bewußtsein das in uns erwecken kann, was wir innerlich als wahr empfinden. Lazarus ist unser erstorbener, erstarrter, verkümmerter Wunsch oder Plan, den wir lange Zeit zu verwirklichen suchten. Ein Mensch mag eine Krankheit haben; dies ist ein Zustand des Erloschenseins; die Gesundheit ist etwas Lebendiges, befindet sich aber beim kranken Menschen im Schlafzustand. Spirituelle Bewußtheit, für die Jesus steht, wird diesen Zustand der Leblosigkeit erwecken. Die äußeren Sinne sagen Ihnen, daß der Körper krank ist, aber der spirituell erwachte Mensch sagt: »Ich habe, was die Gesundheit angeht, geschlafen. Ich werde aus diesem Schlummer und hypnotischen Bann des kollektiven Glaubens erwachen.«

Der Wunsch als Glaube

Der 5. Vers besagt, daß Liebe Einheit ist. Liebe ist eine emotionale Bindung. Sie ist ganz in Anspruch genommen von der Realität, für die Sie beten, oder identifiziert und vereinigt sich mit der erwünschten Sache. Der erste Schritt ist das Gebet, der zweite die Erkenntnis und Anerkennung der spirituellen Kraft, die Annahme unseres Wunsches, der dritte Schritt ist die Überzeugung, daß die unsichtbare Idee real ist.

(14) Darauf sagte ihnen Jesus unverhüllt: Lazarus ist gestorben. (16) Da sagte Thomas, genannt Didymus (Zwilling), zu den anderen Jüngern: Dann laßt uns mit ihm gehen, um mit ihm zu sterben. (17) Als Jesus ankam, fand er Lazarus schon vier Tage im Grab liegen.

Thomas ist der Zweifler; eine Geisteshaltung, die wir alle haben. Wir sehen nach beiden Seiten und fragen uns, ob das Bewußtsein die einzige Kraft ist. Wir werden entmutigt und sagen: »Dann soll es eben so sein.« Hier findet ein Dialog zwischen dem geringeren und dem höheren Selbst statt, oder zwischen dem dreidimensionalen und dem vierdimensionalen Selbst, oder ein Streit zwischen unseren fünf Sinnen und der spirituellen Erkenntnis oder Bewußtheit. Achten Sie beim Beten darauf, wie die äußeren Sinne versuchen, Sie vom Glauben an die innere spirituelle Kraft abzubringen. Sie müssen fest bleiben im Wissen, daß mit dieser Einen Kraft und Macht alles möglich ist.

(23) Jesus (ihr erhellter Verstand) *sagte zu ihr: Dein Bruder wird auferstehen. (24) Marta sagte zu ihm: Ich weiß, daß er auferstehen wird bei der Auferstehung am Letzten Tag.*

Marta (unser bewußter, logisch argumentierender Verstand) stellt die Möglichkeit der Auferstehung unseres Wunsches in Frage, aber die tiefe Wahrheit ist, daß unser ICH-BIN-SEIN (Bewußtsein) das auferstehen lassen und sichtbar machen kann, was wir als innere Wahrheit annehmen und fühlen. Ihr Bewußtsein hat die Macht, Sie aus jedem Zustand der Begrenzung und Beschränkung wieder auferstehen zu lassen.

Vers 24 zeigt Marta, unser weltlich orientierter Bewußtseinszustand, die in die ferne Zukunft blickt und sagt: »Eines Tages werde ich mein Ziel erreichen. Eines Tages werde ich glücklich sein.« Dies ist nicht die richtige Einstellung, denn wir müssen uns klarmachen, daß wir uns unseren Wunsch jetzt bewußtmachen und ihn sofort verwirklichen können, wenn wir nur glauben.

(38) Da wurde Jesus wiederum innerlich erregt, und er ging zum Grab. Es war eine Höhle, die mit einem Stein verschlossen war. (39) Jesus sagte: Nehmt den Stein weg!

Alle von uns mögen wegen eines Problems oder einer Schwierigkeit innerlich erregt sein und aufstöhnen, aber wir kommen zu einem klaren Entschluß, daß wir sie bewältigen und uns darüber erheben können. Der *Stein* ist der kollektive Glaube der Menschheit, die Angst und das Akzeptieren der von Menschen geschaffenen Gesetze. Gesundheit, Freude und Frieden, nach denen wir suchen, werden von engen beschränkten Gedanken, die die Lebenskraft gefangenhalten, im Grab eingeschlossen. Durch Glaube muß der Stein weggerollt werden. Der Mensch, der das innere Leben der Harmonie, Stärke und Vitalität im Äußeren verwirklichen will, muß an die Oberherrschaft der Spirituellen Macht glauben und sie anerkennen, und sein gläubiges Gebet wird die Gegenwart des unsichtbaren und allmächtigen Gottes hervorrufen. Dies ist die Herrlichkeit Gottes.

Wie man betet

(40) Wenn du glaubst, wirst du die Herrlichkeit Gottes sehen?

Der spirituell gesinnte Mensch bestätigt die Wirklichkeit und Vollkommenheit der unsichtbaren Vorstellung und kümmert sich nicht um den äußeren Anschein. An anderer Stelle in der Bibel steht, daß ein Engel den Stein wegnimmt. *Der Engel* meint eine neue Geisteshaltung, das Gefühl oder die Überzeugung, die der Manifestation vorausgeht.

(41) Jesus aber erhob seine Augen und sprach: Vater, ich danke dir, daß du mich erhört hast. (42) Ich wußte, daß du mich immer erhörst.

Diese beiden Verse sind eine ausgezeichnete Anweisung für das Gebet. Wenn Sie für jemand anderen beten, erheben Sie Ihre Vorstellung von dieser anderen Person, Sie sehen sie strahlend, glücklich und frei; dann danken Sie für die Vollbringung.

Sie bezahlen zum Beispiel einen Pelzmantel im Laden und bedanken sich dafür, daß er Ihnen zugesandt wird. Sie haben ihn noch nicht erhalten, aber Sie vertrauen darauf, daß man die Sache ordnungsgemäß erledigen wird. Sie hegen keinerlei Zweifel, daß Sie den Mantel erhalten werden. So vertrauen Sie auch Gott und wissen, daß »Er niemals versagt«. Sie haben unerschütterliches Vertrauen in den Vater des Lichts, der niemals unbeständig ist, der sich nie abwendet. Sie wissen, daß er Sie immer erhört, denn es ist die Natur Gottes, daß Er sich Ihnen zuwendet, wenn Sie sich Ihm zuwenden. In dem Augenblick, in dem Sie sich im Denken und Fühlen in Seine Gegenwart begeben und Ihre Aufmerksamkeit auf die Gesundheit und innere Harmonie Ihres Freundes konzentrieren, fließt die schöpferische Kraft Gottes durch den Brennpunkt Ihrer Aufmerksamkeit; dies ist das Handeln Gottes, und es ist allmächtig.

Der dritte Schritt könnte als Anerkennung, Annahme und Überzeugung, daß es so ist, bezeichnet werden. Der Satz: *Jesus rief mit lauter Stimme*, bedeutet das Erklingen des beantworteten Gebets, die Stimme der Autorität. *Lazarus, komm heraus!* bedeutet das absolute Vertrauen in das Wirken des unveränderlichen, unabdingbaren Gesetzes, das immer automatisch auf unser inneres Wissen antwortet. Es ist das Gebot aus dem Innern dessen, der weiß: »Ich und der Vater sind eins.«

In Vers 44 wird uns gesagt, daß das Gesicht des Verstorbenen mit einem Schweißtuch verhüllt war. Wenn ich Sie auf der Straße treffe und Ihr Gesicht verhüllt ist, dann kann ich Sie nicht erkennen. Was wir wollen, das ist in unserem Bewußtsein, und Bewußtsein können wir nicht sehen. Glauben und Vertrauen in Gott können Sie nicht sehen. Der Mensch verbirgt und beherbergt Gott. Der Wirkliche Mensch ist unsichtbar; Empfindung, Geist, Denken, Fühlen, Glaube, Hoffnungen, Verlangen, Ideale, Bestrebungen sehen wir nicht. Der Mensch ist das *Schweißtuch*, das Den Unsichtbaren verbirgt.

Ich war nackt, und ihr habt mir Kleidung gegeben. (Matthäus 24,36)

Wenn der Mensch erkennt, daß Gott das wahre Leben in ihm ist, der innere Lebendige Geist, und wenn er sich im Gebet dieser Kraft zuwendet, sie anerkennt, dann hat er das Schweißtuch abgenommen. Er ist dann in der Lage zu gebieten: »Löst ihm die Binden, und laßt ihn weggehen!« Dies bedeutet ein von allen Fesseln befreites Leben, Freiheit von aller Qual, und der Mensch wandelt auf Erden als freies, von Freude erfülltes Wesen, das Lob Gottes auf seinen Lippen. Er sieht »Bäume, die zu uns sprechen, Steine, die uns predigen, Bäche, die uns singen, und Gott in allen Dingen.«

In Vers 50 erkennen wir, daß es besser ist, wenn »ein einziger Mensch für das Volk« stirbt. *Der einzige Mensch, der stirbt,* das ist, was wir wünschen. Denn wenn er nicht in uns stirbt, finden wir nicht Erfüllung. Nach dem Tod des Glaubens an Elend und Armut tritt Heilung und Gesundheit ein. Der Tod des Glaubens an Schmerz bringt Frieden, und Friede ist die Kraft im Herzen Gottes.

KAPITEL 12

Die Erlösung von Ihren inneren Fesseln

(1) Sechs Tage vor dem Paschafest kam Jesus nach Betanien, wo Lazarus war, den er von den Toten auferweckt hatte. (2) Dort bereiteten sie ihm ein Mahl; Marta bediente, und Lazarus war unter denen, die mit Jesus bei Tisch waren. (3) Da nahm Maria ein Pfund echtes, kostbares Nardenöl, salbte Jesus die Füße und trocknete sie mit ihrem Haar. Das Haus wurde vom Duft des Öls erfüllt. (4) Doch einer von seinen Jüngern, Judas Iskariot, der ihn später verriet, sagte: (5) Warum hat man dieses Öl nicht für dreihundert Denare verkauft und den Armen gegeben? (6) Das sagte er aber nicht, weil er ein Herz für die Armen gehabt hätte, sondern weil er ein Dieb war; er hatte nämlich die Kasse und veruntreute die Einkünfte. (7) Jesus erwiderte: Laß sie, damit sie es für den Tag meines Begräbnisses tue. (8) Die Armen habt ihr immer bei euch, mich aber habt ihr nicht immer bei euch. (9) Viele Juden hatten erfahren, daß Jesus dort war, und sie kamen, jedoch nicht nur um Jesu willen, sondern auch, um Lazarus zu sehen, den er von den Toten auferweckt hatte. (10) Die Hohenpriester aber beschlossen, auch Lazarus zu töten.

*Pascha*fest bedeutet Überqueren, das heißt, Probleme oder Hindernisse überwinden, von aller möglicher Knechtschaft befreit werden. Das Paschafest steht für Freiheit von der Tyrannei und Wirrnis der fünf Sinne.

Beim *Paschafest* gehen wir von einem Bewußtseinszustand in einen anderen über.

Die Juden feiern dieses Fest in Erinnerung an ihre Flucht aus Ägypten. *Ägypten* bedeutet den kollektiven Geist der Menschheit, der erfüllt ist vom Glauben an Elend, Schmerz, Leiden und unsichtbare Schrecken. Das größte Gefängnis der Welt ist das Gefängnis von Geist und Gemüt. (»Mauern machen kein Gefängnis und Eisenstäbe keinen Käfig.«) Wir verlassen Ägypten und begeben uns in die wahre Welt des Geistes. Dies ist der Himmel von Jesus und das von Paulus erwähnte *ewige Haus im Himmel, das nicht mit Händen erbaut ist.*

Im 1. Vers wird gesagt, daß Lazarus anwesend war. Das bedeutet, daß wir nun in dem erwünschten Zustand sind, weil unser Bewußtsein uns erhoben hat. *Nardenöl* bezieht sich auf Glaube. *Die Füße Jesu salben* symbolisiert unser Eintreten in das herrliche Gefühl von Liebe und Erwartung. *Füße* bedeuten Verstehen, und *Jesus* meint Wahrheit oder spirituelle Bewußtheit. *Das Öl in Marias Hand* steht für das Ausströmen von Liebe aus dem geheiligten Kelch des Herzens oder für die ewigen Wahrheiten und die spirituellen Werte des Lebens. Nichts ist zu kostbar für die heilige und gesegnete Verehrung Gottes und seiner Liebe.

Das erfüllte Verlangen

Jesus in der Bibel meint auch unser Verlangen, unseren Wunsch, denn der Erlöser und Retter ist immer das erfüllte Verlangen. Der Idealzustand, den Sie erwünschen, muß gesalbt werden, das heißt, er muß als wahr empfunden werden, bevor Sie die Freude des beantworteten Gebets erfahren können. Wenn in der Bibel steht: »Das Haus wurde vom Duft des Öls erfüllt«, dann bezieht sich das auf die Tatsache, daß wir die Freude, die in uns aufkommt, wenn unser Gebet beantwortet wird, nicht unterdrücken können. Wir kommen mit der Herrlichkeit Gottes in uns in Berührung.

Sie trocknete die Füße Jesu mit ihrem Haar – das bedeutet die Macht Gottes. Wenn die Allmacht Gottes auf unseren Glauben antwortet, ist unser Gebet beantwortet. Wir stehen auf dem Fels des Glaubens und Vertrauens in die Allgegenwart. Wir trocknen unsere Füße mit unserem Haar, was auf unsere Anerkennung der Vorherrschaft und Verbundenheit mit der Einen Macht und Kraft verweist, und wir kennen keine andere. Wir kennen Gott, wir wohnen in Ihm, und wir ruhen im Schatten des Allmächtigen.

In Vers 6 lesen wir, daß *Judas ein Dieb war und die Kasse hatte*. Hier haben wir eine Geschichte der Erlösung oder die Lösung eines Problems. Alle Geschichten der Bibel sollen uns lehren, wie wir aus Schwierigkeiten herauskommen und unsere Freiheit verwirklichen. *Judas* meint unser Problem oder unseren Zustand der Beschränkung. *Geld* oder die Kasse, die er hat, symbolisieren unsere Bedürftigkeit oder unseren Mangel. *Die Armen, die immer bei uns sind*, sind unser Gefühl von Mangel angesichts der Weisheit, der Wahrheit und des Wissens von Gott. Viele Menschen sind arm an Freude, Lachen, gutem Willen, und obwohl sie vielleicht Millionen besitzen, sind sie möglicherweise arm in ihrem Verstehen von Gott und seinen Gesetzen. Ihr Zustand des Mangels ist gegenwärtig Ihr Problem. Dieser Zustand ist gut in dem Sinne, daß er Sie anstachelt, Sie dazu drängt, aufzustehen und Ihr Problem zu bewältigen. Sie haben die Macht dazu; und dabei entdecken Sie Ihre Göttlichkeit und die Ihnen innewohnenden Kräfte.

An Ihrem Problem wachsen Sie, erweitern und entfalten Sie sich. Suchen Sie nach dem kleinen Lichtschimmer in Ihrer gegenwärtigen Dunkelheit oder Schwierigkeit, und Sie werden ihn finden. Eine der ursprünglichen Bedeutungen des Wortes *Krise* ist Gelegenheit. Jetzt haben Sie die Gelegenheit, die Weisheit und Kraft Gottes hervorzurufen, die Ihr Problem lösen, ihren Körper heilen und die Wolken der Verzweiflung zerstreuen wird. Viele meinen, daß sie, wenn sie Geld verloren haben, alles verloren haben. Sie vergessen, daß sie, wenn sie ihren inneren Frieden oder die Liebe verloren haben, die einzigen wahren Dinge in der Welt verloren haben. Die Menschen hegen in ihrem Zustand des Schlafs oder der Hypnotisierung durch den kollektiven Geist oder das kollektive Bewußtsein die Erwartung, daß sie Gesundheit, Harmonie und die Fülle von Gottes Reichtümern verlieren werden. Fragen Sie einige Ihrer Gefährten auf dem Weg des Lebens, ob sie in diesem Jahr an Grippe erkrankt sind. Sie werden antworten: »Nein, noch nicht«, was besagt, daß sie damit rechnen, sie früher oder später zu bekommen.

Der *Judas* in uns hat immer die Kasse, die unser Gefühl der Bedürftigkeit symbolisiert. Wir müssen dieses Gefühl aufgeben, bevor wir Erlösung oder die Lösung unseres Problems verstehen können. Judas verrät. *Verraten* heißt enthüllen. Judas (Ihr Problem) enthüllt Ihren Retter (Ihren Wunsch). Jede Schwierigkeit, jedes Problem, jede Begrenzung hat ihre Lösung in der Form eines Wunsches oder Verlangens. Die Verwirklichung dieses Wunsches oder Verlangens ist immer Ihr Erlöser und Retter. Ihr Problem, oder Judas, sagt Ihnen jetzt: »Stehen Sie beiseite und lassen Sie die subjektive Weisheit Ihren Intellekt salben, lassen Sie sie enthüllen, welchen Weg Sie gehen oder welche Entscheidung Sie treffen sollen.« Wenn Sie im Besitz von größerer Weisheit wären, dann hätten Sie dieses Problem nicht.

Der Elektriker löst das Problem von einem Kurzschluß in Ihrem Haus, weil er in bezug auf die Gesetze der Elektrizität über ein höheres Wissen oder mehr Weisheit verfügt. Lassen Sie uns annehmen, Sie sind nicht im Besitz dieser Weisheit oder dieses Wissens über die Gesetze der Elektrizität; dann ist das für Sie ein Problem. Sehen Sie sich nun Ihren Judas an und frohlocken Sie; dies ist eine wunderbare Gelegenheit, um die Macht und Kraft Gottes in Ihnen zu beweisen. Dem Bericht nach sagt Judas: »Warum hat man dieses Öl nicht für dreihundert Denare verkauft und den Erlös den Armen gegeben?« Schenken Sie Ihre Aufmerksamkeit nie einem beschränkenden, morbiden Zustand. Geben Sie nie einer negativen Emotion nach. Wenn wir unsere Aufmerksamkeit dem Schmutzigen, Gemeinen, Niedrigen zuwenden, dann erschaffen wir es in unserem Leben. Und wenn wir ein Problem bekämpfen, ihm Widerstand entgegensetzen, dann vergrößern wir es. Fühlen Sie sich eins mit Ihrem Idealzustand, der Ihr Jesus ist. Verlangen Sie ohne Furcht nach seiner Manifestation.

Auferstehung des neuen Menschen

(12) Am Tag darauf hörte die Volksmenge, die sich zum Fest eingefunden hatte, Jesus komme nach Jerusalem. (13) Da nahmen sie Palmzweige, zogen hinaus, um ihn zu emp-

fangen, und riefen: ›Hosianna!/Gesegnet sei er, der da kommt im Namen des Herrn,/der König Israels!‹ (14) Jesus fand einen jungen Esel und setzte sich darauf – wie es in der Schrift heißt: ›Fürchte dich nicht, Tochter Zion! Siehe, dein König kommt; er sitzt auf dem Fohlen einer Eselin.‹

Hier haben wir die Geschichte vom Palmsonntag. *Palmen* symbolisieren Triumph, Sieg, Vollendung. *Das Fohlen*, auf dem Jesus reitet, meint unser neues Ideal oder unseren Wunsch, der noch ungezügelt oder noch nicht angeeignet ist. *Der auf einem Tier reitende Jesus* bedeutet, daß wir in unserem belebten Bewußtseinszustand leben und ihn aufrechterhalten müssen, bis wir in Jerusalem, der Stadt des Friedens einziehen. Mit anderen Worten, wir leben in der geistigen Atmosphäre des Annehmens, bis sich dieser Zustand in uns kristallisiert und wir im inneren Frieden damit leben. Wenn in unserem Bewußtsein oder Unbewußten kein Streit mehr ist, ist unser Gebet beantwortet. Der innere Geist bekräftigt und bringt alles das, was unsere geistige Zustimmung gefunden hat, zur Verwirklichung. Wir empfangen nur, was wir in Bewußtheit akzeptiert haben.

Ein Fohlen reiten meint eine Gefühlslage aufrechterhalten. Es bedeutet Ausdauer. Der Trainer eines Pferdes ist bestimmt, aber freundlich. Er läßt das Pferd wissen, wer der Herr ist. Ihre vorherrschende geistige Einstellung ist der Herr; sie bestimmt, wohin Sie gehen werden. Dann rufen wir »Hosianna!«, was Friede bedeutet oder die Klärung durch die Kraft Gottes. *Gesegnet sei er, der da kommt im Namen des Herrn,/der König Israels. Der da kommt* ist unser Verlangen, unser Wunsch. Der *Name* (Natur, Wesen) des Herrn (Gesetz) ist, das auszudrücken, was eingeprägt wurde. Gesegnet sein bedeutet unser Verlangen verwirklichen.

(23) Jesus aber antwortete ihnen: Die Stunde ist gekommen, daß der Menschensohn verherrlicht wird. (24) Amen, amen, ich sage euch: Wenn das Weizenkorn nicht in die Erde fällt und stirbt, bleibt es allein; wenn es aber stirbt, bringt es reiche Frucht.

Tod bedeutet immer eine Verwandlung der Form. Wenn wir neue Ideen und Vorstellungen bekommen, verwandeln wir unser Denken. Diese Verwandlung ist der Tod unserer alten Denkweise, und wir verlassen die alten Geleise des Mangels und der Beschränkung. *Das Weizenkorn, das in der Erde* (unser Bewußtsein) *stirbt*, ist unser Ideal oder Wunsch. Solange wir wünschen, sind wir frustriert und unglücklich. In unserem Geist und Gemüt herrscht Kriegszustand. Wenn wir uns geistig und emotional mit unserem Wunsch identifizieren, dann stirbt er und gelangt in den subjektiven Bereich des Gefühls; wir leben in Frieden damit. Nach einer Weile erscheint er auf räumlicher Ebene. Dann treten der neue Himmel und die neue Erde in Erscheinung, von denen im *Buch der Offenbarung* die Rede ist. *Der neue Himmel* ist Ihr neuer Bewußtseinszustand, der automatisch Ihre Welt neu erschafft in Übereinstimmung mit Ihrer neuen geistigen Welt. Der alte Mensch und seine veralteten Ideen und Vorstellungen müssen sterben, bevor der neue Mensch auferstehen kann.

Das schlechte Leben überwinden

(25) Wer an seinem Leben hängt, verliert es; wer aber sein Leben in dieser Welt geringachtet, wird es bewahren bis ins ewige Leben.

Viele Menschen mißverstehen diese wunderbare Passage ganz und gar und entsagen den Annehmlichkeiten und Freuden des Lebens. Askese, Mißbrauch des Körpers, Armutsglaube, Geißelung des Körpers, um der Wahrheit zu dienen, sind abergläubische und unreife Vorstellungen, die das göttliche Geburtsrecht der Menschen leugnen. Der Mensch ist hier, um Gott in all seiner Herrlichkeit und Fülle Ausdruck zu verleihen. Wir sollen unsere falschen Vorstellungen von Gott und unsere geringe Selbstachtung verlieren und das wirkliche Einssein mit Gott beanspruchen. Wenn wir die Beschränkung lieben (emotionale Bindung), werden wir eins mit ihr; dann vervielfältigen wir negative Lebensumstände; wir werden immer größere Beschränkungen hervorrufen, bis uns schließlich alles genommen wird. Wir haben unser Leben verloren in dem Sinne, daß wir keine Freude am Leben haben. Wir sind tot für die Freude, die Liebe und Schönheit.

Wer aber sein Leben in dieser Welt geringachtet, wird es bewahren. Wir achten unser früheres Leben gering, wenn wir jegliche negativen Vorstellungen und Erwägungen von uns weisen. Der Drogenabhängige negiert sein Leben, wenn er sich geistig verwandelt und ein neuer Mensch wird. Seine gewohnte Denkweise machte ihn zum Drogenabhängigen. Wenn er die ungeheure Kraftquelle, die manchmal das Unbewußte genannt wird, in sich entdeckt und anfängt, sie zu benutzen, dann kann er Wunder in seinem Leben bewirken. In seiner Vorstellungswelt läßt er nun einen neuen Film von sich ablaufen. Das Unbewußte reproduziert getreulich das Bild seines Denkmusters. Wir dürfen nie vergessen, daß unsere gewohnte Denkweise unser Schicksal gestaltet und formt; sie macht uns zu dem, was wir heute sind. Wenn der Mensch seine geistige Einstellung verwandelt hat, manifestiert er ewiges Leben.

Dies bedeutet Friede, Harmonie und Wohlstand, nicht nur auf dieser Ebene, sondern durch alle Zeiten hindurch, auf allen Pfaden der Ewigkeit, bis die Zeit, so, wie wir sie kennen, nicht mehr sein wird. Niemand kann das Angesicht Gottes (Wahrheit) sehen und sein altes Leben leben.

Laßt uns auf Gottes Schöpfung schauen. Wenn wir richtig sehen, werden wir uns der Fülle des Lebens bewußt. Wir werden Gott im Lachen eines Kindes sehen, im Kuß eines geliebten Menschen und im Lächeln eines Freundes.

(32) Und ich, wenn ich über die Erde erhöht bin, werde alle zu mir ziehen. (33) Das sagte er, um anzudeuten, auf welche Weise er sterben werde.

Für jene, die Augen haben, um zu sehen, und Ohren, um zu hören, ist es offensichtlich, daß dies keine Anspielung auf den physischen Tod ist. Hier wird uns in bildlicher Sprache gesagt, wie wir uns zu höheren Bewußtseinsebenen erheben. Beim Beten müssen Sie Ihre Vorstellungen zum Punkt des Annehmens erheben, dann wird die Verwirklichung erfolgen. Ihre äußeren Sinne teilen Ihnen ihre Erkenntnisse mit, die bestenfalls deprimierend sind. Beim Gebet begeben Sie sich in das innere Reich spiritueller Wahrheit und verankern dort Ihren Geist und Ihr Gemüt; dabei werden Sie in Überwindung der Grenzen Ihrer äußeren Sinne mit Vertrauen, Mut, Stärke und Macht genährt. Sie werden erhoben, der alte Zustand stirbt, und der neue Bewußtseinszustand ersteht auf; es handelt sich hier um einen einen Tod auf psychischer Ebene. Sie korrigieren das, was Sie in der Welt der Erscheinungen wahrnehmen, durch das, was Sie über Gott und seine Allgegenwart wissen. Wir können unser Wohl nie in einem deprimierten Zustand verwirklichen. Wir müssen auf den Berg steigen (hoher Bewußtseinszustand) und uns von dem neuen Zustand begeistern lassen. Wenn wir nicht unsere Vision bewahren und uns erheben in der Kontemplation ihrer Realität, können wir nicht die neue Perspektive gewinnen, die die ängstigenden Schatten, die wir sehen, wenn wir im Tal sind, zu zerstreuen vermag.

Licht aus dem göttlichen Geist

(35) Geht euren Weg, solange ihr das Licht habt.

Das *Licht* bezieht sich auf den göttlichen Geist, Gott in uns, der uns führt und leitet, wenn wir ihn anrufen. Wir müssen unseren Weg gehen im Wissen, daß wir stets vom Göttlichen geführt werden; dann werden wir richtig handeln und die richtige Ausdrucksform finden. Wenn wir im Zustand der Verwirrung sind, gehen wir in der Finsternis und wissen nicht, wohin wir geraten.

In Vers 40 wird uns gesagt, daß die Augen der Menschen blind sind in dem Sinne, daß sie sich weigern, die Wahrheit über sich selbst zu sehen. Sie lehnen alles Neue ab und bleiben gegenüber ihren inneren Kräften blind. Ihr Herz ist hart, weil sie noch immer an ihrer alten Mißgunst und ihren Ressentiments festhalten. Sie identifizieren sich mit negativen Gefühlen, sind voller Vorurteile usw. Wenn sie ihre Augen und Ohren öffnen und die Wahrheit über sich selbst hören würden, wären sie geheilt und fänden Frieden.

(48) Wer mich verachtet und meine Worte nicht annimmt, der hat schon seine Richter: das Wort, das ich gesprochen habe, wird ihn richten am Letzten Tag.

Der Richter ist unser eigener Geist, denn das Gericht ist ganz dem Sohn übergeben. Der *Sohn* ist Ihr Geist und bedeutet auch Ihr Denken. Durch Ihr Denken richten Sie sich den ganzen Tag. Unser geistiger Zustand richtet uns und baut uns gemäß unserem Glauben und unserer Überzeugung wieder auf. Es gibt niemanden, der uns anklagt oder bestraft, außer uns selbst. Der Mensch gibt sich selbst alles; alles, was er ist, hat oder erlebt, wird aus seinem eigenen Bewußtsein gepreßt. Wir richten uns selbst durch das Bewußtsein, das wir von uns selbst und anderen haben. Wie richten wir über andere? Sehen wir eine Person krank oder gesund? Wenn Sie eine kranke Person sehen und sagen: »Ich hoffe, es wird ihr bessergehen«, richten Sie falsch. Aber wenn Sie sie richtig behandeln und erkennen, daß sie geheilt, in ihrer Ganzheit und Vollkommenheit hergestellt ist, richten Sie richtig.

Nach unseren Worten werden wir freigesprochen, und nach unseren Worten werden wir verdammt. Unser Wort ist eine Bewegung des Bewußtseins und die automatische Ausführung des unwandelbaren Gesetzes. Laßt uns über alle Menschen richtig richten, indem wir sie sehen, wie sie sein sollten — glücklich, strahlend und vollkommen.

KAPITEL 13

Der innere Fortschritt Ihrer geistigen Kraft

(1) Es war vor dem Paschafest. Jesus wußte, daß seine Stunde gekommen war, um aus dieser Welt zum Vater hinüberzugehen. Da er die Seinen, die in der Welt waren, liebte, erwies er ihnen seine Liebe bis zur Vollendung. (2) Es fand ein Mahl statt, und der Teufel hatte Judas, dem Sohn des Simon Iskariot, schon ins Herz gegeben, ihn zu verraten und auszuliefern. (3) Jesus, der wußte, daß ihm der Vater alles in die Hand gegeben hatte und daß er von Gott gekommen war und zu Gott zurückkehrte, (4) stand vom Mahl auf, legte sein Gewand ab und umgürtete sich mit einem Leinentuch. (5) Dann goß er Wasser in eine Schüssel und begann, den Jüngern die Füße zu waschen und mit dem Leinentuch abzutrocknen, mit dem er umgürtet war. (6) Als er zu Simon Petrus kam, sagte dieser zu ihm: Du, Herr, willst mir die Füße waschen? (7) Jesus antwortete ihm: Was ich tue, verstehst du jetzt noch nicht, doch später wirst du begreifen. (8) Petrus entgegnete ihm: Niemals sollst du mir die Füße waschen! Jesus erwiderte ihm: Wenn ich dich nicht wasche, hast du keinen Anteil an mir. (9) Da sagte Simon Petrus zu ihm: Herr, dann nicht nur meine Füße, sondern auch die Hände und das Haupt. (10) Jesus sagte zu ihm: Wer vom Bad kommt, ist ganz rein und braucht nur noch die Füße zu waschen. Auch ihr seid rein, aber nicht alle.

Das Paschafest findet ständig in Geist und Gemüt der

betenden Person statt. Das Paschafest, das die Juden feiern, ist natürlich ein wunderschönes und inspirierendes religiöses Drama. Die äußerlichen Zeremonien und Feierlichkeiten sollen daran erinnern, wie die Kinder Israels aus der Knechtschaft und Tyrannei des Pharao entlassen wurden. Aber es gibt auch ein Paschafest in mystischer und seelischer Hinsicht, das uns alle interessiert; die Geschichten in der Bibel haben an sich nur das eine Ziel, nämlich eine seelische, innere Verwandlung zu bewirken.

Wenn Sie in der Bibel lesen, dann stellen Sie fest, daß der Mensch Jesus allen bekannt war; es gab auch keinen Anlaß, mit Laternen nach ihm zu suchen. Jedermann wußte, wo er war. Sie müssen deshalb nach der verborgenen oder inneren Bedeutung der Geschichte suchen. Es wird erzählt, daß Jesus seinen Jüngern sagte, daß er sterben und einer von ihnen ihn verraten würde. Würden Sie sich nicht von einem Menschen trennen, der dabei ist, alle Ihre geschäftlichen Pläne und Geheimnisse zu verraten? Wenn Sie an einigen wissenschaftlichen Forschungen für die Regierung arbeiteten und wüßten, daß da ein Spion mitarbeitet und alle Geheimnisse der Regierung stiehlt, würden Sie ihn weiter beschäftigen, oder würden Sie nicht vielmehr dafür sorgen, daß er sofort entlassen oder sonstwie entfernt wird? Sicherlich würden Sie das tun. Die Antworten auf solche Fragen finden Sie in den Erläuterungen zu diesem und dem folgenden Kapitel.

Im Gebet

Im Verlauf des Gebets gehen Sie von einem Zustand des Mangels in das Gefühl der Erfüllung über. Wenn Sie ängstlich waren, so gehen Sie über in das Gefühl von Zuversicht und Vertrauen, ähnlich wie der Soldat, der über seine Erfahrung im koreanischen Krieg schrieb. Als es keinen Ausweg mehr zu geben schien, seine Knie waren weich, sein Gesicht war weiß vor Angst, wiederholte er immer und immer wieder laut: »Gott ist mit mir; ich habe keine Angst.« Ein tiefes Gefühl der Ruhe und des Friedens überkam ihn; er blieb unversehrt und entkam einer Falle, die den sicheren Tod bedeutete. Er erlebte das Paschafest; das heißt, er erlebte die seelische Verwandlung eines Menschen, der sich demütig und hingebungsvoll an die geistige und spirituelle Macht wendet, um befreit und erlöst zu werden. Wenn Sie das Paschafest erleben wollen, dann müssen Sie sich mit dem Ideal, das Sie zu erreichen hoffen, identifizieren und ihm treu bleiben. Durch Ihre Treue und Ihren Glauben kreuzigen Sie es; und Sie werden es ohne Hilfe von irgend jemandem wiederauferstehen lassen.

In Vers 2 wird gesagt, daß ein Mahl stattgefunden hat, was das Ende des seelischen Fests symbolisiert. *Judas Iskariot* bezeichnet Beschränkung jedweder Art. *Iskariot* bedeutet »aus vielen Städten« und bezieht sich auf viele Bewußtseinszustände. Es wird auch gesagt, daß er Simons Sohn ist. *Simon* bedeutet hören. Mit anderen Worten, wenn Sie schlechte Nachrichten hören oder sich auf ein Gefühl des Begrenztseins einlassen, so ist das negatives, subjektives Hören. *Verraten* bedeutet enthüllen. Ihr Problem enthüllt Ihren Retter oder die Lösung in Form Ihres Wunsches oder Verlangens. Die Lösung ist immer der Gegenpol eines Problems.

In Vers 3 wird gesagt, *Jesus war von Gott gekommen*, was meint, Gott antwortet uns durch unseren Wunsch. Wenn Sie im Geiste Ihr Wohl oder Ihren Wunsch akzeptieren, dann kann mit den Worten der Bibel gesagt werden, Sie *kehrten zu Gott zurück*. *Jesus legte sein Gewand ab* bezieht sich in phallischer Symbolik auf die Enthüllung des schöpferischen Vorgangs. *Sich mit einem Leinentuch umgürten* heißt eine neue Geisteshaltung einnehmen im Wissen, daß Ihr eigenes Bewußtsein die schöpferische Macht ist, und jede andere Macht lehnen Sie ab.

Wasser der Wahrheit

Dann goß er Wasser in eine Schüssel und begann, den Jüngern die Füße zu waschen und mit dem Leinentuch abzutrocknen, mit dem er umgürtet war. Das ist es, was wir beim Vorgang des Gebets eigentlich tun, wir gehen von unserer Begrenztheit zur Freiheit über. *Die Schüssel* ist Ihr Geist und Gemüt, in die Sie alle Ihre Gedanken, Vorstellungen, Gefühle und Überzeugungen gießen. *Das Wasser* steht für die Wahrheit, die nun in Ihren Geist einfließt, nämlich daß Gott die einzige Kraft und Macht ist. Sie verkünden diese Wahrheit Ihren versammelten Fähigkeiten (Jüngern); Sie üben alles, was Sie über den schöpferischen Vorgang wissen, und bestätigen und bekräftigen, daß, wenn Sie alle Aufmerksamkeit und Hingabe Ihrem Wunsch schenken, die Kraft Gottes in Ihnen Ihren Anspruch bestätigen wird. Sie bestehen darauf, daß Ihr inneres Gefühl oder Ihre Bewußtheit sich manifestieren muß und wird. Sie vertreten stetig und loyal dieses innere kausale Prinzip. Alle Ihre Gedanken, Vorstellungen und geistigen Bilder sind nun in das Licht des Glaubens, der Zuversicht und des Vertrauens in Die Macht oder Die Ursache getaucht. Sie *waschen die Füße Ihrer Jünger* (geistige Einstellungen) und reinigen sie von aller Furcht, allem Zweifel und allen Ängsten, die auf dem Glauben an andere Mächte und Ursachen beruhen. Sie sind an den Punkt gelangt, wo Sie das Gefühl der Ganzheit und des Einsseins mit Ihrem Wohl haben. Sie sind mit dem Leinentuch der inneren Gewißheit umgürtet, mit der Überzeugung, daß Ihr Gebet bereits beantwortet und alles gut ist.

Füße bedeuten Verstehen. Ihre Füße sind gewaschen, wenn Sie wissen, daß jedes Gedankenbild, das Sie als wahr empfinden, materialisiert wird. Unser Glaube an Gott ist wirklich und beständig, wenn wir nicht mehr imstande sind, irgend etwas anderes zu hören als das, was unsere Seele mit Freude und Glück erfüllt. Dann werden die *Füße des Petrus* gewaschen. Petrus bezeichnet eine Fähigkeit, die wir alle in uns haben. Sie können sich dahingehend disziplinieren, daß Sie, ganz gleich, was die fünf Sinne oder die äußeren Umstände zu sagen scheinen, ungerührt und unbeeinträchtigt bleiben, weil Sie im Innern hören: »Es versagt niemals.« Deshalb steht in der Schrift: »Wer vom Bad kommt, ist ganz rein und braucht sich nur noch die Füße zu waschen.«

Die *intimen Körperteile des Menschen* werden enthüllt, wenn er das Leinentuch abnimmt, was symbolisch darauf hinweist, daß die schöpferische Kraft unser Gewahrsein, unser Geist und Gemüt, unser Bewußtsein und unsere Bewußtheit ist. Der Mensch ist auch das Leinentuch, das Gott bedeckt. Gott wohnt in ihm, und er ist das Haus Gottes. Der falsche Glauben des Menschen kleidete ihn in Lumpen und Krankheit. Wenn Sie über die Einzigkeit der schöpferischen Kraft meditieren, werden Sie allmählich Stärke, Kraft, Weisheit und Gesundheit ausstrahlen. Sie nehmen die äußeren Gewänder (falscher Glaube und negative Einstellung) ab und enthüllen die geistige Oberherrschaft der ewigen Wahrheiten und gottgleichen Ideale.

In Vers 7 wird auf den Glauben Bezug genommen. Wir müssen das Ideal, das wir zu erlangen suchen, geistig begreifen, auch wenn wir nicht wissen, wie es zur Antwort kommt. *Glaube aber ist: Feststehen in dem, was man erhofft, Überzeugtsein von Dingen, die man nicht sieht.* (Hebräer 11, 1) Wenn unsere Vorstellung uns in die Erregung versetzt, daß wir das sind oder haben, was wir wollen, dann ist das ein Hinweis auf die Dinge, die man nicht sieht.

In den folgenden Versen finden sich viele Wiederholungen, und wir befassen uns nur mit der inneren Bedeutung der Schlüsselverse.

(14) Wenn nun ich, der Herr und Meister, euch die Füße gewaschen habe, dann müßt auch ihr einander die Füße waschen.

Ihr Herr ist hier Ihre spirituelle Bewußtheit, Ihr vorherrschendes Gefühl über die Wahrheiten Gottes. Wer beherrscht Ihren Geist, Ihre Gefühle und Ihre Reaktionen? Ist es Weisheit? Wenn Ihre Gedanken weise sind, werden auch Ihre Handlungen weise sein. *Ihre Füße sind gewaschen;* das heißt, wenn das neue Verstehen von Ihnen Besitz ergriffen hat, daß Gedanken Dinge sind, daß so, wie Sie über andere denken und sich ihnen gegenüber verhalten, sie sich Ihnen gegenüber verhalten werden. Sie werden alle Menschen waschen, indem Sie sich für sie alle Schätze der Unendlichkeit wünschen. Alle verstehen heißt allen vergeben. Sie waschen den Geist und das Gemüt aller, wenn Sie in allen Gott sehen. Waschen Sie weiterhin die Füße Ihrer Jünger. Seien Sie demütig und aufrichtig. Befreien Sie sich von Arroganz, geistigem Hochmut, Selbstgerechtigkeit und anderen negativen Einstellungen.

Von der rechten Demut

Demut heißt nicht, daß Sie ein Fußabstreifer werden sollen; es meint, daß Sie alle Macht dem Gott in Ihnen geben und ihm treu ergeben sind. Sie können sich weigern, sich in Selbstrechtfertigung, in Verletztheit, im Gefühl, daß andere Ihnen eine Entschuldigung schulden, daß Sie unfair behandelt worden sind usw., zu ergehen. Lassen Sie den Gott in Ihnen den Gott in anderen begrüßen und ihm begegnen. Jedesmal, wenn Sie beten, müssen Sie die Füße Ihrer Jünger (Ihre Fähigkeiten und Geisteshaltung) waschen und reinigen. Wenn Sie für eine Heilung beten und in Ihnen Schuldgefühl, Neid, Eifersucht oder eine böse Absicht sind, dann denken Sie daran, daß Ihre Gesinnung insgesamt in den Gebetsvorgang einfließt.

Wenn Sie zum Beispiel ungelöste Konflikte haben oder einen tiefen Groll hegen, dann fließt die Lebensenergie durch diesen verseuchten Zustand, was Sie weitgehend Ihres ersehnten Guts berauben wird. Wenn die Wasserzuleitung zur Küchenspüle verstopft ist, wird das Wasser gar nicht oder nur spärlich fließen und mit Rost oder anderen Dingen verunreinigt sein. Das Wasser war allzeit bereit zu fließen, aber das Rohr hat Mängel. Lösen Sie sich von allen negativen Gefühlen. Kleiden Sie sich in die Gewänder der Liebe, Schönheit und des guten Willens für alle. Schlagen Sie dem Neid, der Verstellung, Eifersucht und Beschuldigungen aller Art den Kopf ab und verbrennen Sie sie im Feuer der Göttlichen Liebe zu allen.

(19) Ich sage es euch schon jetzt, ehe es geschieht, damit ihr, wenn es geschehen ist, glaubt: Ich bin es.

Wenn Sie beten, sagen Sie voraus, was kommen wird. Sie können das Kommende vorhersehen, indem Sie sich im Geiste das Ziel vorstellen und ausmalen und so lange frohlockend und voller Erregung in diesem Bild verharren, bis Sie es völlig in sich aufgenommen haben. Wenn Sie es dann auf der objektiven Ebene erfahren, geschieht Ihnen das, was Sie zuvor im Geiste gesehen haben. Sie haben vorhergesagt, was durch den Glauben und das Vertrauen geschehen wird. *Damit ihr glaubt: Ich bin es.* Sie sind, was Sie schauen und als wahr empfinden; Sie haben entdeckt, daß Ihr ICH BIN Ihr Retter ist.

(26) Der ist es, dem ich den Bissen Brot, den ich eintauche, geben werde. Dann tauchte er das Brot ein, nahm es und gab es Judas, dem Sohn des Simon Iskariot. (27) Als Judas den Bissen Brot genommen hatte, fuhr der Satan in ihn. Jesus sagte zu ihm: was du tun willst, das tu bald!

Judas ist ein Symbol für die Begrenztheit, für Ihr Problem oder Ihre Schwierigkeit. Der Zustand der Begrenztheit ist für unsere Entfaltung notwendig. Dieses Drama der Kreuzigung ist von Anfang bis Ende seelischer Natur. Unser Problem (Judas) ist unsere Gelegenheit, Gott in uns zu entdecken; deshalb verrät oder enthüllt Judas (unser Gefühl des Mangels, Angst, Krankheit usw.) unseren Wunsch, und seine Annahme ist der Erlöser, der uns befreit. Mit anderen und einfachsten Worten, unser Judas enthüllt unseren Jesus. Jesus ist das, was errettet. Was errettet Sie, wenn Sie krank sind? Gesundheit. Die innere Erkenntnis und Anerkennung der Grenzenlosen Heilenden Kraft, die Ihr ganzes Sein durchdringt, würde Sie in dieser Minute befreien, wenn Sie diese einfache Wahrheit lesen und anwenden.

Zur Kenntnis der Inneren Kraft

Der *Bissen Brot* steht für Nahrung, das heißt geistige Nahrung oder die Kenntnis der Inneren Kraft. Wenn Sie lesen, daß Jesus das Brot eintauchte und Judas gab, dann heißt das, daß Sie sich mit dem Wissen nähren, daß es nur eine Macht und Kraft gibt; dann sind die dummen, verrückten Vorstellungen von einem leidenden Erlöser, einem rächenden Gott und alle Ihre Ängste nicht länger haltbar. Sie nähren sich von der unsichtbaren Kraft, die Sie in sich entdeckt haben. Ihr eigenes Denken entfacht die Reaktion des Allmächtigen Geistes in Ihnen. Sie wissen nun und sind sich völlig bewußt, daß Sie mit der Kraft Des Höchsten versehen sind, die in der Tiefe Ihres Unbewußten ruht, und daß Sie Ihre eigenen Bedingungen schaffen können.

Wenn Sie die verborgenen Kräfte in sich entdecken, brechen alle Ihre vormaligen Ängste, Spannungen und Befürchtungen zusammen und werden verbrannt. Sie haben sich geistig neu aufgeladen und belebt, indem Sie in Ihren Haushalt das Gefühl der Zuversicht, des Glaubens und Vertrauens eingeführt haben. Sie haben Ihren Jesus gefunden und suchen nicht länger nach persönlichen Erlösern in der Vergangenheit, Gegenwart oder Zukunft. Sie entdecken, daß Sie Ihr eigener Erlöser sind. Dann haben Jesus oder Ihre spirituelle Bewußtheit und Kenntnis Ihren Geist genährt, und die Begrenztheit oder Ihr Problem fallen ab und sterben, weil sie nicht mehr genährt werden, und Sie lassen Ihren Wunsch auferstehen.

Judas (Sie und Ihre Probleme) wurde als arm (mangelnde Kenntnis von Gott) angesehen, aber jetzt sind Sie reich, weil Sie sich mit Gottes ewiger Liebe, Friede,

Freude und Vollkommenheit hier und jetzt gekräftigt haben. Was immer Ihr Problem sein mag, während Sie dies lesen, Sie können es lösen, indem Sie über seine Lösung oder Antwort bis zum Punkt des Überzeugtseins meditieren; dann wird sich der Judas-Zustand verwandeln in Jesus oder den Bewußtseinszustand, der Sie errettet.

In jenen Tagen, als die Schrift verfaßt wurde, und auch heute ist in einigen Teilen der Welt *das Brot mit anderen brechen* eine heilige Zeremonie. Psychologisch gesehen, erzählt diese Geschichte von einem spirituellen Festmahl. *Den Bissen eintauchen* bedeutet, daß Sie so begeistert und vertieft sind, daß Sie in bezug auf die Wahrheiten, die Sie bekräftigen, Ihren Geist bis zum Punkt des Überzeugtseins geprägt haben.

Was du tun willst, tu es bald! Trödeln Sie nicht herum. Verwirklichen Sie rasch die Wahrheit und beleben Sie in sich das Gefühl, daß Sie sind, was Sie zu sein wünschen. Es wird gesagt, daß Judas sich erhängte. Wir erhängen uns mit eigener Hand; das heißt, wir ersterben für das Alte, und wir leben im Neuen, indem wir die Wahrheit verwirklichen. Der alte Mensch muß sterben, bevor der neue Mensch geboren werden kann.

Was geschah mit dem kranken Mann, der nun geheilt ist? Er erhängte den früheren Menschen, und der neue Mensch in Gott (in vollkommener Gesundheit) wird geboren. Der Mensch ändert sich, wenn er zu einer neuen Anschauung, zu neuen Werten gelangt. Wenn Sie über spirituelle Maßstäbe verfügen, mit denen Sie alle Gedanken, Ideen und Vorstellungen beurteilen können, dann sind Sie ein neuer Mensch.

Wenn Sie beispielsweise im Bewußtsein von Gottes unendlichem, unerschöpflichem, nie versiegendem Reichtum leben und sich bewußt sind, daß er für die Vermehrung sorgt, dann werden Sie sich in jeder Hinsicht erweitern und vergrößern. Wenn Sie die Gesetze des Geistes nicht kennen, dann sind Sie Judas, der in Begriffen des Mangels, der Begrenzung und des Chaos usw. denkt; damit bringen Sie noch mehr Beschränkungen in Ihr Leben. Entwickeln Sie Ihr Jesus-Christus-Bewußtsein jetzt, indem Sie fachkundig Ihr Denken und Ihre geistigen Bilder nach dem Muster auf dem Berg ausrichten, und Sie werden sich auf wunderbare Weise innen wie außen erweitern und entfalten.

(38) Du willst für mich dein Leben hingeben? Amen, amen, das sage ich dir: Noch bevor der Hahn kräht, wirst du mich dreimal verleugnen.

Petrus muß Jesus dreimal verleugnen. Sie sollen keinen Herrn oder Meister haben außer Gott – Die Eine Kraft und Macht. Wir müssen entschieden und nachdrücklich alle anderen Mächte außer der Einen Ursächlichkeit, dem Geist im Innern, von uns weisen. Die Zahl Drei bedeutet Überzeugung. Wenn wir einen Herrn haben, sind wir Sklaven. Deshalb wird gesagt: »Nennt keinen Menschen euren Herrn.« Der Mensch ist kein Knecht. Ihm ist Herrschaft gegeben worden.

Der Hahn kräht am Morgen, um die Morgendämmerung anzukündigen. Der Hahn kräht auch nach dem schöpferischen Akt. Dies sagt in der Sprache der Bibel, daß der Mensch den Schrei des Triumphs und des Sieges über alle seine Probleme ausstoßen wird, wenn er mit der schöpferischen Macht in sich vertraut geworden ist. Wenn wir ohne den Schatten eines Zweifels davon überzeugt sind, daß unser ICH-BIN-SEIN unser Herr und Meister ist, dann kennen wir keinen anderen. Wir wissen, daß wir das werden, was wir gefühlsmäßig mit dem ICH BIN verbinden; dann kräht der Hahn in uns, weil diese Wahrheit ein neuer Tag in unserem Leben ist. Er ist das Symbol für das Erwachen zu Gott.

Weisen Sie die Welt mit ihrem falschen Glauben von sich; werden Sie lebendig in Gott; dann sind Sie Petrus, der alle irdischen Herren und Meister verleugnet. Dies haben Sie dreimal getan, weil Sie nun in Ihrem Herzen überzeugt sind und sagen: »Es ist vollbracht.«

KAPITEL 14

Wie Sie Ihre ewige Ganzheit erkennen

(1) Euer Herz lasse sich nicht verwirren. Glaubt an Gott, und glaubt an mich! (2) Im Haus meines Vaters gibt es viele Wohnungen. Wenn es nicht so wäre, hätte ich euch dann gesagt: Ich gehe, um einen Platz für euch vorzubereiten? (3) Wenn ich gegangen bin und einen Platz für euch vorbereitet habe, komme ich wieder und werde euch zu mir holen, damit auch ihr dort seid, wo ich bin. (4) Und wohin ich gehe – den Weg dorthin kennt ihr. (5) Thomas sagte zu ihm: Herr, wir wissen nicht, wohin du gehst. Wie sollen wir dann den Weg kennen? (6) Jesus sagte zu ihm: Ich bin der Weg und die Wahrheit und das Leben; niemand kommt zum Vater außer durch mich. (7) Wenn ihr mich erkannt habt, werdet ihr auch meinen Vater erkennen. Schon jetzt kennt ihr ihn und habt ihn gesehen. (8) Philippus sagte zu ihm: Herr, zeig uns den Vater; das genügt uns. (9) Jesus antwortete ihm: Schon so lange bin ich bei euch, und du hast mich nicht erkannt, Philippus? Wer mich gesehen hat, hat den Vater gesehen. Wie kannst du sagen: Zeig uns den Vater? (10) Glaubst du nicht, daß ich im Vater bin und daß der Vater in mir ist? Die Worte, die ich zu euch sage, habe ich nicht aus mir selbst. Der Vater, der in mir bleibt, vollbringt seine Werke. (11) Glaubt mir doch, daß ich im Vater bin und daß der Vater in mir ist; wenn nicht, glaubt wenigstens aufgrund der Werke! (12) Amen, amen, ich sage euch: Wer an mich

glaubt, wird die Werke, die ich vollbringe, auch vollbringen, und er wird noch größere vollbringen, denn ich gehe zum Vater. (13) Alles, um was ihr in meinem Namen bittet, werde ich tun, damit der Vater im Sohn verherrlicht wird. (14) Wenn ihr mich um etwas in meinem Namen bittet, werde ich es tun.

Die *vielen Wohnungen in meines Vaters Haus* beziehen sich auf die vielen Bewußtseinszustände. Wir leben immer in Geistes- und Gemützständen. Während Sie zum Beispiel dieses Kapitel lesen, stellen Sie fest, daß Sie mit Ihren Träumen, Sehnsüchten, Verlangen, Bestrebungen, Gedanken, Gefühlen, Phantasien, Mängeln und Emotionen leben. Sie sind alle sehr real. Sie treffen einen Mann, der am Morgen glücklich und froh zu sein scheint. Am Nachmittag ist derselbe Mann verdrießlich, mürrisch und streitsüchtig. Am Abend ist er vielleicht gütig und heiter. Er lebt an einem Tag in vielen Wohnungen. Wahr ist, daß ein Mensch in einem Palast wohnen und sich zugleich in einem geistigen Gefängnis der Angst, der Befürchtungen und böser Absichten befinden kann. Das wirkliche Gefängnis ist das Gefängnis des Geistes. Wenn ein Mann bettlägerig ist, was hat er dann davon, wenn er in einem Palast lebt? Wenn ein Mensch morgens mit einem Lied auf den Lippen zur Arbeit geht, dann lebt er in einem wunderbaren Haus des Geistes.

Der grenzenlose Mensch

Gott ist grenzenlos; deshalb ist auch der Mensch grenzenlos. Nicht in alle Ewigkeit kann der Mensch die Herrlichkeit und Schönheit in seinem Innern erschöpfen. Der

Mensch ist zu einer unendlichen Anzahl von Vorstellungen über sich selbst fähig. Wir leben tatsächlich jetzt in der grenzenlosen Dimension des Geistes, weil wir wissen, daß das unergründliche Sein in uns ist und unsere Entfaltung und Erweiterung kein Ende hat.

Ich gehe, um einen Platz für euch vorzubereiten. Wenn wir unser gegenwärtiges Haus (Zustand der Begrenztheit) verlassen wollen, müssen wir uns in unserem Bewußtsein erheben und mit unserem Ideal eins werden. Wenn wir diesen Zustand bis zur Überzeugtheit festigen, dann ist es uns gelungen, den Platz vorzubereiten, den wir schließlich einnehmen werden. Mit anderen Worten, wir müssen in unsere Mentalität das geistige Äquivalent dessen, was wir ersehnen, einbauen; dann sind wir in unserem Geist und Gemüt zur Annahme gelangt, und die äußere Verwirklichung wird folgen.

Vers 6 bezieht sich nicht auf einen Menschen. Er bedeutet, daß das innere Bewußtsein der Weg zu Gesundheit, Freiheit und Frieden ist. Ihr ICH-BIN-SEIN ist die Tür zu allen Manifestationen und Ausdrucksformen. Ihr Bewußtsein oder Ihre Bewußtheit ist die Wahrheit, weil geschehen wird, was Sie als wahr empfinden. Die Verwirklichung Ihres Wunsches würde Sie in diesem Augenblick befreien, wenn Sie krank oder im Gefängnis wären. Dies wäre die Wahrheit, die Sie freisetzt.

Sie können selbst einen Test machen. Fangen Sie an zu glauben, daß das Leben harmonisch und freundlich ist und daß die Leute wunderbar sind. Sie werden erfahren, daß das Leben eine neue Bedeutung bekommt, weil Sie eine andere Haltung eingenommen haben. Ihnen geschieht, wie Sie glauben. Sie wenden ein Gesetz Ihres Geistes an. Sie haben eine Wahrheit entdeckt, die Sie von Verzagtheit, Niedergeschlagenheit und Einsamkeit befreit. Wenn Sie glauben, daß die Welt gut ist, dann werden Sie entdecken, daß das Leben mit Ihrer Einstellung übereinstimmt, und die Welt wird gut. Ihr Wissen, daß Ihre Gedanken und Gefühle Ihr Schicksal bestimmen, ermöglicht es Ihnen, sich über die Probleme zu erheben und im Reich des Geistes über die Lösung nachzudenken. Sie wissen, daß sich Ihr Körper dort befinden wird, wo Ihr Bewußtsein ist. Wenn Sie sagen: »Ich bin arm« und den Zustand von Armut fühlen und empfinden, dann zieht Ihr Bewußtsein Armut an, so daß die Armen immer ärmer und die Reichen immer reicher werden.

Niemand kommt zum Vater außer durch mich. Das heißt, nichts tut sich in unserem Leben kund, was nicht durch das Bewußtsein angezogen wird. Das *mich* bezieht sich auf unser ICH-BIN-SEIN. Ihr ICH-BIN-SEIN sind die Mutter und der Vater aller Ihrer Ideale. Wenn Philippus sagt: »Zeig uns den Vater«, dann ruft er unseren vorherrschenden Gemütszustand hervor. Eine Stimmung oder ein Gefühl können Sie nicht sehen. Wenn Sie sich des Prinzips der inneren Ursächlichkeit gewahr sind, dann haben Sie Gott oder den Vater im Himmel entdeckt. Wenn Sie nun das Prinzip des Lebens kennen, dann müssen Sie weise damit umgehen. Lassen Sie nie zu, daß ein Gedanke der Niederlage oder der Ohnmächtigkeit den Fluß des inneren Lebens beeinträchtigt. Was immer Sie sich bewußt machen, das bestimmt, ob Sie Mangel oder Verwirrung oder Fülle, Ordnung und Harmonie in Ihrer Welt sehen.

Ein Prinzip können wir nicht sehen, aber seine Auswirkungen können wir sehen. *Philippus* bedeutet Beharrlichkeit. Diese Eigenschaft rufen Sie hervor, wenn Sie sich mit Bestimmtheit weigern, sich durch die Bilder der fünf Sinne in Ihrem Enthusiasmus und Ihrer Entschlossenheit, Ihr Ziel zu erreichen, beeinträchtigen zu lassen. Sie wissen, daß Sie dorthin gehen müssen, wo Ihre Vision ist.

Wer mich gesehen hat, hat den Vater gesehen. Mit anderen Worten, Ihr Bewußtsein ist der Vater von allem, was sich in Ihrer Welt manifestiert. Alle Ihre Erfahrungen, Umstände, Bedingungen werden durch den *Sohn* vertreten, der für den Vater Zeugnis ablegt, für den Bewußtseinszustand, der die Ursache hinter Ihrer gegenwärtigen Welt ist. Ihr neues Bewußtsein von der inneren grenzenlosen Kraft erlaubt Ihnen, daß Sie über die gegenwärtigen Bedingungen und Fakten hinaussehen. Konzentrieren Sie Ihre Aufmerksamkeit auf Ihr verkündetes Ziel, fordern Sie kühn, daß Gottes Friede, Liebe, Freude und Glück nun Ihnen gehören. Wenn die Bedingungen der äußeren Welt Sie ängstigen oder zur Verzweiflung bringen, dann wenden Sie sich sofort an die Göttliche Gegenwart in Ihnen und verkünden Sie Ihr Wohl hier und jetzt. Lassen Sie sich darin durch nichts beeinträchtigen. Auch wenn Ihr Wohl noch nicht mit nacktem Auge erkennbar ist, wird Ihr inneres Licht zu einer Lampe für Ihre Schritte, und Sie gehen auf dem Pfad Seines Lichts. Wenn Sie Sorgen, Prüfungen oder Leiden irgendeiner Art unterworfen sind, dann legen Sie alles Vertrauen in Gott und wissen wie Hiob seinerzeit, daß Sein Licht auf Sie scheint und Sie in Seinem Licht durch die Finsternis gehen.

Das innere Wissen

Wer mich gesehen hat (das verwirklichte Verlangen), *hat den Vater* (innerer Gemütszustand oder Überzeugung) *gesehen.* Dies bezieht sich auf das innere Sehen und das innere Wissen. In Vers 12 wird Ihnen gesagt, daß *die Werke, die Jesus vollbringt, auch jeder Mensch vollbringen kann und noch größere vollbringen wird.* Erst müssen wir unser Einssein mit Gott erkennen und wissen, daß wir in seiner Grenzenlosen Göttlichkeit aufgehoben sind – eins sind mit dem Ganzen. Hier ist gemeint, daß die Kraft und Macht, deren sich Jesus bediente, jeder Mensch auf Erden anwenden kann. Dieselbe heilende Kraft ist allen zugänglich. Dieselbe Weisheit und Klugheit kann von allen angewandt werden. Wir müssen für unsere unermeßlichen Potentiale wach werden; in dem Maß, in dem wir glauben, daß wir die Kinder Gottes und eins mit der Allmacht sind, verwirklichen wir Seine Macht und Herrlichkeit.

Jesus wurde auf dieselbe Weise geboren wie wir alle, aber er erreichte durch Disziplin, Meditation, Gebet und Teilhabe an Gott unvergleichliche Höhen. Gott ist grenzenlos, so ist es also auch der Mensch. Es wäre dumm, zu sagen, Jesus hätte das Letztmögliche erreicht – es gibt keine Grenze. Er, wie Moses, Elias, Buddha und viele andere leben zweifellos in einer sagenhaften Dimension des Geistes und offenbaren mehr und mehr von den Herrlichkeiten dessen, DER DA IST.

Wenn ihr mich um etwas in meinem Namen bittet, werde ich es tun. Wir bitten im *Namen,* wenn wir uns die Wesensart dessen, was wir wünschen, aneignen. Wir müssen die Natur der Sache, um die wir bitten, annehmen. Wir müssen das Gewand (psychische Einstellung) tragen, bis es zur

Verkörperung wird. Wenn Sie das Gefühl dieses geistigen Besitzes aufrechterhalten, manifestieren Sie Ihren Wunsch. Der Mensch verfügt in sich über alle Potentiale.

Wir werden uns nun auf die Schlüsselverse dieses höchst interessanten Kapitels konzentrieren.

(16) Und ich werde den Vater bitten, und er wird euch einen anderen Beistand geben, der für immer bei euch bleiben soll.

Die Mystische Kraft ist immer unser Beistand und Erlöser. Während ich an diesem Kapitel schrieb, wurde ich durch den Anruf eines alten Freundes unterbrochen. Seine Stimme klang scharf und wütend, als er sagte: »Meine Feinde wollen mich und mein Unternehmen ruinieren.« Offensichtlich wußte er nicht, daß er den Beistand in sich hatte, der für immer bei ihm bleibt. Durch die folgende einfache spirituelle Technik entdeckte er seinen Retter in sich. Er begann folgendermaßen zu beten: »Diese beiden Männer (seine sogenannten Feinde) spiegeln jeden Tag mehr und mehr Gott und seine Güte. Sie haben die gleichen Hoffnungen, Wünsche und Bestrebungen wie ich. Sie wollen Friede, Harmonie, Liebe, Freude und Fülle, und das will ich auch. Ich wünsche ihnen alle Segnungen Gottes. Unsere Beziehung ist harmonisch, friedlich und voller Verständnis. Sie wollen das Richtige entsprechend der Goldenen Regel tun, so wie ich. Ich grüße Gott in ihnen. Ich sehe sie, wie Gott sie sieht – ganz, rein und vollkommen. Es ist wunderbar.«

Das war der Kern des Gebetes, das ich ihm am Telefon übermittelte. Ich sagte ihm, er solle die Bilder und Gefühle dieser Gedanken in die tieferen Schichten seines Geistes sinken lassen, bis deren Wahrheit von ihm Besitz ergriffen habe. Ich erklärte ihm auch, daß er, wenn er mit diesem

Segensgebet fortfuhr, ein starkes Gefühl innerer Befreiung, wie die Reinigung seiner Seele, erfahren würde. Er würde Frieden empfinden, und der Beistand würde wie ein Fluß des Friedens in Geist und Herz einfließen. Er wandte diese Technik mit ganzer Hingabe an und machte die Erfahrung, daß er diese mystische heilende Kraft in den Tiefen seiner selbst entdeckte, was hinsichtlich seines Problems mit den beiden Männern zu einer vollkommenen und harmonischen Lösung führte. Eine großartige Veränderung ihrer Beziehung trat ein.

Einssein mit dem Ideal

Die Bedeutung dieses Beistands kann auch auf andere Weise erklärt werden. Betrachten Sie Jesus als Ihr Ideal oder Verlangen. Ganz offensichtlich muß Ihr Verlangen vergehen, bevor der Beistand kommt. Wenn Sie von Ihrem Wunsch im Bewußtsein Besitz ergriffen haben, dann verlangen Sie nicht mehr nach ihm. Sie verlangen nicht nach dem, was Sie haben, aber erst müssen Sie es im Bewußtsein besitzen. Wenn Ihr Wunsch immer vor Ihnen, immer in der Zukunft liegt, dann bekommen Sie ihn nie. Der Grund dafür ist der, daß wir uns nicht in der Gegenwart befinden, wenn sich unser Bewußtsein in die Zukünftigkeit begibt, und alle Gebete funktionieren nur in der Zeitform der Gegenwart. Wir nehmen die Realität unseres erfüllten Wunsches an, indem wir mit vollkommenem Vertrauen, in Frieden und Ausgeglichenheit die vollendete Tatsache sehen. Wir dürfen nie besorgt, ungeduldig, ängstlich sein oder nach den Resultaten schielen. Wir sollen einfach wissen, daß es so ist.

(17) Es ist der Geist der Wahrheit, den die Welt nicht empfangen kann, weil sie ihn nicht sieht und nicht kennt. Ihr aber kennt ihn, weil er bei euch bleibt und mit euch sein wird.

Der *Beistand* wird auch Heiliger Geist oder das Gefühl der Ganzheit oder des Einsseins mit unserem Ideal genannt. Solange wir im Gefühl von Furcht, Zweifel und Angst leben, wird unsere äußere Welt diesen Geist der Wahrheit ablehnen. Der Beistand ist ein Synonym für Gott. Das Universale ist im Individuellen, und das Individuelle ist im Universalen. Die Wahrheit kennen heißt den Beistand kennen; das ist Ihre Freiheit. Gott ist alles, was es gibt. Gott sieht die Person nicht an. Das Gesetz hat an und in sich keine Moral. Der Regen fällt auf das Gute und das Böse.

Kürzlich wurde ich von einer Anwaltskanzlei gebeten, für die Lösung eines Problems zu beten. Sie hatten einen sich lange hinziehenden Fall, und der Klient war zutiefst verärgert, wie man mir sagte. Einer der Anwälte verbrachte zweimal die Woche eine Stunde mit mir. Ihm war klar, daß er eine harmonische, aus der göttlichen Kraft kommende Lösung wollte. Er wußte auch, daß er eine Reaktion auf seine vorherrschende geistige Einstellung erfahren würde. In seinen Gedanken wollte er der Gegenpartei nichts wegnehmen und sie nicht ihrer Rechte berauben. Er wußte um die Folgen einer solchen negativen Anwendung des Gesetzes. Er wollte richtiges Handeln aus dem Göttlichen und die richtige Entscheidung, die zum Segen aller gereichen würde. Und er erreichte sein Ziel. Sein Ziel und sein Motiv waren gut. Das angewandte geistige Gesetz hat keine Moral. Unsere Moral besteht darin, wie wir es anwenden.

Nehmen wir das Beispiel von einem Prozeß. Wenn eine Partei lügt oder die andere Partei zu betrügen beabsichtigt, dann wendet sie das Gesetz falsch an, weil es entsprechend ihren Gedanken und Motiven reagieren wird. Ihre treibende Kraft ist ihr inneres Schuldgefühl und ihr Empfinden, etwas Übles zu tun; sie wird also automatisch die entsprechende Reaktion auf ihre Gedanken und Gefühle erfahren. Ich selbst ergreife bei juristischen Fällen keine Partei, sondern weiß, daß Gott nicht Gott verklagen kann, daß deshalb das Gesetz von Harmonie und göttlicher Gerechtigkeit herrscht; und dabei bleibe ich, gleich, ob äußerlich gesehen das Urteil das Gegenteil zu besagen scheint. Gott kommt nie zu spät. Halten Sie an dem fest, was gut und richtig ist, und wünschen Sie nie, einen anderen zu schädigen oder ihn seines Wohles zu berauben.

Das Wort aussenden

(24) Wer mich nicht liebt, hält an meinen Worten nicht fest. Und das Wort, das ihr hört, stammt nicht von mir, sondern vom Vater, der mich gesandt hat.

(6, 63) Die Worte, die ich zu euch gesprochen habe, sind Geist und sind Leben.

Worte stellen Ihre Gedanken und Gefühle dar. *Wort* in der Bibel bedeutet Ihre Überzeugung, Ihr inneres Gefühl oder Ihre Bewußtheit. Sie senden Ihr Wort aus, um einen anderen zu heilen, wenn Sie von der gegenwärtigen Ganzheit und Vollkommenheit des anderen absolut überzeugt sind. Ihr Wort ist die unerschütterliche Überzeugung, daß das, was Sie als wahr bekräftigt haben, wahr in Ihrem Herzen ist. Dann ist Ihr Wort Gottes Wort, was heißt, es ist der

Bewußtseinszustand, der sich verwirklicht. In der Sprache der Bibel sind Ihre Worte Geist und sind Leben.

(26) Der Beistand aber, der Heilige Geist, den der Vater in meinem Namen senden wird, der wird euch alles lehren und euch an alles erinnern, was ich euch gesagt habe.

Der Heilige Geist bedeutet das Gefühl von Ganzsein und Einssein. *Ganz* meint in einem Stück oder der geistige Zustand des Eins- und Einigseins mit Ihrem Wohl. Ihr Geist und Gemüt sind nicht länger geteilt, Sie haben Ihren Wunsch erkannt und realisiert und leben deshalb im inneren Frieden. Der Heilige Geist bezieht sich auf Ihr inneres Gefühl von Ganzheit oder des beantworteten Gebets. Das Wort *Geist* bedeutet Atem, Leben oder Gefühl. Wenn das Gefühl innerer Sicherheit eintritt, so ist das der Besuch des Heiligen Geistes.

Liebe ist die Erfüllung des Gesetzes. Wenn Sie vom Gefühl erfüllt sind, daß Sie sind, was Sie zu sein wünschen, haben Sie das Gesetz erfüllt. Sie haben sich für jedermann alle guten Dinge des Lebens gewünscht. Sie sind voller Liebe und guten Willens für alle. Sie haben das Gesetz richtig angewandt, um sich zu segnen und den gleichen Segen allen anderen zu gewähren. Sie sind in Frieden mit sich und der ganzen Welt. Sie haben den Beistand gefunden, den Geist des Friedens und guten Willens, der kommt, wenn wir unsere Liebe über alle Menschen überall ergießen, sie in das Gewand des Heils und des richtigen Tuns kleiden.

Wenn in Vers 28 gesagt wird: *Ich gehe fort und komme wieder zu euch zurück,* so meint das, unser Jesus (Wunsch) geht in unser Bewußtsein ein. Was immer wir im Innern als wahr fühlen, werden wir im Äußeren erfahren. Unser Ideal muß fortgehen, um sich zu manifestieren oder verwirklicht zu werden. Erst muß der Eindruck in Geist und Gemüt entstehen; dann folgt der Ausdruck, was mit fortgehen und zurückkommen beschrieben wird. Es ist so einfach, daß man sich fragt, warum die Leute ein solches Geheimnis daraus machen.

Unsere unendliche Entfaltungsmöglichkeit

(28) Der Vater ist größer als ich. Das bedeutet, daß der Schöpfer immer größer ist als seine Schöpfung. Der Denkende ist größer als seine Gedanken. Der Künstler ist größer als seine Kunst. Unser Bewußtsein ist größer als seine Vorstellungen. Wenn wir das wissen, dann ist uns klar, daß wir unsere gegenwärtige Vorstellung von uns zu übersteigen vermögen, denn unsere Entfaltungsmöglichkeit ist unendlich.

(29) Jetzt schon habe ich es euch gesagt, bevor es geschieht, damit ihr, wenn es geschieht, zum Glauben kommt.

Ich selbst habe viele Ereignisse gesehen, bevor sie auf der dreidimensionalen Ebene eintraten. Ich bin sicher, daß auch Sie Ereignisse vorausgesehen haben. Vielleicht haben Sie sie in Träumen vorhergesehen. Sie können heute bewußt die Realisierung Ihres Wunsches in Ihrem Geist herstellen. Sitzen Sie still und ruhig, erleben Sie in Ihrer Phantasie das erwünschte Resultat, sehen Sie das Ziel und erfreuen Sie sich an der vollendeten Tatsache, etwa den Verkauf Ihres Hauses oder dem Erfolg einer geliebten Person. Sie haben es gesehen, bevor es geschah. Sie können den Ausgang vorhersagen. Was Sie in Ihrer Phantasie, in Ihrem Vorstellungsvermögen gesehen, gehört und gefühlt haben, das muß in der räumlichen Dimension erfahren werden.

(30) Ich werde nicht mehr viel zu euch sagen; denn es kommt der Herrscher der Welt. Über mich hat er keine Macht.

Dieser Vers besagt, daß Sie auf Angst-Gedanken nicht mehr reagieren, weil Sie im Frieden leben und sich soweit diszipliniert haben, daß Sie nur das Gute hören. Sie sind nicht mehr ein Opfer des kollektiven Denkens. Wir müssen wie Daniel in der Löwengrube werden, der für seine Rettung nur auf das Eine Licht sah. Alles, was in dieser Welt seinen Ausdruck hat, lebt nur von der Idee dahinter. Die Idee ist wesenhaft und von Dauer. Die äußere Form ist der Ausdruck oder das Gewand der Idee. Der Wahrnehmende und das Wahrgenommene sind eins. Wir sehen einen Berg, und alle von uns sehen einen Berg, was auf den einen allen Menschen gemeinsamen Geist verweist. Wir könnten keinen Berg sehen, wenn wir nicht die Idee davon in unserem Bewußtsein hätten. Wenn wir in der äußeren Welt etwas sehen, das uns mißfällt, dann haben wir zugelassen, daß es uns stört. Wir müssen unsere Beziehung dazu verändern; dann wird es uns nicht mehr beeinträchtigen. Wenn ein Mensch die Morgenzeitung liest und zuläßt, daß sie ihn aufregt, dann ist das ein schlechtes Gefühl. Er läßt sich vom Herrscher der Welt beunruhigen.

(31) Steht auf, wir wollen weggehen von hier. Dieser Vers besagt, wir sollen uns in unserem Bewußtsein erheben und nach innen zu dem Geheimen Ort gehen. Dies ist, was Petrus meinte, als er zu dem Bettler am Tor sagte: *Silber und Gold besitze ich nicht. Doch was ich habe, das gebe ich dir: Im Namen Jesu Christi, des Nazaräers, geh umher!* *(Apostelgeschichte 3,6)* Wenn Sie einem Menschen Geld geben, heilt ihn das nicht von seinem Bewußtsein des Mangels. Geben Sie ihm Weisheit, die kostbare Perle; lehren

Sie ihn »Know how«; dann wird er nie mehr betteln. Lehren Sie ihn, nach innen zu gehen und den Gedanken des Reichtums in das Gewebe seines Geistes einzuweben und den Geist der Fülle hervorzurufen. Dann haben Sie ihm Weisheit gegeben. Er wird nicht mehr einen alten Anzug, einen Teller Suppe oder eine Mark für eine Tasse Kaffee haben wollen.

Sehen Sie nicht den Bettler in einem Menschen. Sehen Sie ihn, wie er sein sollte. Die Jünger sahen Vollkommenheit, und die Vollkommenheit manifestierte sich. Sehen Sie nicht den Krüppel – sehen Sie ihn gehen und rennen. Laßt uns uns erheben zur Wahrheit unseres eigenen Seins, denn Werden ist an sich eine Illusion. Wir sind jetzt vollkommen. *Ihr sollt also vollkommen sein, wie es auch euer himmlischer Vater ist. (Matthäus 5,48)* Die Schuppen sollen von unseren Augen fallen; laßt uns das beanspruchen und bekräftigen, was wahr ist seit Anbeginn der Welt: *Liebe Brüder, jetzt sind wir Kinder Gottes. (1 Johannes 3,2)*

KAPITEL 15

Wie Sie Ihrer geistigen Kraft Wurzeln geben

(1) Ich bin der wahre Weinstock, und mein Vater ist der Winzer. (2) Jede Rebe an mir, die keine Frucht bringt, schneidet er ab, und jede Rebe, die Frucht bringt, reinigt er, damit sie mehr Frucht bringt. (3) Ihr seid schon rein durch das Wort, das ich zu euch gesagt habe. (4) Bleibt in mir, dann bleibe ich in euch. Wie die Rebe aus sich keine Frucht bringen kann, sondern nur, wenn sie am Weinstock bleibt, so könnt auch ihr keine Frucht bringen, wenn ihr nicht in mir bleibt. (5) Ich bin der Weinstock, ihr seid die Reben. Wer in mir bleibt und in wem ich bleibe, der bringt reiche Frucht; denn getrennt von mir könnt ihr nichts vollbringen. (6) Wer nicht in mir bleibt, wird wie die Rebe weggeworfen, und er verdorrt. Man sammelt die Reben, wirft sie ins Feuer, und sie verbrennen. (7) Wenn ihr in mir bleibt und wenn meine Worte in euch bleiben, dann bittet um alles, was ihr wollt: ihr werdet es erhalten. (8) Mein Vater wird dadurch verherrlicht, daß ihr reiche Frucht bringt und meine Jünger werdet. (9) Wie mich der Vater geliebt hat, so habe auch ich euch geliebt. Bleibt in meiner Liebe! (10) Wenn ihr meine Gebote haltet, werdet ihr in meiner Liebe bleiben, so, wie ich die Gebote meines Vaters gehalten habe und in seiner Liebe bleibe.

Gott ist der wahre Weinstock, denn ICH BIN bedeutet Gott, und alle Menschen haben ihre Wurzeln in Gott oder in Leben. So ist zum Beispiel jeder Mensch in Ihnen verwurzelt, da wir alle vom Leben hervorgebracht werden. Das Prinzip des Lebens ist eins in sich und unteilbar. Es wurde nie geboren, und es wird nie sterben. Wir empfangen unser Leben, unsere Stärke, unser Wesen von Gott. Sein Leben ist unser Leben; Seine Macht und Kraft ist unsere Macht und Kraft. Er ist das eine Sein und Wesen, das als viele in Erscheinung tritt. Suchen Sie zu Ihrer Orientierung, bei Ihren Gedanken, für Ihre Gesundheit nach der göttlichen Anwesenheit in Ihnen. Fühlen und wissen Sie, daß Sie im Göttlichen verwurzelt sind, aus dem alles Segensreiche fließt.

Die Wurzeln der Wünsche

Die Zweige eines Baumes erhalten ihre lebensnotwendige Nahrung vom Baum. Wenn Sie den Zweig abschneiden, welkt und stirbt er. Er ist von seiner Wurzel abgeschnitten. Psychologisch gesehen, sind die Zweige des Weinstocks unsere Gedanken, Wünsche, Sehnsüchte und Bestrebungen. Unsere Ideale und Wünsche müssen im Bewußtsein verwurzelt sein; das heißt, sie müssen vom Gefühl des Eins-seins, der Einigkeit oder der Liebe genährt werden; dann werden sie Früchte bringen. Sie werden sich als wünschenswerte Bedingungen, Ereignisse und Lebensumstände materialisieren. Wenn Sie nicht erkennen, daß die Lösung Ihres Problems in Ihrem Geist und Gemüt zu finden ist, dann haben Sie sich, psychologisch gesehen, von der göttlichen Mitte abgeschnitten, und es kommt keine Antwort.

Lassen Sie sich nicht ablenken durch eine Besessenheit mit den Formen, Gestalten und Gesetzen der Materie. Erkennen Sie das Wesen und die Vorgehensweise des inneren Menschen und lernen Sie Ihre inneren Kräfte kennen. Sie können den Wein des Himmels trinken, wenn Sie geistig für sich Stärke, Vertrauen und inneren Frieden fordern. Diese Stimmungen oder Gefühlslagen können Sie überall in Gottes Universum für Gesundheit, Reichtum und wahre Ausdruckskraft eintauschen. Auch Ihre Fähigkeiten, Talente und Wünsche sind Zweige, die aus Ihrer eigenen Tiefe stammen. Gebrauchen oder verlieren, das ist das Gesetz des Lebens. Wenn wir unser Talent zur Musik, zum Singen oder irgendeine andere Eigenschaft nicht nutzen, dann stirbt dieses Verlangen in uns, und wir werden frustriert und unglücklich. Wenn Sie Ihre Muskeln nicht benutzen, dann atropieren sie.

Verwenden Sie die konstruktiven Ideen, die Ihnen bei Ihrer Arbeit, Ihren wissenschaftlichen und spirituellen Aktivitäten kommen. Viele Menschen, die an einer Werkbank und am Schreibtisch arbeiten, haben wunderbare Ideen, Pläne und Träume. Diese Träume und Bestrebungen kommen nie ans Tageslicht, weil diese Menschen voller Furcht sind. Sie starren auf die Hindernisse und Verzögerungen, die sie sich vorstellen, oder sie haben Angst vor Spott und Kritik, und die wunderbaren Ideen, die sich für die Institution, in der sie arbeiten, segensreich auswirken könnten, sterben innerlich ab.

Unermeßliche Möglichkeiten warten jetzt auf Sie. Wenden Sie sich nach innen und bringen Sie die kostbaren Perlen des Lebens ans Licht, und gehen Sie mit Eifer und Enthusiasmus auf Ihren Triumph und Erfolg zu. Hören Sie auf, sich abzuwerten und zu kritisieren. Sie kritisieren damit Gott. Werden Sie sich Ihres Wohls gewahr, versenken Sie sich in seine Annahme, und Sie werden sich in jeder Hinsicht erweitern.

Jede Rebe an mir, die keine Frucht bringt, schneidet er ab. Dies bedeutet, daß Sie jedesmal, wenn Ihr Gebet beantwortet wird, einen Sieg errungen haben. Die Wirkungen des wahren Gebets sind von ewiger Dauer, und Sie sind für immer vom falschen Glauben gereinigt. Nun sind Sie imstande, mehr Früchte zu bringen. Durch die Dynamik des Gebets können Sie einen Sieg erringen.

Betrachten Sie das Gebet als eine Versammlung Ihrer Gedanken, Einstellungen und Eigenschaften in der Gegenwart des Königs der Könige, des Herrn aller Herren, bei der Sie das Lied des Dankes und Triumphes singen. In dieser Weise kleiden Sie sich in das Gewand der Liebe, die ein Einssein mit Ihren Wünschen darstellt. Ist Ihr Gebet beantwortet, dann sind Sie eine Weile mit sich zufrieden; danach steigt ein neues Verlangen in Ihnen auf, das Ihnen bedeutet, höher zu steigen. Sie begegnen einer weiteren Herausforderung, und Sie haben ein weiteres Ziel, das Sie erreichen wollen. Sie sind hier, um von Herrlichkeit zu Herrlichkeit zu schreiten; das Leben drängt ständig weiter; Sie gehen weiter und weiter, ohne Ende. Eine ständige Reinigung Ihres Geistes ist nötig, damit Sie höhere Ebenen der Bewußtheit erfahren können.

Die Zweige Gottes

Jeder Mensch kann als Zweig am Baum des Lebens angesehen werden. ICH BIN ist der Baum. Alle Menschen leben, bewegen sich und haben ihr Sein in ihm. Alle Menschen auf Erden sind Zweige Gottes. Sie bringen jedoch nur Frucht (Harmonie, Frieden und Freude), wenn sie im Weinstock verwurzelt sind. Dann kann der Saft (Inspiration, Führung und Kraft) aus Gott im Innern zu ihnen fließen. Ohne dieses Wissen vollbringt der Mensch nichts. Er verbleibt weiter im Gefühl der Isolation, die ihn von der Einen Macht und Kraft trennt. Die Innere Stimme drängt den Menschen stets dazu, weiterzugehen, zu tun, zu sein und zu haben. Der Mensch hört auf den Urteilsspruch und die Verkündigung seiner Sinne, die ihn zum Gefängnis der Furcht, der Sorge oder Ohnmacht verdammen. Die äußere Welt spricht: »Du kannst nicht.« Die innere Welt spricht: »Du kannst.« Wer wird den Sieg davontragen? Das bestimmen Sie. Wenn Sie auf die Stimme des Versagens hören, dann wird sie Sie kritisieren, verdammen und anklagen. Sie werden in Mutlosigkeit und Zerknirschtheit versinken.

Fangen Sie an, auf den sanften Schritt des ungesehenen Gastes in Ihrem Herzen, Ihr Verlangen, zu hören. Öffnen Sie Geist und Herz und lassen Sie das Verlangen Ihres Herzens ein. Heißen Sie es willkommen! Sagen Sie: »Dies ist von Gott, eine Botschaft der Inspiration und eines neuen Lebens.« Dies ist Gott, der Sie voller Enthusiasmus und Liebe Ihr Wohl annehmen läßt. Die Antwort auf ein solches Vertrauen und eine solche Hingabe von Ihrer Seite wird die Verkörperung und Verwirklichung Ihrer inneren Verlangen sein.

Geben Sie Ihre begrenzten Vorstellungen von sich selbst auf und erkennen Sie, daß Sie dazu gemacht sind, eins mit dem Allumfassenden zu sein. Sie sind im Baum des Lebens verwurzelt, der inmitten des Gartens wächst. Sie sind der Garten Gottes, in dem Sie Ihre Samen pflanzen, Ihre Gedanken, Gefühle, Überzeugungen. Benützen Sie Ihre Kräfte und Fähigkeiten. Untätigkeit und Nichtanwendung führen zu Stagnation, Frustration, Auflösung und Verfall.

(3) Ihr seid schon rein durch das Wort, das ich zu euch gesagt habe.

Wir reinigen unseren Geist und unser Gemüt durch tägliche Meditation, durch tägliches Gebet und die Bestätigung der Tatsache, daß Gott die einzige Kraft und Macht ist. Wenn wir bewußt und von ganzem Herzen die Wahrheiten Gottes bekräftigen, sinken sie in unsere unbewußten Tiefen ein, wo wir eine Reinigung erfahren. Das Licht Gottes, das heißt, die geistigen, spirituellen Schwingungen zerstören alle negativen Muster des Unbewußten. Die Wahrheiten Gottes werden die Soldaten Gottes genannt, die Tausende negative Denkmuster, die in unserem Unbewußten angesiedelt sind, zerstören.

ICH BIN ist der Weihnachtsbaum mit all seinen Früchten. Die wunderbarste Frucht der Welt hängt dort als freies Geschenk Gottes an alle Menschen. Der Mensch muß sich erheben und dieses Geschenk nehmen. Essen Sie von der *Frucht des Geistes?*

Die Frucht des Geistes

Die Frucht des Geistes aber ist Liebe, Freude, Friede, Langmut, Freundlichkeit, Güte, Treue, Sanftmut und Selbstbeherrschung; dem allem widerspricht das Gesetz nicht. (Galater 5, 22–23)

Wohl dem Gerechten, denn ihm geht es gut; / er wird die Frucht seiner Taten genießen. Weh dem Frevler, ihm geht es schlecht;/denn was er selber getan hat,/das wird man ihm antun. (Jesaja 3, 10–11)

Wenn ihr in mir bleibt und wenn meine Worte in euch bleiben, dann bittet um alles, was ihr wollt: ihr werdet es erhalten. (Johannes 15,7)

Diese Worte besagen, daß wir immer Zeugnis von dem geben, was wir in unserem Bewußtsein haben. Wollen wir unserem Wunsch auf richtige Weise in unserem Bewußtsein Form geben, dann müssen wir ein lebhaftes Interesse an ihm haben und in Klarheit und mit Herzlichkeit an ihn denken. Dies meint nicht Erregung, sondern vollkommenes Vertrauen, daß das, wofür Sie beten, *jetzt* ist. Das große Geheimnis besteht darin, daß Sie für die Gegenwart annehmen, was Sie sein wollen. Wie das Äußere immer das Innere widerspiegelt, so wird auch Ihre Annahme Gestalt annehmen und sich der inneren Form anpassen. Wir verherrlichen den Vater, wenn wir Frieden, Gesundheit und Glück ausstrahlen.

(13) Es gibt keine größere Liebe, als wenn einer sein Leben für seine Freunde hingibt. (14) Ihr seid meine Freunde, wenn ihr tut, was ich euch auftrage.

Ihnen ist aufgetragen, Ihr Licht scheinen zu lassen und Gesundheit, Harmonie, Friede und Freude Ausdruck zu verleihen. Diese sind Ihre besten Freunde. Verhalten Sie sich Gott gegenüber freundlich und stehen Sie gut mit ihm? Fragen Sie sich selbst: »Was wäre mir nun in Freundschaft behilflich?« Wenn Sie krank sind, ist Ihr bester Freund Gesundheit. Deshalb müssen Sie *Ihr Leben hingeben für Ihren Freund.* Das heißt, der Glaube an Krankheit und Siechtum muß in Ihnen sterben, und Sie müssen in Zuversicht, Vertrauen und Wissen um vollkommene Gesundheit als Geschenk Gottes auferstehen. Denken Sie in positiver Weise an einen vollkommenen Körper, machen Sie sich eine lebendige Vorstellung von sich selbst, bei der Sie das tun und erreichen, was Sie immer tun wollten; dann geben Sie Ihr Leben hin für Ihren Freund. Mit anderen Worten, Sie verleihen dem Gedanken und dem Bild von vollkommener Gesundheit Leben.

Aufmerksamkeit und Konzentration sind der Schlüssel zum Leben. Schenken Sie Ihre Aufmerksamkeit dem Gedanken an Gesundheit und Glück, was sich vielfach auszahlen wird. Versenken Sie sich vollkommen in das Bewußtsein von Gesundheit. Sie können es sich nicht leisten, ein paar Minuten an Gesundheit und dann ein paar Minuten an Mißstimmigkeiten zu denken; daraus folgt nur eine Neutralisierung. Dies ist der Grund, warum viele Menschen Gesundheit und Glück nicht Ausdruck verleihen. Sie sind in ihrer Vision nicht fokussiert. Wenn Sie in Armut leben und sich die nötigen Dinge des Lebens nicht kaufen können, dann wäre Ihr Freund das Bewußtsein von Gottes Fülle und Reichtum, die auf Sie zukommen.

Der Weinstock

(16) Nicht ihr habt mich erwählt, sondern ich habe euch erwählt.

Angenommen, Sie sind an die Spitze einer Organisation oder zum Präsidenten Ihres Clubs gewählt worden – es war Ihr Bewußtseinszustand, der zu dieser Wahl führte. Mit anderen Worten, es ist eine Manifestierung Ihres inneren Bewußtseins. Sie machen keine Erfahrung und Ihnen wird keine Ehre zuteil, die nicht durch Ihre geistige Einstellung oder Überzeugung angezogen wird. Daß Sie gewählt oder zum Präsidenten Ihres Clubs bestimmt wurden, war eine äußere Bewegung, die Ihre innere Stimmung und Ihren Glauben bekräftigt und bezeugt. Wenn Sie etwas als wahr akzeptieren, dann wirkt der grenzenlose Geist auf das Gemüt und die Herzen anderer ein und veranlaßt sie, Ihnen bei der Verwirklichung Ihres Traumes zu helfen. Das Verhalten anderer Ihnen gegenüber legt von Ihrem Bewußtseinszustand Zeugnis ab. Wenn die Früchte des Baumes verdorben sind, ist mit dem Baum etwas nicht in Ordnung; wenn Sie Mangel und Beschränkungen erfahren, müssen Sie den Weinstock verwandeln. ICH BIN ist der Weinstock. Sie müssen sich nach innen wenden und Ihr Bewußtsein verändern, und wenn Sie Ihre geistige Einstellung und Selbsteinschätzung verändern, verändern Sie die Erfahrungen, Umstände und Ereignisse Ihres Lebens. Nur Sie selbst können diese Veränderung vornehmen!

(16) Dann wird euch der Vater alles geben, um was ihr ihn in meinem Namen bittet. Um was ihr ihn bittet, das besagt, was immer Sie als wahr bekräftigen oder glauben, das wird geschehen. *In meinem Namen,* das bedeutet die Selbstverständlichkeit des erwünschten Zustands oder die geistige Atmosphäre des Annehmens. Wenn wir nur zu sagen brauchten: »Im Namen Jesu erhebe dich und geh«, dann würden wir Wunder bewirken. Offensichtlich ist hier etwas anderes gemeint. *Im Namen Jesu bitten* meint das bewußte Gefühl von der Realität des erfüllten Verlangens. Haben Sie ein Bewußtsein von Ihrer Fähigkeit, etwas zu erreichen und zu erlangen, und Ihr Ziel wird kaum vereitelt werden können.

(22) Wenn ich nicht gekommen wäre und nicht zu ihnen gesprochen hätte, wären sie ohne Sünde; jetzt aber haben sie keine Entschuldigung für ihre Sünde.

Was Sünde ist

Wenn Sie kein Ziel haben, können Sie es auch nicht verfehlen, und Sie sündigen nicht. Jesus ist Ihr Gut oder Gott in der Form Ihres Verlangens. Nahrung kommt zu Ihnen als Gott, wenn Sie hungrig sind; Wasser kommt zu Ihnen als Gott, wenn Sie durstig sind. Und so kommen auch Wünsche, Gedanken, Verlangen von Gott zu Ihnen; Sie müssen sie nur annehmen. Wenn Sie nicht den Wunsch haben, zu wachsen und sich zu beweisen, haben Sie nichts, auf das Sie zielen. *Sünde* ist, wenn Sie Ihr Ziel, Ihren erwünschten Zustand verfehlen. Wenn Sie das Gesetz des Lebens verstehen, dann können Sie Ihre Sünde mit nichts bemänteln, da Sie keine Ausflucht oder Entschuldigung für das Verfehlen Ihres Ziels besitzen. Ihre Sünde ist das Versäumnis, Ihr Verlangen zu verwirklichen. Wenn Sie zufrieden sind und nicht den Wunsch haben, Ihre gegenwärtigen Vorstellungen zu übersteigen, dann bleiben Sie, wie Sie sind, möglicherweise in einem kranken und frustrierten Zustand.

(26) Wenn aber der Beistand kommt, den ich euch vom Vater aus senden werde, der Geist der Wahrheit, der vom Vater ausgeht, dann wird er Zeugnis für mich ablegen.

Das positive Gefühl, zu sein, was Sie sein wollen, das ist der Geist der Wahrheit. Das ist das innere Zeugnis, der Wille, der bekundet, daß Sie recht haben. Sie legen immer von Ihrem Bewußtseinszustand Zeugnis ab. Ein von Natur aus streitsüchtiger Mensch sagt: »Ich werde woanders hinziehen; dort sind die Leute netter.« Er zieht dorthin, und schon nach kurzer Zeit liegt er dort mit jedermann in Streit. Er muß sich seiner negativen geistigen Einstellung entledigen und sie mit freundlichen Gedanken ersetzen.

Das Gesetz des Lebens ist in Ihnen, und über die Welt Ihrer Gedanken können Sie mit der inneren Welt des Geists Kontakt herstellen. Decken Sie nicht die inneren Schätze Gottes mit negativen, miesen Gedanken zu. Der Weg des Gebets ist Ersetzung. Wenn Sie sich ändern wollen, müssen Sie Ihre Vorstellungen und Gedanken ändern. Und das tun Sie, wenn Sie eine neue Perspektive, neue geistige Werte, einen neuen spirituellen Standard erhalten, wonach Sie alle Gedanken, Vorstellungen, Meinungen und Anregungen beurteilen können. Wenn Sie dieses Kapitel gelesen und studiert haben, dann sollten Sie über einen neuen Maßstab verfügen, an dem Sie alle Gedanken und Ideen, die Ihnen kommen, messen können.

Fühlen Sie nun Gottes Gegenwart in all Ihren Handlungen und all Ihren Problemen. Ihre neue Vorstellung vom Leben lehrt Sie, daß Sie Ihre negativen Gedanken nur austreiben können, wenn Sie sie durch positive, konstruktive Gedanken ersetzen. Dies ist der Schlüssel zu Gesundheit, Fülle und Wohlstand. Die Anwendung dieser einfachen Wahrheiten wird Ihnen Vertrauen, Hoffnung und Zuversicht geben. Gehen Sie mit Gott – ganz und gar. Haben Sie vorbehaltloses Vertrauen. Haben Sie Vertrauen in Gottes ewige unerschöpfliche Quelle von Gesundheit, Reichtum und allen Dingen. Dieses Vertrauen wird sich auf wunderbare Weise vergrößern, wird wachsen und sich ausdehnen. Wenn Sie sich mit negativen Zuständen befassen und in ihnen verweilen, werden auch sie sich verstärken und vervielfältigen. Ihr Reichtum liegt in Ihrem Bewußtseinszustand; er ist die Münze des geistigen, spirituellen Reichs.

Ihr Vertrauen und Ihre Zuversicht in Gott den Allmächtigen wird für Sie überall, auch am Ende der Welt, Gesundheit, Friede, Freude, Glück, Sicherheit und Überfluß an Gottes Reichtümern erwerben. Wenn in Ihnen das Gefühl des Einsseins mit Gott vorherrscht, werden Sie überall Ihren Weg machen. Es öffnet Ihnen alle Türen, und Sie werden sich überall willkommen finden; alle Ihre Bedürfnisse werden erfüllt; Sie haben dafür mit einem dankbaren Herzen bezahlt. Männer, Frauen, Kinder helfen Ihnen auf Ihrer Lebensreise, weil sie Sie kommen sehen und sagen: »Seht, hier kommt ein Sohn des Lebendigen Gottes.« Laßt uns Zeugnis dafür ablegen, daß wir die Söhne Gottes sind.

KAPITEL 16

Befreien Sie sich von falschen Bildern!

(1) Das habe ich euch gesagt, damit ihr keinen Anstoß nehmt. (2) Sie werden euch aus der Synagoge ausstoßen, ja es kommt die Stunde, in der jeder, der euch tötet, meint, Gott einen heiligen Dienst zu leisten. (3) Das werden sie tun, weil sie weder den Vater noch mich erkannt haben. (4) Ich habe es euch gesagt, damit ihr, wenn deren Stunde kommt, euch an meine Worte erinnert. Das habe ich euch nicht gleich zu Anfang gesagt; denn ich war ja bei euch. (5) Jetzt aber gehe ich zu dem, der mich gesandt hat, und keiner von euch fragt mich: Wohin gehst du? (6) Vielmehr ist euer Herz von Trauer erfüllt, weil ich euch das gesagt habe. (7) Doch ich sage euch die Wahrheit: Es ist gut für euch, daß ich fortgehe. Denn wenn ich nicht fortgehe, wird der Beistand nicht zu euch kommen; gehe ich aber, so werde ich ihn zu euch senden. (8) Und wenn er kommt, wird er die Welt überführen (und aufdecken), was Sünde, Gerechtigkeit und Gericht ist; (9) Sünde: daß sie nicht an mich glauben; (10) Gerechtigkeit: daß ich zum Vater gehe und ihr mich nicht mehr seht; (11) Gericht: daß der Herrscher dieser Welt gerichtet ist. (12) Noch vieles habe ich euch zu sagen, aber ihr könnt es jetzt nicht tragen.

(16) Es kommt die Stunde, in der jeder, der euch tötet, meint, Gott einen heiligen Dienst zu leisten.

Viele Menschen fühlen sich durch die Wahrheit beleidigt. Sagt man ihnen, daß sie mit ICH BIN tatsächlich sagen: Das ist Gott, sind sie schockiert. Für sie ist Gott ein menschenähnliches Wesen hoch oben im Himmel, das sie am Jüngsten Tag richten wird. Menschen morden und töten ständig die Wahrheit des Seins. Wenn sie hassen, verübeln, streiten oder ängstlich werden, töten sie Liebe, Friede, Gesundheit und Glück. Sie sollten Unwissenheit, Furcht und Aberglaube töten. Diese falschen Vorstellungen sollten sterben und vom Schwert der Wahrheit und des erhellten Verstands getötet werden. Wenn sie Angst vor Gefahr, Versagen, Krankheit, Alter oder Unglück haben, morden sie, das heißt, sie trennen sich psychisch gesehen von Gottes Liebe, Licht, Wahrheit und Schönheit. Wir müssen das Licht in unserer Synagoge (unserem Geist und Gemüt) entzünden und es voller Eifer und Enthusiasmus brennen lassen. Die vielen Religionskriege durch die Jahrhunderte hindurch belegen die Tatsache, daß viele Menschen dachten, sie würden Gott einen Dienst erweisen, indem sie Herätiker verbrannten und Ungläubige folterten.

Gottes immerwährende Gegenwart erkennen

In Vers 7 wird gesagt: »Es ist gut für euch, daß ich fortgehe.« Dies meint, daß das Verlangen sterben oder erlöschen muß, bevor der Beistand kommt. Solange Sie ein Verlangen haben, haben Sie keinen Frieden. Ist das Verlangen fort oder als Realität in Ihrem Unbewußten begraben, dann entspannen Sie sich und leben in innerem Frieden. Dann kommt der Beistand, das meint das beantwortete Gebet, das der Friede Gottes ist. *Der Beistand* ist Gottes immerwährende Gegenwart und Kraft in Ihnen. Sie ist ewig rein, jungfräulich, unbefleckt. Nie wird sie durch Ihre falschen Glaubensvorstellungen oder irrigen Eindrücke getrübt oder gedämpft. Sie wartet immer darauf, daß Sie sie rufen. Gottes Friede existiert im Innern. Gottes heilende Kraft und Gegenwart ist in Ihnen.

Jesus, der fortgegangen ist, das bedeutet, daß sich Ihr Verlangen auflöst. Ihr Verlangen muß sterben, bevor Sie seine Verwirklichung erfahren können. Wenn in Ihrem Bewußtsein das Gefühl existiert, das zu besitzen oder zu sein, was Sie sein wollen, dann ist Ihr Gebet beantwortet. Sie können nicht nach etwas verlangen, das Sie haben; zuerst müssen Sie es im Bewußtsein besitzen. Solange Sie etwas ersehnen, haben Sie es im Geiste noch nicht als bestehend akzeptiert. Wenn Sie Ihr Ziel durch Gebet erreicht haben, dann haben Sie Ihren vormaligen begrenzten Zustand (Sünde) mißbilligt und abgelehnt.

Viele Menschen haben ein falsches Gefühl von dem, was Rechtschaffenheit ist. Sie meinen, daß sie rechtschaffen sind, wenn sie bestimmte Regeln, Gesetze, Rituale und Zeremonien einer Kirche einhalten. Ihre Ansicht ist auch insofern falsch, als sie sich nicht auf die Gesetze und Wege des Geistes gründet. Alles Gebet ist eine innere Bewegung des Geistes und des Herzens. Wenn Sie Gesundheit wollen, dann nähren Sie Geist und Gemüt mit richtigen Annahmen. Ziehen Sie Ihre Aufmerksamkeit von den unerwünschten Umständen und Bedingungen ab und richten Sie sie auf Gesundheit und Harmonie; erfüllen Sie diese Vorstellung mit Zuversicht und Vertrauen in die Heilende Kraft. Unterrichten Sie Ihren Geist von allen Gründen, warum Sie Gesundheit erlangen können. Wenn Sie das regelmäßig tun, prägen Sie Ihrem Bewußtsein eine tiefe Überzeugtheit von Gesundheit ein. Dies ist wahre Rechtschaffenheit oder die richtige Anwendung der Gesetze des Geistes, und es ist nicht die Rechtschaffenheit der Schriftgelehrten und Pharisäer, die glauben, Gott strafe sie oder Krankheit werde ihnen geschickt, damit sie leiden.

Ihr Urteil ist wahr, weil es sich auf spirituelle Prinzipien und den Willen Gottes gründet, der etwas ist, was Ihre kühnsten Träume übersteigt. Sie können sich nun über jegliche Furcht erheben. Vielleicht machen Sie sich Sorgen um einen geliebten Menschen oder einen kranken Freund. Sie können Ihre Gedanken und ihre Einstellung ändern; dann ändern sich auch die Umstände. Alle Furcht ist nun in Ihrer Gewalt. Geist und Gemüt sind mit Zuversicht durchtränkt; bleiben Sie in diesem Bewußtseinszustand, und Ihr Vertrauen wird an Stärke zunehmen, bis sich Ihr Geist und Gemüt mit Ihrem Wohl und Gut vereinen. Sie haben nun über den Herrscher dieser Welt gerichtet, wie in Vers 11 erwähnt wird. *Der Herrscher dieser Welt* bezieht sich auf menschliche Vorurteile, negative Vorstellungen und die Lawine von Bildern und Tönen aus der äußeren Welt. Ihr Richtspruch über den Herrscher dieser Welt ist die absolute geistige Ablehnung aller negativen Gedanken, die nur Schatten des Geistes und Gemütes sind. Wenn Sie Geist und Gemüt bewußt kontrollieren, lenken und disziplinieren, so daß sie nur das Gute wahrnehmen, dann haben Sie über die falschen Glaubensvorstellungen und Ängste von Geist und Gemüt gerichtet; Sie haben das Urteil über die falschen Vorstellungen vollstreckt oder sie getötet. Sie haben ein Urteil zugunsten Ihres Wohls gefällt.

Was Wahrheit ist

In Vers 12 finden Sie eine tiefe mystische Aussage von Wahrheit. Sie können nur hören, was Sie aufzunehmen bereit sind. Der normale Mensch der fünf Sinne, der die Bibel wortwörtlich nimmt, ist nicht immer bereit oder in der Lage, die psychologische oder innere Bedeutung des Lebens zu begreifen. Geist und Gemüt des Menschen müssen offen, empfänglich, bereit und bestrebt sein, zu hören und zu wissen. Sie können nicht einem zehnjährigen Jungen in einer einzigen Unterrichtsstunde alles über Chemie beibringen. Sie brauchen Jahre der Vorbereitung, des Studiums und des Forschens. Normalerweise nimmt man die inneren Lehren der Bibel Schritt für Schritt auf. Dem Lehrer der Gesetze des Geistes ist klar, daß der Schüler für viele Dinge, die er ihm übermitteln möchte, noch nicht bereit ist. Einige Glaubensvorstellungen der Menschheit und die allzu wörtliche Interpretation der Bibel sind in unseren Köpfen so verwurzelt, daß die allgemeine Einstellung oft besagt: »Das ist zu gut, um wahr zu sein«, da die innere, verborgene, esoterische Bedeutung der Bibel fast allem widerspricht, was der Durchschnittsmensch je gehört hat.

Die folgenden Verse, die wir nun erläutern werden, beinhalten die Kernaussagen des restlichen Kapitels 16.

(13) Wenn aber jener kommt, der Geist der Wahrheit, wird er euch in die ganze Welt führen. Denn er wird nicht aus sich selbst heraus reden, sondern er wird sagen, was er hört, und euch verkünden, was kommen wird.

Der Geist der Wahrheit ist Intuition und Inspiration, die in uns aufsteigen. Der Grenzenlose Geist antwortet auf das Ersuchen, das er an sich gestellt hat. Er ist sowohl Frage als auch Antwort. Wenn Sie innerlich still werden und an Gott und seine Weisheit denken, bewegt sich Ihr Geist von Sorgen und Furcht zu einem tiefen, ruhigen unbewußten Vertrauen und Glauben. Das innere Licht fängt nun an, auf Sie zu scheinen. Lauschen Sie auf die Stimme Gottes, die Gedanken Gottes werden in Ihnen aufsteigen, wenn Geist und Gemüt still sind. Die Antwort kann als Blitz der Erleuchtung kommen oder als ruhige leise Stimme oder als stilles inneres Wissen.

(21) Wenn die Frau gebären soll, ist sie bekümmert, weil ihre Stunde da ist; aber wenn sie das Kind geboren hat, denkt sie nicht mehr an ihre Not über der Freude, daß ein Mensch zur Welt gekommen ist.

Auf dem Weg des Betens

Haben sie nicht bemerkt, daß sich die Umstände manchmal zu verschlechtern scheinen, wenn Sie beten? Das Haus scheint sozusagen über uns zusammenzubrechen. Wenn Sie ein Haus auskehren, wirbeln Sie eine Menge Staub auf. Sie leiden oder durchleben eine Menge Mühsal um der Freude willen, die Ihnen bevorsteht. Das ist ein sicheres Zeichen dafür, daß das Gesetz am Wirken ist und daß Sie Ihr Kind (Ihr Ideal, Ihren Wunsch, Plan) gebären. Das Gebet schafft Veränderungen im Unbewußten, und Sie müssen bedenken, daß die Überbleibsel von Furcht, Verwirrung und Irrtum darum kämpfen, ihre Festung in den tieferen Schichten von Geist und Gemüt zu behaupten. Sie verursachen einen kleinen Aufruhr, wenn Sie sie vertreiben. Bevor etwas geboren wird, wird etwas zerstört. Viele Menschen kehren oft um, obwohl sie schon zu neunzig Prozent durch den Tunnel durch sind; hätten sie noch einige Tage länger durchgehalten, hätten sie das Licht eines neuen Tages gesehen. Beten ist oft dem Durchgang durch einen Tunnel vergleichbar, wir finden uns in pechschwarzer Dunkelheit. Wenn wir weiter fortschreiten, kommen wir am anderen Ende heraus.

Beim Beten entledigen wir uns einer Menge schmutziger Wäsche aus dem Unbewußten. Der Prozeß scheint eine Menge Chaos zu schaffen. Die Frau (das Unbewußte) scheint in den Wehen zu liegen. Sobald sie das Kind geboren hat (sobald sich das Gebet verkörpert hat), denkt sie nicht mehr an ihre Not. Alles ist vergessen über der Freude des beantworteten Gebets. Dies ist die Bedeutung des Satzes in Vers 22: *Und niemand nimmt euch eure Freude.*

(24) Bis jetzt habt ihr noch nichts in meinem Namen erbeten. Bittet, und ihr werdet empfangen, damit eure Freude vollkommen ist.

Viele Menschen scheinen zu denken, daß ihr Gebet beantwortet werden wird, wenn sie im Namen Jesu Christi bitten. Sie sind Jesus Christus oder der spirituell handelnde Mensch, wenn Sie wissen, daß Sie nichts erfahren können, was Sie nicht in Ihrem Geist und Gemüt oder Bewußtsein angenommen haben. Sie sind Jesus Christus, wenn Ihr Bewußtsein und Ihr Unbewußtes der Realität Ihres Wunsches oder Gebets zustimmen und sich darin einig sind. Wenn es keine weiteren Einwendungen und Auseinandersetzungen gibt, wenn Sie zu einer Übereinkunft gelangt sind, dann sind Sie der handelnde Jesus Christus. Jesus steht für Ihren erhellten Verstand und Christus für die Macht des unbewußten Selbst.

Erfahrt ihr nicht an euch selbst, daß Jesus Christus in euch ist? Sonst hättet ihr ja (als Gläubige) schon versagt. (2 Korinther 13,5)

Ihre Vorstellung und Ihr Gefühl müssen übereinstimmen, oder, anders ausgedrückt, Ihr Geist muß sich mit Ihrem Herzen vereinigen; dann sind Sie mit sich in Einklang, und Ihr Gebet wird beantwortet werden. Der Name bezeichnet die Natur, die Wesensart, die Eigenschaften oder Eigenarten einer Sache. Wenn ich Sie beim Namen rufe, antworten Sie; wenn ich in Glauben und Vertrauen rufe, antwortet das Gute.

Neulich sagte ich einer jungen Dame, die eine Lehrerin der Gesetze des Geistes sein wollte, sie solle in ihrem Bewußtsein die Rolle einer Lehrerin annehmen. In ihrer Phantasie begann sie nun zu lehren und sich die Realität einer großen Gruppe von Schülern vor Augen zu stellen. Sie fühlte die Begeisterung und Erregung, die damit verbunden waren, bis alles ein Teil ihrer selbst wurde. Sie studierte und nahm an verschiedenen Ausbildungskursen zur Lehrtätigkeit teil. Sie erzählte mir, daß alle ihre Lehrer sagten, sie habe sie überflügelt. Alle notwendigen Eigenschaften und Qualitäten, die eine hervorragende Lehrerin ausmachen, wurden in ihr geweckt und genährt. Das heißt im Namen bitten. Sie eignete sich eine Vorstellung oder die Natur eines Verlangens an, nährte sich von ihr, bis sie Teil von ihr wurde, so, wie aufgenommene Nahrung Teil unseres Körpers wird.

Das Wissen des Grenzenlosen Einen

(33) In der Welt seid ihr in Bedrängnis; aber habt Mut: ich habe die Welt besiegt.

Unser Geist und Gemüt sind ein empfängliches Medium für alle Propaganda, Meinungen und irrigen Eindrücke aus der äußeren Welt. Es gibt gute und schlechte Eindrücke. Sind aber Geist und Gemüt des Menschen nicht bewußt und weise dazu ausgebildet, das Spreu vom Weizen zu trennen, dann setzen sich die schlechten und irrigen Eindrücke fest und verursachen Schwierigkeiten wie Krankheiten, Verwirrung, Ängste und Beschränkungen und Begrenzungen aller Art. Die Welt glaubt an das Gute und das Böse, an Krankheit und Mangel. Wenn wir in diesen weltlichen Überzeugungen verharren und das auf die Gesetze des Geistes gegründete Gebet vernachlässigen, dann werden wir mit Widerwärtigkeiten, Heimsuchungen und Schwierigkeiten konfrontiert.

Seien Sie guten Mutes; lassen Sie das Wissen des Grenzenlosen Einen alle Ihre Probleme bewältigen. Fangen Sie an, Geist und Gemüt mit den Ewigen Wahrheiten zu füllen. Werden Sie sich Ihrer inneren, von Gott gegebenen Kräfte bewußt, die Sie dazu befähigen, Ihre Aufmerksamkeit, Hingabefähigkeit und Liebe den Gedanken und Vorstellungen zu widmen, die heilen, segnen, inspirieren, erheben, adeln und Ihre Seele mit Freude erfüllen. Ihr Gewahrsein von Gottes Kräften und Seiner Gegenwart, die Ihre Seele erfüllen, befähigt Sie, sich über alle Hindernisse zu erheben und sich hinaufzuschwingen in den spirituellen Hafen, wo Sie in der Überzeugung ruhen, daß *mit Gott alle Dinge möglich sind*. Wenn Sie diese Geisteshaltung angesichts von Problemen und Schwierigkeiten bewahren, werden Sie die Welt besiegen (die objektiven Bedingungen und irdischen Ängste). Sie werden sein wie einer, von dem der Prophet sagt: *Er ist wie ein Baum, / der an Wasserbächen gepflanzt ist, der zur rechten Zeit seine Frucht bringt / und dessen Blätter nicht welken. Alles, was er tut, / wird ihm gut gelingen. (Psalmen 1,3)*

KAPITEL 17

Wie Sie in sich selbst Gott erleben

(1) Dies sagte Jesus. Und er erhob seine Augen zum Himmel und sprach: Vater, die Stunde ist da. Verherrliche deinen Sohn, damit der Sohn dich verherrlicht. (2) Denn du hast ihm Macht über alle Menschen gegeben, damit er allen, die du ihm gegeben hast, ewiges Leben schenkt. (3) Das ist das ewige Leben: dich, den einzigen wahren Gott, zu erkennen und Jesus Christus, den du gesandt hast. (4) Ich habe dich auf der Erde verherrlicht und das Werk zu Ende geführt, das du mir aufgetragen hast. (5) Vater, verherrliche du mich jetzt bei dir mit der Herrlichkeit, die ich bei dir hatte, bevor die Welt war. (6) Ich habe deinen Namen den Menschen offenbart, die du mir aus der Welt gegeben hast. Sie gehören dir, und du hast sie mir gegeben, und sie haben an deinem Wort festgehalten. (7) Sie haben jetzt erkannt, daß alles, was du mir gegeben hast, von dir ist. (8) Denn die Worte, die du mir gegeben hast, gab ich ihnen, und sie haben sie angenommen. Sie haben wirklich erkannt, daß ich von dir ausgegangen bin, und sie sind zu dem Glauben gekommen, daß du mich gesandt hast. (9) Für sie bitte ich; nicht für die Welt bitte ich, sondern für alle, die du mir gegeben hast; denn sie gehören dir. (10) Alles, was mein ist, ist dein, und was dein ist, ist mein; in ihnen bin ich verherrlicht. (11) Ich bin nicht mehr in der Welt, und ich gehe zu dir. Heiliger Vater, bewahre sie in deinem Namen, den du mir

gegeben hast, damit sie eins sind wie wir. (12) Solange ich bei ihnen war, bewahrte ich sie in deinem Namen, den du mir gegeben hast. Und ich habe sie behütet, und keiner von ihnen ging verloren, außer dem Sohn des Verderbens, damit sich die Schrift erfüllt.

Dieses Gebet ist als das große Erwachen bekannt – der Mensch, der zu seinem Glanz und seiner Herrlichkeit als Sohn Gottes erwacht. Hier ist die Vereinigung von Mensch mit Gott dargestellt oder die vollkommene Verschmelzung des Intellekts mit der Weisheit Gottes. *Die Stunde ist da* meint den Tod aller Begrenzung und ein Erwachen zu Ihrem Einssein mit Gott und allen Dingen des Guten. Wenn der Mensch sein Unbewußtes völlig gereinigt hat und wenn sein Bewußtsein frei ist von aller Furcht und allem Gefühl der Begrenztheit, dann werden die beiden eins. Die Stunde ist da, wenn Sie in den Bewußtseinszustand eintreten, der Ihre Einheit mit dem Ganzen enthüllt. Durch eine Art Innere Bewußtheit nimmt der Mensch unmittelbar die großen Wahrheiten Gottes wahr. Dann verlangt er danach, jede geistige Vorstellung, die er empfängt, zu verherrlichen. Sein Sohn (seine Vorstellung) muß diese Verherrlichung auf seinen Vater-Schöpfer zurückspiegeln; der *Sohn*, das ist jeder Mensch; Sie verherrlichen in Wahrheit den Vater, wenn Sie Gesundheit, Friede, Harmonie, Verstehen und guten Willen manifestieren. Und Sie verherrlichen auch den Vater, wenn Ihr Intellekt von der Weisheit Gottes erhellt ist. *Verherrlichen*, das bedeutet erheben, verstärken, lobpreisen und spirituell erhöhen. *Du hast Macht über alle Menschen* bedeutet, Sie haben Macht über Ihre Welt.

Hier sind mit dem Wort *Mensch* der leibliche Körper, die Umwelt, der Beweis der fünf Sinne, der allgemeine

Glaube der Menschheit und die öffentliche Meinung gemeint. Sie müssen erkennen, daß die innere spirituelle Macht und Kraft Ihr Herr ist. Sie ist Ihr Meister, und sie antwortet auf Ihr Denken. Sie machen nicht die Wirkung zur Ursache. Sie wissen um Ihr spirituelles Reich und Ihre Macht über Ihren Körper und Ihre Umwelt. Ihr Körper ist Ihrem Gebot völlig unterworfen. Ihr Körper bewegt sich, wie er bewegt wird. Er handelt, wie er behandelt wird. Sie können falsche und negative Bilder und Vorstellungen aufrechterhalten oder Ihre Aufmerksamkeit harmonischeren geistigen Vorstellungen zuwenden und sie durch die Kraft des Geistes und Gemüts lebendig halten. Wahre Verherrlichung ist kosmisches Bewußtsein und die Ausdehnung in das Göttliche.

Das Werk mit Beten beenden

Ich habe das Werk zu Ende geführt besagt, daß ich nun alle vormalige Macht und Herrlichkeit als Sohn Gottes zurückfordere. Beim Beten beenden Sie Ihr Werk, indem Sie sich nach innen wenden und sich vorstellen, daß Sie das besitzen, was Sie besitzen möchten, oder ausdrücken, was Sie ausdrücken wollen.

Vor einiger Zeit sagte ich einem Alkoholiker, er solle sich vorstellen, wie seine Frau ihn beglückwünsche, und er solle weiterhin an dieses Bild glauben. Ich erklärte ihm, daß er aus seinem Unbewußten Kraft beziehen würde, die sein Verlangen nach Alkohol beenden und ihn dazu nötigen würde, seiner Freiheit von dieser Gewohnheit Ausdruck zu geben. Das geistige Bild vergegenständlichte sich, und ein neues Verhaltensmuster wurde aufgebaut. Er hat sein Werk zu Ende gebracht; das heißt, durch Gefühle und Gedanken an seine Freiheit baute er sein Bewußtsein allmählich auf, bis es ganz erfüllt war, und seine innere Einstellung und das, was er innerlich bekräftigte und fühlte, wurden zu einer Funktion und realen Erfahrung.

Sie bringen Ihr Werk zu Ende, wenn Sie sich nach innen wenden und Ihr Gebet durch Ihre Zuversicht in die Macht und Kraft des Gesetzes zur Verwirklichung bringen. Gott hat dem Menschen die Welt vermacht, aber der Mensch gewahrt seine inneren Kräfte nicht. Der Mensch ist der Erbe von allem, das ist. *Ich bin das Licht der Welt. (Johannes 8,12)*

Einige Menschen sind sich ihres Seins mit hundert Watt bewußt, einige mit zweihundert, fünfhundert usw., aber wenn der Mensch zu der Tatsache erwacht, daß er eins ist mit dem Grenzenlosen Licht, dann ist er ohne Begrenztheit. Die Elektrizität ist sich nicht bewußt, daß sie Licht ist – sie ist es. Wir sind hier, um uns zu erinnern, und wenn wir uns voll daran erinnern, wer wir sind und woher wir kamen, dann sind die Werke wahrhaft zu Ende geführt. »Alle Dinge entstehen durch die Selbst-Betrachtung des Geistes«, sagt Troward. Gott schaute Sich Selbst als Mensch, und so wurde Er Mensch.

Wenn in Vers 7 gesagt wird: »Sie haben jetzt erkannt, daß alles, was du mir gegeben hast, von dir ist«, so bedeutet das, daß alles, was der Mensch jemals erfahren hat, ihm durch sein eigenes Bewußtsein zugekommen ist. Der Mensch des Augenblicks glaubt sein Gebet beantwortet, wenn er es in der Welt der Form Erscheinung annehmen sieht. Wir sind hier auf einer Reise der Selbst-Entdeckung. Wir sind hier, um zu entdecken, wer wir sind. »Der Pilger, die Pilgerreise und der Weg waren nur eine Reise von mir zu mir.« Die anscheinend so vielen sagen mir nur, wer ich bin.

Vers 10: *Alles, was mein ist, ist dein, und was dein ist, ist mein; in ihnen bin ich verherrlicht*, meint, daß Gottes alles ist, was da ist, und was wahr für Gott ist, ist wahr für den Menschen, da der Mensch Gott ist, der sich manifestiert. Alle Weisheiten Gottes, aller Geist und alle Macht und Kraft warten im Innern eines jeden Menschen, entdeckt und gebraucht zu werden. Unser Bewußtsein ist alleins und unzerstörbar; alle Dinge und Erfahrungen kommen aus dem Bewußtsein, und alle Dinge kehren ins Bewußtsein zurück. Sie werden verherrlicht, wenn Sie in Wahrheit zu einem Kanal werden, durch den Gottes Licht und Liebe frei fließen. Dieses riesige unbewegte Wesen, das die Menschen Gott nennen, wird beschränkt durch den Glauben, irgend jemand zu sein. Jedes Kind, das geboren wird, ist das universelle Leben, das als dieses Kind erscheint. Es ist Gott, der geboren wird, und jedes Kind wird in den Glauben der Menschheit und in all das, wofür seine Umwelt steht, hineingeboren.

Die Wirklichkeit des Gebetes fühlen

(12) Solange ich bei ihnen war, bewahrte ich sie in deinem Namen, den du mir gegeben hast. Und ich habe sie behütet, und keiner von ihnen ging verloren, außer dem Sohn des Verderbens, damit sich die Schrift erfülle.

Dieser Vers bedeutet, daß ich alle Dinge in deinem Namen bewahre, indem ich behaupte und bekräftige: »Ich bin dieses Ding.« Sie halten alle geistigen Bilder und Vorstellungen *fest in deinem Namen*, was besagt, daß Sie die

Selbstverständlichkeit und Wirklichkeit dessen, worum Sie beten, fühlen. Das Wort *Name* bedeutet das Wesen oder die Natur und Selbstverständlichkeit der Sache, für die Sie beten. *Der Sohn des Verderbens* meint den Glauben an Verlust, das Gefühl der Begrenztheit. Es gibt nur einen Verlust, den Glauben an Verlust, und wenn dieser Glaube stirbt, gibt es keinen Verlust. Der Sohn des Verderbens bedeutet auch den Glauben an den Verlust der Seele. Kein Mensch und kein Ding können verlorengehen. In diesem Vers erfahren wir, daß der Glaube an Verlust aufgegeben werden muß, damit sich die Schrift erfüllen kann mit dem Wissen und der Kenntnis, daß das Bewußtsein des Menschen Gott und daß sein eigenes Bewußtsein sein Retter und Erlöser ist. Es gibt keine verlorene Seele aus dem einfachen Grund, daß Gott Sich nicht Selbst verlieren kann.

Wir werden uns nun mit den Höhepunkten des restlichen Kapitels befassen.

(14) Ich habe ihnen dein Wort gegeben, und die Welt hat sie gehaßt, weil sie nicht von der Welt sind, wie auch ich nicht von der Welt bin.

Die Welt hat jahrhundertelang mit ihrem Glauben an materielle Götter die Idee in Verruf gebracht, daß das Bewußtsein des Menschen alle Dinge zunächst geistig erschafft; und daß er danach sie sich materialisieren sieht. *Ich bin nicht von der Welt* bedeutet: ICH BIN ist das dem Menschen innewohnende Bewußtsein, und er hat die vollkommene Macht, seine eigene Schöpfung ohne die Hilfe eines jeglichen Menschen zu schaffen. Dieses grundlegende Prinzip wird das Fundament der neuen aufstrebenden geistigen Welt sein.

(15) Ich bitte nicht, daß du sie aus der Welt nimmst, sondern daß du sie vor dem Bösen bewahrst.

Um ein spirituelles Leben zu führen, brauchen wir uns nicht in ein Kloster zurückzuziehen oder uns von den Menschen abzusondern. Wegrennen bedeutet Eskapismus. Wir flüchten nicht vor dem Leben, sondern wir behaupten uns und sagen: »Fürchte nicht, ich habe die Welt besiegt.« Wir können unsere Göttlichkeit inmitten der belebtesten Plätze der Weltstädte beweisen, wir können in einer Großstadt oder in abgelegenen Bergen spirituell wachsen.

(19) Und ich heilige mich für sie, damit auch sie in der Wahrheit geheiligt sind.

Wir müssen uns klar darüber sein, daß wir uns nur selbst ändern können. Wenn der Mensch seine Selbstwertschätzung oder seine Vorstellung von sich selbst verändert, verändert er seine Beziehung zur Welt. Wir müssen uns selbst heiligen, das bedeutet, wir selbst müssen uns ganz, heil und rein machen. Wenn ich mich heilige, dann sehe ich nur das Reine, nur das Gute in meinem Geist und Gemüt.

Frieden in uns selbst schaffen

Nehmen wir zum Beispiel an, ich will Frieden in der Welt, dann muß ich bei mir anfangen. Wenn ich in mir Frieden schaffe, dann werde ich zum Frieden in der Welt beitragen. Wenn ich zum Gott-Selbst in mir freundlich bin, werde ich zu allen Menschen auf Erden freundlich sein. »Wie innen, so außen.« Wenn ich mit den Augen der Liebe sehe, kann ich den gemeinsten Menschen auf Erden nicht hassen. Ich kann nichts anderes sehen als die Inhalte meines Bewußtseins. Wenn ich mich mit dem Liebenden und Guten identifiziere, kann ich nichts sehen, das nicht liebenswert ist. Den Reinen sind alle Dinge rein. Ich kann keine Harmonie auf äußerer Ebene erfahren, bevor ich nicht eine harmonische geistige Atmosphäre in mir aufgebaut habe. Das Urteil über andere ist ein Urteil über mich selbst. Was immer Sie über andere denken, denken Sie über sich selbst. Hören Sie mit dem Versuch auf, die Welt zu ändern; ändern Sie sich selbst. Die Welt ist eine Versammlung von uns selbst. Die Diktatoren, Tyrannen, Despoten dieser Welt sind Verlängerungen im Raum von den diktatorischen Komplexen in unser aller Geist und Herz.

(21) Alle sollen eins sein: Wie du, Vater, in mir bist und ich in dir bin, sollen auch sie in uns eins sein, damit die Welt glaubt, daß du mich gesandt hast. (22) Und ich habe ihnen die Herrlichkeit gegeben, die du mir gegeben hast; denn sie sollen eins sein, wie wir eins sind.

Diese Verse sprechen von der großen Wahrheit, daß nur Eines zu verehren und anzubeten ist, nur Eines, das zu suchen und zu wünschen ist, und das ist das Bewußtsein von Gottes Gegenwart und Kraft. Alle Dinge werden innerlich geschaffen, und sie werden geschaffen aus dieser Macht und Kraft und Gegenwart. Es ist Alleins und Unteilbar. In Wahrheit und Wirklichkeit sind wir eins.

Wenn wir beispielsweise die Kontinente betrachten, so scheinen sie voneinander getrennt; doch unter den Ozeanen ist einer, der sie alle vereint. Wir sehen Erhebungen trockenen Landes über den Wassern. Objektiv betrachtet, scheinen wir unterschiedliche und voneinander gesonderte Individuen. Und doch sind Geist und Leben Eins und Unteilbar. Subjektiv gesehen, sind wir alle eins. Alles, was Sie betrachten, ist das Eine Sein, das als Fels erscheint, als Sand, Sonne, Mond, Baum, Tiere und so fort. Alle Menschen sind Ausdehnungen voneinander.

Stellen Sie sich die Haare auf Ihrem Kopf und alle Zellen Ihres Körpers vor; Millionen von Zellen bilden Ihren Körper; und ebenso sind die Milliarden Menschen auf der Erde wie Zellen Ihres Körpers; sie sind eine Ausdehnung von Ihnen. Wenn ich jemand anderen verletze, verletze ich mich selbst. Wenn ich jemand anderem helfe, helfe ich mir selbst. Wir sind alle eins. Deshalb sagen wir: »Unser Vater« und sagen damit aus, daß wir alle Brüder und Schwestern sind. Es ist ein Wesen, ein Sein, das Sich in den vielen spielt und ausdrückt. Fordern und beanspruchen Sie die höchste und umfassendste Vorstellung von sich selbst.

(23) . . . ich in ihnen und du in mir. So sollen sie vollendet sein in der Einheit.

Dies drückt die tiefe Wahrheit aus, daß wir, gleich, was uns die Augen sagen, für alles blind sein müssen, außer für den vollkommenen Zustand, den wir sehen wollen. Wir müssen in unserem Bewußtsein darum bitten, daß es so ist, ganz gleich, worum wir bitten.

(26) Ich habe ihnen deinen Namen bekannt gemacht und werde ihn bekannt machen, damit die Liebe, mit der du mich geliebt hast, in ihnen ist und damit ich in ihnen bin.

Dies besagt, daß durch alle Zeiten hindurch die Lehrer und Meister die Wahrheit verkündet haben: ICH BIN der Herr, ICH BIN die Tür, und ICH BIN ist das einzige Gesetz des Bewußtseins. Noch in Millionen von Jahren wird diese Wahrheit verkündigt werden, bis der Mensch sich des Wesens bewußt sein wird, das er wirklich ist. Ist diese Liebe der Wahrheit dem Einzelmenschen bekannt, so liebt er dieses Ewige Prinzip und freut sich daran, dieses Göttliche Geheimnis mit seinen Brüdern und Schwestern zu teilen. Früher, als wir denken, werden sich die Vaterschaft Gottes und die Brüderlichkeit des Menschen auf dem gesamten Erden-bewußten Planeten manifestieren.

KAPITEL 18

Pflegen Sie den Garten Ihres Geistes

(1) Nach diesen Worten ging Jesus mit seinen Jüngern hinaus, auf die andere Seite des Baches Kidron. Dort war ein Garten; in den ging er mit seinen Jüngern hinein. (2) Auch Judas, der Verräter, der ihn auslieferte, kannte den Ort, weil Jesus dort oft mit seinen Jüngern zusammengekommen war. (3) Judas holte die Soldaten und die Gerichtsdiener der Hohenpriester und der Pharisäer, und sie kamen dorthin mit Fackeln, Laternen und Waffen. (4) Jesus, der alles wußte, was mit ihm geschehen sollte, ging hinaus und fragte sie: Wen sucht ihr? (5) Sie antworteten ihm: Jesus von Nazareth. Er sagte zu ihnen: Ich bin es. Auch Judas, der Verräter, stand bei ihnen. (6) Als er zu ihnen sagte: Ich bin es!, wichen sie zurück und stürzten zu Boden. (7) Er fragte sie noch einmal: Wen sucht ihr? Sie sagten: Jesus von Nazareth. (8) Jesus antwortete: Ich habe euch gesagt, daß ich es bin. Wenn ihr mich sucht, dann laßt diese gehen! (9) So sollte sich das Wort erfüllen, das er gesagt hatte: Ich habe keinen von denen verloren, die du mir gegeben hast. (10) Simon Petrus aber, der ein Schwert bei sich hatte, zog es, schlug nach dem Diener des Hohenpriesters und hieb ihm das rechte Ohr ab; der Diener hieß Malchus.

Sie befinden sich im Garten Ihres Geistes, wenn Sie meditieren über: *Was immer wahrhaft, edel, was lauter, liebenswert, ansprechend ist, was Tugend heißt und lobens-*

wert ist, darauf seid bedacht! (Philipper 8,4) Wenn Sie über diese großen Wahrheiten nachdenken und sich ganz auf sie konzentrieren, dann sind Sie im Garten Getsemani, wo Sie in Wahrheit das Öl des Glücks und der Freude auspressen.

Die Frage in Vers 4 und 7 »Wen sucht ihr?« bedeutet, daß wir stets Jesus oder das, was uns erretten würde, suchen. Wir können unser Gut nur erhalten, wenn wir die Gesetze des Geistes verstehen und unser Gut bewußt vollkommen annehmen. Die Stimme antwortete: »Ich bin es.«

In Vers 6 steht: *Als er zu ihnen sagte: Ich bin es!, wichen sie zurück und stürzten zu Boden.* Dies ist natürlich nicht wörtlich zu verstehen. Die Szene bezieht sich nicht auf eine Gruppe von Männern mit Fackeln und Waffen, die angesichts eines sanften Menschen, der betet, zu Boden stürzen. Wir dürfen uns nicht in den Absonderlichkeiten und Eigentümlichkeiten einer allzu wörtlichen Auslegung verlieren. Die Geschichten in der Bibel können uns nur helfen, wenn wir die wahren spirituellen Werte hinter den Worten erkennen; dann stürzen alle irrigen Vorstellungen, falschen Theorien, negativen und angstvollen Gedanken; das heißt, sie werden aus Ihrem Geist und Gemüt ausgetrieben und verlieren all ihre Macht.

Sie wichen zurück bedeutet, Sie haben die falschen Vorstellungen aufgegeben und die Anerkennung und Bindung an die Eine Höchste Spirituelle Kraft, die in der Bibel ICH BIN genannt wird, inthronisiert. Sie können in den Garten Getsemani eintreten, wenn Sie diese Seiten lesen. Werden Sie in Geist und Gemüt still, sitzen Sie ruhig und konzentrieren Sie Ihre gesamte Aufmerksamkeit auf Ihren Wunsch oder Ihr Ziel und bleiben Sie ihm treu. Wenn Sie merken, daß Sie abschweifen, dann lenken Sie Ihre Aufmerksamkeit wieder auf die Betrachtung Ihres Ideals und seiner Realität.

Wenn ihr mich sucht, dann laßt diese gehen. Wenn Sie die Lösung für ein Problem suchen, dann erkennen Sie keine andere Macht an als Gott und lehnen jeglichen Glauben an andere Mächte ab. Geist und Gemüt sind diszipliniert, und Sie gehen völlig in der Betrachtung der Realität Ihres Wunsches auf.

Das *Abschneiden des rechten Ohrs* in Vers 10 drückt symbolisch aus, daß wir uns weigern, auf objektive Beweise, äußerliche Erscheinungen oder äußerliche Beschreibungen und Ansichten anderer Menschen zu hören.

Der Kelch Ihres Geistes

(11) Da sagte Jesus zu Petrus: Steck das Schwert in die Scheide! Der Kelch, den mir der Vater gegeben hat – soll ich ihn nicht trinken?

Der Kelch meint Ihren Geist und Ihr Gemüt, die für Ihre Idee, Ihre Vorstellung empfänglich sind. Ähnlich, wie Sie Kaffee in eine Tasse gießen, lassen Sie Leben, Liebe, Gefühle und Enthusiasmus in Ihre Idee einfließen. Jedes Samenkorn ist ein Versprechen auf eine Frucht oder Nahrung, je nach seiner Natur. Ihr Wunsch ist eine sich selbst erfüllende Prophezeiung. Nur geistige Empfänglichkeit ist dazu nötig.

(12) Die Soldaten, ihre Befehlshaber und die Gerichtsdiener der Juden nahmen Jesus fest, fesselten ihn (13) und führten ihn zuerst zu Hannas; er war nämlich der Schwiegervater des Kajaphas, der in jenen Jahren der Hohepriester war.

Hannas (Intellekt, Bewußtsein) ist der »Schwiegervater« (was Vater durch Gesetz bedeutet) des Kajaphas. Das Gesetz ist: *Ich bin das, was ich fühle, daß ich bin.* Kajaphas bedeutet Grube, Höhlung oder das Unbewußte. Das Bewußtsein ist der Vater des Unbewußten, weil es Herr über das Unbewußte ist und es mit allen möglichen Eindrücken befruchtet.

(14) Es ist besser, daß ein einziger Mensch für das Volk stirbt. Dies bedeutet, daß Jesus oder unser Wunsch erst sterben muß, bevor er auferstehen kann.

Wenn das Weizenkorn nicht in die Erde fällt und stirbt, bleibt es allein; wenn es aber stirbt, bringt es reiche Frucht. (Johannes 12, 24) Wie das Samenkorn seine eigene Mathematik und Mechanik hat, so hat auch Ihr Wunsch seine eigene Weise, sich zu verwirklichen und zu erfüllen. Wenn Sie fühlen und glauben, daß Sie jetzt sind, was Sie zu sein wünschen, dann haben Sie Ihre frühere Vorstellung oder Einschätzung von sich selbst abgestreift und die neue Vorstellung auferstehen lassen.

Das Wissen Ihrer inneren Welt

Beim Gebetsvorgang lösen Sie Ihr Bewußtsein von dem Problem oder der Schwierigkeit und stellen sich intensiv die erwünschte Realität vor im Wissen, daß sie sich in Ihrer Welt herstellen wird. Sie lösen sich geistig von allen Dingen, die Sie gefesselt halten, und leben in Ihrer Vorstellung mit dem, was Sie in Ihrer Welt verkörpern wollen. Was immer Sie jetzt gewahren, das stellt Ihr Glaube dar.

Ich hatte eine interessante Erfahrung mit einem Mann, der an einer Lähmung litt. Ich sagte ihm, er solle sich sehr lebhaft vorstellen, wie er in seinem Büro herumgeht, den Schreibtisch berührt, Telefonanrufe entgegennimmt und alles das tut, was er tun würde, wenn er geheilt wäre. Er versetzte sich in diese Rolle und hatte tatsächlich das Gefühl, wieder im Büro zu sein. Nachdem er mehrere Wochen in dieser Weise gebetet hatte, klingelte eines Tages das Telefon und klingelte und klingelte. (Dies hatte ich arrangiert.) Sowohl seine Frau als auch die Krankenschwester waren nicht im Haus. Das Telefon stand etwa vier Meter von ihm entfernt, und er nahm den Anruf entgegen. Seine Frau wußte, daß er in dieser Stunde geheilt war. Die Allmächtige Kraft floß durch den Brennpunkt seiner Aufmerksamkeit, und eine Heilung trat ein. Psychisch gesehen, entwickelte er eine Vorstellung im dunklen Haus seines Geistes, und danach erfolgte eine vollkommene Heilung. Dieser Mann hatte einen geistigen Block, der verhindert hatte, daß die Impulse seines Gehirns seine Beine erreichten; und deshalb konnte er nicht gehen.

Wenn der Mensch seine Aufmerksamkeit der Heilenden Kraft des Einen Allmächtigen zuwendet, dann fließt diese Kraft und löst alles auf, was nicht Ihresgleichen ist. Dieser Mann hatte seinen vormaligen Glauben an einen verkrüppelten Zustand völlig aufgegeben und begann das zu leben, was er als wahr behauptete und bekräftigte. In der Sprache der Bibel beging er wie Judas (Problem, Krankheit, Mangel) Selbstmord, oder er erstarb dem alten Zustand und Jesus oder der errettende Bewußtseinszustand erstanden auf. Er nahm das Leben aus dem alten Zustand, indem er seine Aufmerksamkeit abzog und sie auf den neuen Zustand richtete und in dieser geistigen Atmosphäre lebte, als sei sie wahr; dieser Bewußtseinszustand kristallisierte sich schließlich in ihm. Man könnte also in der Sprache der Bibel sagen, »er ging weg und erhängte sich« (Tod des alten Zustands).

Niemand entreißt es (meinem Leben) *mir... Ich habe Macht, es hinzugeben, und ich habe Macht, es wieder zu nehmen. (Johannes 10,18)* Auf gleiche Weise müssen Sie hingeben, was Sie sind, bevor Sie das leben können, was Sie sein möchten.

Wir werden uns nun mit den Kernaussagen des restlichen Kapitels befassen. In Vers 27 wird uns gesagt, daß Petrus Jesus verleugnete. Eine ähnliche Geschichte finden wir in Matthäus 26,34: *In dieser Nacht, noch ehe der Hahn kräht, wirst du mich dreimal verleugnen.* Dies bedeutet, daß jeder Mensch sich weigern sollte, einen anderen Herrn anzuerkennen als die innere Spirituelle Macht und Kraft. Die Zahl Drei steht für tiefen Glauben oder unerschütterliche Überzeugung. Solange wir Herren, andere Mächte oder Glaubensvorstellungen haben, die uns beherrschen oder leiten, sind wir Sklaven. Viele sind Sklaven des Wetters oder unsichtbarer Viren, und machen letztere für eine Erkältung oder Grippe verantwortlich.

Der dreimal leugnende Petrus meint Ihren Bewußtseinszustand oder Ihre disziplinierte Einstellung, die nur den Glauben an die Eine Macht und die Eine Gegenwart zuläßt und sich keinen anderen Mächten unterwirft. *Dreimal leugnen* bezeichnet einen subjektiven Glauben, der keine Einwände gestattet. Nach dem schöpferischen Akt und stets im Morgengrauen kräht der Hahn und kündigt die Geburt der Sonne (das erleuchtete Bewußtsein) an. Die Morgendämmerung erscheint, und die Schatten der Furcht und des Zweifels fliehen. Petrus verleugnete Jesus dreimal. Dies symbolisiert das Lied des Triumphes, in dem der Mensch seine höchste Aufmerksamkeit dem Herrn und Meister im Innern schenkt – seinem eigenen ICH BIN-SEIN als Schöpfer und als Erlöser von allen Problemen.

(31) Pilatus sagte zu ihnen. Nehmt ihr ihn doch, und richtet ihn nach eurem Gesetz! Die Juden antworteten ihm: Uns ist es nicht gestattet, jemand hinzurichten. (32) So sollte sich das Wort Jesu erfüllen, mit dem er angedeutet hatte, auf welche Weise er sterben werde. (33) Pilatus ging wieder in das Prätorium hinein, ließ Jesus rufen und fragte ihn: Bist du der König der Juden? (34) Jesus antwortete: Sagst du das von dir aus, oder haben es dir andere über mich gesagt? (35) Pilatus entgegnete: Bin ich denn ein Jude? Dein eigenes Volk und die Hohenpriester haben dich an mich ausgeliefert. Was hast du getan? (36) Jesus antwortete: Mein Königtum ist nicht von dieser Welt. Wenn es von dieser Welt wäre, würden meine Leute kämpfen, damit ich den Juden nicht ausgeliefert würde. Aber mein Königtum ist nicht von hier. (37) Pilatus sagte zu ihm: Also bist du doch ein König? Jesus antwortete: Du sagst es, ich bin ein König. Ich bin dazu geboren und dazu in die Welt gekommen, daß ich für die Wahrheit Zeugnis ablege. Jeder, der aus der Wahrheit ist, hört auf meine Stimme. (38) Pilatus sagte zu ihm: Was ist Wahrheit? Nachdem er das gesagt hatte, ging er wieder zu den Juden hinaus und sagte zu ihnen: Ich finde keinen Grund, ihn zu verurteilen. (39) Ihr seid gewohnt, daß ich euch am Paschafest einen Gefangenen freilasse. Wollt ihr also, daß ich euch den König der Juden freilasse? (40) Da schrien sie wieder: Nicht diesen, sondern Barabbas! Barabbas aber war ein Straßenräuber.

Pilatus ist der Verstand, der immer ein Urteil fällt. Wir urteilen den ganzen Tag lang auf der Grundlage unserer Gedanken, der Entscheidung oder Schlußfolgerung, zu der wir innerlich gekommen sind. Das Prätorium, die *Ge-*

richtshalle, meint hier das Reich des Verstandes, der oft verschwommen und verwirrt ist.

Das Gefühl der Rettung

In Vers 33 weiß der Verstand nicht, was Rettung ist, weil nur das Gefühl dies wissen kann. *Meine Leute* in Vers 36 sind unsere Gedanken, Ideen, Gefühle und unser Verständnis der geistigen und spirituellen Gesetze. Haben wir Zuversicht und Vertrauen in das höhere Wirken des Geistes, dann ist das Resultat unausweichlich; alle Hindernisse werden sich auflösen und verschwinden. Wir streben nicht in der äußeren Welt danach, zu einem Frieden zu gelangen, der aus dem Innern kommt. Das, was wir über Gewalt erlangen, müssen wir mit Gewalt erhalten. Liebe befreit; sie gibt sich stets von selbst und aus sich selbst; sie ist universal; sie ist der Geist Gottes.

In Vers 37 ist jeder Mensch ein König aus dem einfachen Grund, daß er ein absoluter Herrscher über seine Gedanken, Emotionen und Reaktionen auf das Leben ist. Er kann seine Gedanken herumkommandieren. Er kann allen negativen Vorstellungen und falschen Ideen den Paß verweigern. Er ist der König seines Reichs der Vorstellung. *Ihr Königreich* ist Ihr Bewußtsein. Ihrer Verfügung (Glaube) wird immer gehorcht werden, und niemand stellt sie in Frage, da Sie die Herrschaft über Ihre Gedanken und Gefühle haben. Dieser Vers sagt uns, daß wir hier sind, um auszuagieren; Zeugnis abzulegen von Gottes Gegenwart und zu beweisen, daß wir die Herrschaft haben.

Vers 38 meint, daß der bewußte, weltlich gesinnte Mensch stets fragt: »Was ist Wahrheit?« Wahrheit ist immer still. Sie ist über Streitgespräche, Spitzfindigkeiten, Theorien, Dogmen und Glaubenssätze erhaben. *Wahrheit* ist eine innere Erfahrung, ein inneres Gewahrsein oder Gefühl, bei dem Sie die Realität selbst schmecken und berühren. Ihr Bewußtsein bestimmt alle Ihre Erfahrungen und Beziehungen mit der äußeren Welt und allen Menschen. Die Bibel sagt: »Ich bin die Wahrheit.«

Die Gegenwart Gottes in Ihnen ist die wirkliche Wahrheit, die unwandelbare Realität in uns allen. Wahrheit ist der subjektive Faktor, der die wirkliche Ursache aller unserer Erfahrungen ist. Es hat keinen Sinn, einzuwenden, daß zwei und zwei nicht vier sind. Wahrheit gestattet keine Einwendung und kein Argumentieren. Wahrheit ist.

Kürzlich sprach ich mit einem Geschwisterpaar, Bruder und Schwester. Die Schwester bekam einen Ausschlag, wenn sie Erdbeeren aß; der Bruder dagegen mochte Erdbeeren sehr gern und hatte keine Beschwerden. Die Wahrheit in dieser Angelegenheit war natürlich eine subjektive Furcht auf seiten des Mädchens. Als sie Erdbeeren aß, sich daran erfreute und bekräftigte: »Dies ist spirituelle Nahrung und wird durch mein Verdauungssystem in Schönheit verwandelt«, hatte sie keine Probleme mehr.

Was ist Wahrheit?

Jede Wahrheit in dieser relativen Welt wird Halbwahrheit genannt, weil uns geschieht, wie wir glauben. Wenn Sie glauben, daß Sie von giftigem Efeu einen Ausschlag bekommen, wird dies zu einer realen Erfahrung für Sie werden. Ich habe Soldaten auf giftigem Efeu schlafen sehen, ohne daß sie negativ darauf reagierten. Was ist *Wahrheit?*

Sie ist ein subjektiver Glaube. In dieser relativen Welt finden Sie Verwirrung, Streitigkeiten, Zwietracht und Kampf, aber tief in unserem Innern erstreckt sich das Grenzenlose und Unendliche in lächelnder Ruhe. Im Absoluten ist alles Seligkeit, Frieden, Harmonie und Vollkommenheit. Gott wohnt in der Stille; Wahrheit wird in der Stille gelebt; Wahrheit wird in der Stille vernommen; Wahrheit wird in der Stille gefühlt; Wahrheit wird in der Stille übermittelt, denn Gott wohnt in der Stille. Es ist wunderbar!

Sie können in diesen geheimen Orten Des Allerhöchsten eintreten, wo Sie Ihren Wunsch als bereits erfüllt gestalten, und es wird Ihnen geschehen, wie Sie glauben. Inspiration, Führung und Erleuchtung kommen dem Menschen in der Stille zu, wenn er ruhig ist und allein mit Gott. Alle Charaktere in der Bibel finden Sie in sich selbst, und die Geschichten sollten nicht als historische Ereignisse angesehen werden, die sich vor zweitausend Jahren abspielten.

Der Brauch, einen Gefangenen am Paschafest freizulassen, wie er in Vers 39 erwähnt wird, bezieht sich auf die Kunst und den Vorgang des Gebets. Das *Paschafest* steht für den Wandel des Bewußtseins, wenn Sie vom alten in den neuen Bewußtseinszustand übergehen.

Die Menge (Ihre Gedanken und Wünsche) schreit: *»Nicht diesen, sondern Barabbas! Barabbas aber war ein Straßenräuber.«* Alle von uns wollen *Barabbas* oder den Bewußtseinszustand, der uns des Friedens, der Harmonie und des Wohlstands beraubt, loswerden. Wenn wir krank sind, schreien wir nach Gesundheit (Jesus – das, was uns erlöst); wir wollen Barabbas (Krankheit) freisetzen.

Ein Mann, der seit einem Jahr einen Dickdarmkatarrh

hatte, zögerte, sein Ressentiment gegenüber seinem Partner aufzugeben. Ich sagte ihm, er würde eine Heilung erfahren, wenn er dieses Ressentiment (Barabbas) aufgäbe und sein Herz mit Liebe und gutem Willen (Jesus) erfüllte. Sein Ressentiment war der Anker, der ihn an das Rad des Schmerzes fesselte. Er fing an, sich für seinen Teilhaber alle Reichtümer Gottes wie Frieden, Gesundheit, Freude, Leben, Freiheit und alle guten Dinge zu wünschen. Und er erfuhr eine Heilung. Die Menge der Gedanken in ihm rief nach der Freilassung des Barabbas, damit er das normale Funktionieren seines Organismus erfahren konnte.

Sollten Sie ein unerfülltes Verlangen oder Ziel, einen unerfüllten Traum haben, dann müssen Sie Gedanken der Furcht oder der Besorgnis hegen oder Hindernisse bei der Erfüllung sehen. Identifizieren Sie sich nun mit Ihrem Ziel, indem Sie sich geistig und emotional mit ihm vereinigen. Bauen Sie es in Ihrem Geiste auf, indem Sie sich häufig seine Erfüllung genau vorstellen. So wie Sie einen Stein auf den anderen legen, wenn Sie Ihr Haus bauen, so wird diese Stimmung oder dieses Gefühl allmählich wachsen und sich verstärken, bis Ihr Bewußtsein davon ganz erfüllt ist. Wenn Sie Ihre Vision aufrechterhalten haben und ihr treu geblieben sind, dann werden Sie Ihr Ideal kreuzigen oder es dazu veranlassen, von der bewußten Sphäre des Lebens in den subjektiven Zustand des inneren Gewahrseins oder der unbewußten Verkörperung überzuwechseln (»überzukreuzen«).

Sie sind Pilatus, Jesus, Barabbas und die Menge; und wenn Sie ein Problem haben, müssen Sie im Geiste Barabbas freisetzen und sichergehen, daß Sie Jesus (Ihr Verlangen) kreuzigen. Wenn Ihr Verlangen verwirklicht werden soll, muß es gekreuzigt werden; das heißt, es muß im Bewußtsein fixiert werden. Ihr Verlangen muß sterben oder als wahr gefühlt werden, sonst bleibt Ihr Verlangen bestehen.

Das Gebet ist ein Prozeß von Tod und Geburt, so wie wir immer im Alten absterben und im Neuen aufleben. Die Kreuzigung ist ein mystisches Drama. Es ist nicht die Geschichte einer Gruppe von Menschen, die man Juden nannte und die einen Menschen zum Tode verurteilten. Niemand kann Ihren Erlöser töten. Sie sind Ihr eigener Erlöser. Ihr Glaube und Vertrauen in Gott ist Ihr persönlicher Erlöser. Wir haben diese Geschichte über das Gebet verzerrt und verkehrt und daraus ein sadistisches und schauerliches Drama gemacht. Wir müssen aufhören, ein Volk, das man die Juden nennt, zu stigmatisieren, und wir müssen erkennen, daß es sich hier um eine wunderbare Geschichte über das Erwachen des Menschen zu seiner Göttlichkeit handelt.

KAPITEL 19

Verstehen Sie das Geschenk des göttlichen Opfers!

(1) Darauf ließ Pilatus Jesus geißeln. (2) Die Soldaten flochten einen Kranz aus Dornen; dann setzten sie sie ihm auf und legten ihm einen purpurnen Mantel um. (3) Sie stellten sich vor ihm hin und sagten: Heil dir, König der Juden! Und sie schlugen ihm ins Gesicht. (4) Pilatus ging wieder hinaus und sagte zu ihnen: Seht, ich bringe ihn zu euch heraus; ihr sollt wissen, daß ich keinen Grund finde, ihn zu verurteilen. (5) Jesus kam heraus; er trug die Dornenkrone und den purpurnen Mantel. Pilatus sagte zu ihnen: Seht, da ist der Mensch! (6) Als die Hohenpriester und ihre Diener ihn sahen, schrien sie: Ans Kreuz mit ihm, ans Kreuz mit ihm! Pilatus sagte zu ihnen: Nehmt ihr ihn, und kreuzigt ihn! Denn ich finde keinen Grund, ihn zu verurteilen. (7) Die Juden entgegneten ihm: Wir haben ein Gesetz, und nach diesem Gesetz muß er sterben, weil er sich als Sohn Gottes ausgegeben hat. (8) Als Pilatus das hörte, wurde er noch ängstlicher. (9) Er ging wieder in das Prätorium hinein und fragte Jesus: Woher stammst du? Jesus aber gab ihm keine Antwort. (10) Da sagte Pilatus zu ihm: Du sprichst nicht mit mir? Weißt du nicht, daß ich Macht habe, dich freizulassen, und Macht, dich zu kreuzigen? (11) Jesus antwortete: Du hättest keine Macht über mich, wenn es dir nicht von oben gegeben wäre; darum liegt größere Schuld bei dem, der mich dir ausgeliefert hat. (12) Daraufhin

wollte Pilatus ihn freilassen, aber die Juden schrien: Wenn du ihn freiläßt, bist du kein Freund des Kaisers; jeder, der sich als König ausgibt, lehnt sich gegen den Kaiser auf.

Die *Dornenkrone* symbolisiert die Krone des Sieges oder Triumphes, die alle Menschen erlangen, wenn sie sich von der Dunkelheit zum Licht bewegen, vom Schmerz zum Frieden; sie steht für Ihre Souveränität, wenn Sie die Prüfungen und Widerwärtigkeiten des Lebens bewältigen. Es ist der Sieg des spirituellen Menschen, eine Macht, die sich in Sanftheit, Liebe und spiritueller Bewußtheit ausdrückt. Wenn Sie das Gewand der Zuversicht tragen – die Macht Gottes über alle Dinge Ihres Lebens –, werden Ihre Wahrnehmungskraft und Ihr Verstehen wachsen. Der Mensch des Glaubens und Vertrauens ist immer voller Macht und Kraft. Sie bezeichnen die herrschende Kraft in Ihnen, die sich auf den unerschütterlichen Glauben an die Eine Spirituelle Macht gründet. Wenn Sie an diese Eine Macht glauben und ihr vertrauen, tragen Sie das Diadem des Universums (die Dornenkrone). Nehmen Sie Ihr Kreuz auf (Ihr Ideal oder Ihre Vorstellung von Gott), und Sie werden zum Herrscher und Befehlshaber über die Menschen in Ihrem Geiste werden. Sie sind nun bereit, den purpurroten Mantel zu tragen, das Gewand der Royalität oder Ihres Königtums.

Die *Juden* in Vers 7 symbolisieren den Durchschnittsmenschen, der von alten Glaubensvorstellungen beherrscht wird oder glaubt, daß es eine zu bestrafende Blasphemie ist, wenn sich ein Mensch als Sohn Gottes bezeichnet.

In Vers 10 wird ausgedrückt, daß das Bewußtsein die Kraft hat, das Unbewußte zu kreuzigen oder ihm jegliche Idee oder Glaubensvorstellung mittels des Gefühls einzuprägen. Und es hat auch die Kraft, das Unbewußte durch Gebet, Meditation und positive Bekräftigung von Gottes ewigen Wahrheiten von allen negativen Zuständen zu reinigen oder zu befreien.

Vers 11 besagt, daß das Bewußtsein nicht wirkliche Macht besitzt, da nur das Unbewußte schöpferisch ist. Alle Macht liegt im Unbewußten. Das Bewußtsein wählt einfach die Vorstellung, die durch das subjektive Gefühl im Unbewußten begraben und dann dem Bewußtsein zurückgegeben wird. Das Unbewußte wird Ihre Überzeugungen, Glaubensvorstellungen und Gefühle annehmen, ob sie nun erhaben oder unwürdig sind.

In Vers 12 wird gesagt, daß sich die Macht des Kaisers (Bewußtsein oder weltlicher Glaube) auf das subjektive Gefühl gründet. Wenn wir unser Ideal zum Königtum erheben, lehnen wir uns gegen den Kaiser – die Welt – auf. Wenn neue Wahrnehmungen von Wahrheit und Erleuchtung unseren Geist und unser Gemüt erhellen, leugnen wir allen falschen weltlichen Glauben und lehnen ihn ab, womit wir den Kaiser ablehnen (die Welt oder den allgemeinen Glauben der Menschheit).

Die Welt, das meint den Geist des Durchschnittsmenschen mit all seinen falschen Informationen, Ansichten und Meinungen, die sich immer gegen die wirkliche Wahrheit der Dinge aussprechen. Wenn ein Mensch die Tatsache erkennt, daß sein eigener Geist verursachende Wirkung hat und in alle Erfahrungen, an die er glaubt, einfließt, dann kennt er das innere Prinzip der Verursachung; er ist voller Liebe oder neuem Verstehen, und er trägt den Sieg über die weltlichen Glaubensvorstellungen davon. Er wird zum Eroberer und Überwinder, und er wird weiter erobern und überwinden.

(15) Die Hohenpriester antworteten: Wir haben keinen König außer dem Kaiser.

Die Hohenpriester sind unsere herrschenden Glaubensvorstellungen; sie sind die, die auf die äußeren Mächte schauen, die an Ritual, Form und Zeremonien glauben, die von der Welt beherrscht werden, die auf die äußerliche Hierarchie bedacht und der starren Tradition verbunden sind. Diese Menschen sind gewöhnlich nicht willens, auf die Wahrheiten Gottes und des Lebens zu hören, da dies einen Verlust ihrer Macht und ihres Einflusses auf die Menschen bedeutet. *Die Hohenpriester* beziehen sich auch auf die Bewußtseinszustände in uns selbst, wie Stolz, Arroganz, Selbsttäuschung und alte theologische Gottesvorstellungen, die wir nicht aufgeben wollen.

Das sein, was wir sein wollen

(17) Er trug sein Kreuz und ging hinaus zur sogenannten Schädelhöhe, die auf hebräisch Golgota heißt. (18) Dort kreuzigten sie ihn und mit ihm zwei andere, auf jeder Seite einen, in der Mitte Jesus.

Golgota bedeutet Schädel oder unser Bewußtsein, das immer der Ort der Kreuzigung ist. Sie sterben in Golgota, wenn Sie sich nun lebhaft vorstellen und fühlen, daß Sie sind, was Sie sein wollen. Wenn Sie fortfahren, Ihr geistiges Bild mit Engagement und Enthusiasmus aufzuladen, werden Sie dieses Bild dem Unbewußten eingraben. Das Gesetz besagt: Was Sie eindrücken, drücken Sie aus. Sie sind nun in Golgota gestorben. Der alte Mensch ist gestorben, und das neue Bild oder die neue Selbstwertschätzung ist auferstanden.

Die Krone, die wir tragen, ist unser Ideal oder unsere neue Vorstellung von uns selbst. Wir müssen sie natürlich geistig bis zum Punkt des Todes oder der subjektiven Verkörperung oder der vollständigen Aneignung des Ideals tragen. Sie tragen Ihr Kreuz um der Freude willen, die Ihnen bevorsteht. Vernehmen Sie weiterhin die gute Botschaft; bleiben Sie darin fest, nur das zu hören, was Sie hören wollen. Wenn Sie Ihr Bewußtsein bis zum Punkt der Annahme erheben, stirbt die alte Vorstellung, und die neue kommt hervor und bewirkt eine Veränderung oder Verwandlung, die durch das Paschafest symbolisiert ist; dies ist auch die Kreuzigung.

In Vers 18 steht Jesus für unser Bewußtsein, das sich stets zwischen zwei Dieben befindet. Wenn Sie dieses Kapitel lesen, sagen Sie sich möglicherweise: »Das macht Sinn, weil es auf mich zutrifft.« *Die beiden Diebe* sind das, was Sie jetzt sind und das, was Sie gerne sein möchten; mit etwas anderen Worten ausgedrückt, sie sind Sie selbst und Ihr Verlangen.

Wenn Sie zum Beispiel Arthritis haben, dann sind der Schmerz und die Entzündung ein Dieb, und Ihr Verlangen nach Gesundheit, das Sie schon lange haben, ist ebenfalls ein Dieb; denn mein Verlangen, wenn es verwirklicht ist, würde sich als mein Erretter erweisen; wenn mein Verlangen weiterhin bestehen bleibt, beraube ich mich selbst der Freude von vollkommener Gesundheit. *Die beiden Diebe* haben wir alle bei uns, den Zustand des »ich bin nicht« und den des »was ich sein möchte«. Unser eigenes Bewußtsein (Jesus) befindet sich zwischen diesen beiden Zuständen. Ein Dieb sagt: »*Herr, gedenke an mich, wenn du in dein Reich kommst.*« (Lukas, 23,42) Und die Antwort ist: »*Heute noch wirst du mit mir im Paradies sein.*« (Lukas,

23,43) Diese beiden Verse legen die wahre Methode des Gebets dar.

Der Herr ist Ihre spirituelle Bewußtheit. *Gedenken* meint sich geistig sammeln, sich der Einen Macht zuwenden und sie als Ihren Herrn, Meister und Höchste Schöpferische Macht anerkennen. Sie sind von Ihrem Wunsch begeistert, und Sie fangen an, ihn im Bewußtsein zu umwerben und zu begehren, ganz so, wie ein verlobtes Paar möglichst schnell heiraten möchte. Wenn Sie sich in Zuversicht und Vertrauen Gottes Gegenwart und Kraft zuwenden, wendet sie sich Ihnen zu und antwortet auf die Natur Ihres Begehrens; dann stirbt das alte Muster, und das neue wird geboren; dies ist das Paradies oder Friede, das Einssein mit Ihrem Ideal.

In Vers 19 und 20 wird gesagt: *Pilatus ließ auch ein Schild anfertigen und oben am Kreuz befestigen; die Inschrift lautete: JESUS VON NAZARETH, DER KÖNIG DER JUDEN. Diese Inschrift war hebräisch, lateinisch und griechisch abgefaßt.* Das bezeichnet drei Stufen des Gebets. *Hebräisch* bedeutet Ihre spirituelle Macht oder Gott; *Griechisch* bedeutet die göttliche Idee oder das Verlangen, den Wunsch; *Lateinisch* bedeutet das Gefühl, zu sein, was Sie zu sein verlangen, und was sich in der Folge manifestieren wird. Hebräisch steht für die Sprache Gottes, Griechisch für die Sprache des Intellekts und Lateinisch für die Sprache des Handels. Man kann es auch anders ausdrücken: Hebräisch meint die Anerkennung Gottes oder Ihres Bewußtseins als schöpferische Macht; Griechisch meint das Verlangen oder den Gedanken in Ihrem Bewußtsein, die Vernunft; Lateinisch meint die Bewegung oder entsprechende Emotion, die erzeugt wird, wenn Sie über den Gedanken meditieren. Dies ist der schöpferische Vorgang bei allen beantworteten Gebeten. Sie müssen Ihren Ideen Flügel verleihen, sie beleben, zum Leben bringen.

Verwirrung der Sinne

(23) Nachdem die Soldaten Jesus ans Kreuz geschlagen hatten, nahmen sie seine Kleider und machten vier Teile daraus, für jeden Soldaten einen. Sie nahmen auch sein Untergewand, das von oben her ganz durchgewebt und ohne Naht war. (24) Sie sagten zueinander: Wir wollen es nicht zerteilen, sondern darum losen, wem es gehören soll. So sollte sich das Schriftwort erfüllen: »Sie verteilten meine Kleider unter sich und warfen das Los um mein Gewand.« Dies führten die Soldaten aus.

Diese Verse verweisen auf den verwirrten, zänkischen Geist der weltlich gesinnten Menschen der fünf Sinne, der die Wahrheit in viele Teile zerlegt; doch dabei weiß er nicht, daß es nur eine Wahrheit geben kann, weil es nur einen Gott gibt. Will sich der Mensch verwandeln, dann muß er alte Muster des Denkens und Fühlens ganz bewußt ablegen; das ist schmerzlich für ihn. Er will am Alten festhalten. Er stirbt genauso bereitwillig für seinen Aberglauben wie für die Wahrheit: der Mensch hat das nahtlose Gewand (den einen Gott, die eine Wahrheit) zertrennt und zahllose falsche Götter geschaffen. Er hat sogar die Atmosphäre mit seinen merkwürdigen Vorstellungen und falschen Doktrinen verschmutzt. Er betet Stöcke und Steine und alle möglichen äußeren Mächte an. Wir haben zahllose Sekten, Glauben, Dogmen, Meinungen und Überzeugungen.

Vier Teile aus der Kleidung machen steht symbolisch für

die Welt, denn *vier* meint die geschaffene, manifestierte Welt der Phänomene, die wir sehen. Die *Soldaten* symbolisieren den Krieg, der ständig im unerleuchteten und nicht wiedergeborenen Geist des Menschen stattfindet. Der Mensch führt Kriege wegen des Buchstaben des Gesetzes und ermangelt des Geistes der Liebe, der allen Dingen des Guten Leben gibt. Wir sollten vom Standpunkt der Liebe und des Guten aus handeln; dann gäbe es kein Gezänk über Unterschiede in der Religion.

Das Untergewand war von oben her ganz durchgewebt und ohne Naht. Das bezieht sich auf das Grenzenlose Eine, das uns alle bekleidet. Wir alle sind Gewänder, die Gott trägt, wenn er sich durch die Illusion von Zeit und Raum bewegt. Das Grenzenlose ist Eins und Unteilbar. Es kann keine zwei Mächte geben, denn sie würden einander aufheben, und wir hätten Chaos statt Kosmos. Zwei Unendlichkeiten sind eine mathematische Unmöglichkeit. Sie können Unendlichkeit weder multiplizieren noch teilen.

In Vers 24 wird uns gesagt, daß sie das Los um das Gewand warfen. Der Mensch glaubt an die Welt des Zufalls, des Unfalls, des Geschicks, des Ungeschicks, des Glücks, des Unglücks usw. Es gibt keinen Zufall in einer Welt von Recht und Ordnung.

(28) Danach, als Jesus wußte, daß nun alles vollbracht war, sagte er, damit sich die Schrift erfüllte: Mich dürstet. (29) Ein Gefäß mit Essig stand da. Sie steckten einen Schwamm mit Essig auf einen Ysopzweig und hielten ihn an seinen Mund.

Der Durst bezieht sich auf das intensive Verlangen, mit tiefen Zügen aus dem inneren Frieden, der Befriedigung und der Kraft des Heiligen Einen zu trinken. Ich bin sicher, daß Sie in diesem Augenblick nach Ihrem höchsten

Ideal dürsten. Lassen Sie Gottes Fluß des Friedens über die ausgetrockneten Bereiche Ihres Geistes und Gemüts fließen; dies ist der Tau des Himmels. Sie werden allmählich den Duft des Hohen ausströmen; darauf folgt ein wunderbares Gefühl der Erhebung; was immer Sie beschwert und bekümmert, es wird sich im strahlenden Glanz des inneren Grenzenlosen Lichts auflösen.

Der in Essig getauchte und auf einen Ysopzweig gesteckte Schwamm hat natürlich rein symbolische Bedeutung und bezieht sich auf einen Reinigungsprozeß des Geistes und Gemüts. Die reinigenden Eigenschaften des Ysops sind im Orient wohl bekannt. »Und der Essig, der ihm gereicht wurde, scheint mir ein symbolisches Ding zu sein... der Zweig bedeutete das königliche Zepter und göttliche Gesetz.« (Dionysius, Bischof von Alexandria, *Eine Interpretation des Lukas*)

Zur Erfrischung einer durstigen Person wurde im Orient *saurer Wein mit Myrrhe vermischt* gereicht. Dies steht für einen Übergangsprozeß, bei dem der Mensch allen falschen Glauben in der Welt aufgibt und geistig aufersteht in einer neuen Vorstellung von Gott und seinem Gesetz.

Der Satz in Vers 30: *Es ist vollbracht!* bedeutet Amen, das beantwortete Gebet, oder das stille innere Wissen der Seele. Es ist vollbracht, wenn es in unserem Bewußtsein und Unbewußten nichts mehr gibt, das unsere Überzeugung anficht. *Es ist vollbracht* bedeutet letztlich, daß der Mensch ganz und gar aus seinem Traum von Begrenzung im Hiesigen erwacht ist. Er ist der feste Stoff, der seinen Schmelzpunkt erreicht hat und in das Grenzenlose Eine geschmolzen ist.

Was Jesus am Kreuz rief

Häufig wird gefragt, warum rief Jesus am Kreuz: »Eli, Eli, lema sabachtani?«, was übersetzt wird mit: »*Mein Gott, mein Gott, warum hast du mich verlassen?*« Im apokryphen Evangelium des Petrus steht, daß der sterbende Christus rief: »Meine Kraft, meine Kraft, du hast mich verlassen«, was ein Unterschied ist. Die Encyclopedia Biblica erklärt, daß der ursprüngliche Text vermutlich von Schreibern geändert wurde, die nur Syrisch verstanden. Das aramäische Wort *sabachtani* bedeutet halten, bewahren.

Als junger Mann fragte ich einen meiner Lehrer: »Wie konnte Jesus Gott in Frage stellen, nachdem der den Grundsatz ›Ich und der Vater sind eins‹ kannte und bewiesen hat?«

Sie erraten vermutlich die Antwort. Es war die übliche: »Stell keine dummen Fragen!«

Jesus zitierte den zweiundzwanzigsten Psalm, aber der Übersetzer machte bei seiner Übertragung vom Hebräischen und Aramäischen einen Fehler. Das Wort *sabachtani* bedeutet im Hebräischen verherrlichen, nicht verlassen, aufgeben, für das das Wort *azabtani* hätte stehen müssen. Die wahre Bedeutung ist: »Mein Gott, mein Gott, wie hast du mich verherrlicht.« Die Wurzel von *Sabachtani*, *Shabach* bedeutet verherrlichen.

Die Bedeutung von *verlassen* in dem erwähnten Vers »Meine Kraft, meine Kraft, du hast mich verlassen« ist eigentlich loslassen, freisetzen, frei sein von. Der spirituelle Mensch läßt die Macht und Kraft des weltlichen Glaubens und aller äußerlichen Dinge los und gibt alle Herrlichkeit und Ehren Gott – der Einen Höchsten Macht. Er kennt nichts anderes. In diesem Sinne ist seine menschliche Willenskraft losgelassen oder vollkommen aufgegeben, und der Mensch gehorcht nun dem Einen Willen und untersteht Heiligen Weisungen oder Anordnungen, um hier und jetzt die Ordnung, Schönheit, Ganzheit, Vollkommenheit und das Licht Gottes hervorzubringen. Die Geschichte handelt von der Geburt des göttlichen Menschen in Ihnen.

(34) ... einer der Soldaten stieß mit der Lanze in seine Seite, und sogleich floß Blut und Wasser heraus.

(36) Denn das ist geschehen, damit sich das Schriftwort erfüllte: »Man soll an ihm kein Gebein zerbrechen.«

Die *Encyclopedia Biblica* legt dar, daß das Herausfließen von Blut und Wasser physiologisch unmöglich ist. Mit anderen Worten, aus einem toten Menschen fließen nicht *Blut und Wasser*; das ist absurd. *Blut und Wasser* sind hier Ausdrücke für die Kanäle göttlicher Gnade (Liebe und Weisheit). Wenn eine Frau gebärt, fließen aus ihr Blut und Wasser. Hier wird symbolisch von der spirituellen Wiedergeburt oder vom kosmischen Bewußtsein gesprochen.

Die Aussage, daß *man kein Gebein an ihm zerbrechen solle,* meint, daß das Leben Eins und Unteilbar ist, und dies kennzeichnet das Gefühl des Menschen, eins zu sein mit dem Allmächtigen Lebendigen Geist. *Nicht ein Gebein (Gedanke, Idee) ist zerbrochen* bedeutet, wir haben kein Gefühl der Trennung, sondern wir haben das vollkommene Gefühl, erfüllt oder eins zu sein mit Dem, Der Ewig Ist. Wir dürfen kein verzerrtes geistiges Bild haben, sondern müssen stets ein Gefühl der Ganzheit, Vollständigkeit und Vollkommenheit aufrechterhalten; dann wird nicht ein Gebein in unserem Körper oder Bewußtsein gebrochen werden.

In mystischem Sinne bedeutet *die Kreuzigung* Gott oder

die Menschwerdung des Absoluten. Das Grenzenlose Eine »kreuzt über« vom absoluten Zustand zum relativen Zustand. Das Unbedingte Eine wird bedingt. Das Gestaltlose Eine begrenzt sich selbst, indem es Gestalt, Umfang und Dimension annimmt. Jedes neugeborene Baby ist Gott, der zu diesem Kind wird, und in den Tiefen des subjektiven Geists und Gemüts dieses Kindes findet sich Gottes Gegenwart und Kraft in all Seiner Herrlichkeit. Wir sind hier, um die Kraft und Macht Gottes in uns zu errichten und alle Hindernisse und Widerstände zu entfernen, und somit unsere Göttlichkeit unter Beweis zu stellen.

Das göttliche Opfer

Die Kreuzigung des Christus ist ein Symbol für das göttliche Opfer; das heißt, die Begrenzung und Involution der göttlichen Energien und Eigenschaften im Innern drücken sich in Materie aus. Mit anderen Worten, Gott gibt uns und allen Dingen Leben. Gott ist in Ihnen eingehüllt, und der ganze Vorgang der Erlösung besteht darin, daß Sie enthüllen, was in Ihnen eingehüllt ist. Sie setzen die göttlichen Kräfte und Eigenschaften durch vermehrtes Wissen und Verstehen frei, Sie werden zum Überwinder aller Ängste, Zweifel und falschen Vorstellungen. Wenn Sie spirituell aufsteigen, werden Sie schließlich Ihr Einssein mit Dem, Der Ist, spüren. Sie werden der göttliche Mensch werden und alle Dinge tun, die ein Sohn Gottes tun kann. Sie werden die Ohren der Tauben und die Augen der Blinden öffnen. Sie werden Gott in jedem Moment Ihres Lebens verherrlichen.

Paulus sagte: »Ich bin mit Christus gekreuzigt, und dennoch lebe ich.« Wie könnte das buchstäblich verstanden werden? Es bedeutet, er ging hinüber in das Licht. Das Wort *Christus* meint die Gegenwart und die Kraft Gottes, die in Ihrem Leben wirken. Wenn Sie vom Licht Gottes erleuchtet sind, sind Sie mit Christus gekreuzigt.

Der Herr sagte zu Johannes: Du hast gehört, daß ich gelitten habe, doch ich habe nicht gelitten; daß ich durchbohrt wurde, doch ich wurde nicht gepeinigt; daß ich gehängt wurde, doch ich wurde nicht gehängt. So erkenne in mir das Töten eines Wortes (Logos). (Apostelgeschichte des Johannes 2. Jahrhundert)

Wie könnte Gott leiden? Wie könnte Gott getötet werden? Wie könnte Gott verwundet werden? Hier muß es sich gewiß um eine Illusion des Schmerzes und Leidens handeln. Es geht um das Töten eines Wortes. Gott scheint in uns gemordet und tot zu sein, bis wir aus unserem Schlummer und unserer hypnotischen Trance erwachen.

Schläft Gott in Ihrem Boot? Sie sind das Schiff, und wenn sich die Stürme des Lebens erheben, regen Sie sich nicht auf. Gott ist da. Wecken Sie ihn auf. »Erwache, der du schläfst, und stehe auf von den Toten, und Christus wird dich erleuchten.«

In Vers 38 dieses Kapitels steht, daß Josef aus Arimathäa den Leichnam Jesu fortnahm. *Josef aus Arimathäa* meint die höchst disziplinierte und geschulte Vorstellungskraft oder einen hohen Bewußtseinszustand. Unser Ideal muß *in einem Grab bestattet werden*, was eine tiefe, verinnerlichte Verkörperung meint, einen Zustand, in den wir unsere Vorstellung wie in einem Grab niederlegen. *Ein Stein* (Überzeugung) versiegelt das Grab. Dort legen wir Jesus oder unser neues Ideal nieder. Die Vergangenheit ist tot. Seht! Ich mache alle Dinge neu!

KAPITEL 20

Das Geheimnis der Auferstehung

(1) Am ersten Tag der Woche kam Maria von Magdala frühmorgens, als es noch dunkel war, zum Grab und sah, daß der Stein vom Grab weggenommen war. (2) Da lief sie schnell zu Simon Petrus und dem Jünger, den Jesus liebte, und sagte zu ihnen: Man hat den Herrn aus dem Grab weggenommen, und wir wissen nicht, wohin man ihn gelegt hat. (3) Da gingen Petrus und der andere Jünger hinaus und kamen zum Grab; (4) sie liefen beide zusammen dorthin, aber weil der andere Jünger schneller war als Petrus, kam er als erster ans Grab. (5) Er beugte sich vor und sah die Leinenbinden dort liegen, ging aber nicht hinein. (6) Da kam auch Simon Petrus, der ihm gefolgt war, und ging in das Grab hinein. Er sah die Leinenbinden liegen (7) und das Schweißtuch, das auf dem Kopf Jesu gelegen hatte; es lag aber nicht bei den Leinenbinden, sondern zusammengebunden daneben an einer besonderen Stelle. (8) Da ging auch der andere Jünger, der zuerst an das Grab gekommen war, hinein; er sah und glaubte. (9) Denn sie wußten noch nicht aus der Schrift, daß er von den Toten auferstehen mußte. (10) Dann kehrten die Jünger wieder nach Hause zurück.

Maria Magdalena bedeutet erlöste Liebe. Der Zöllner und die Hure sind oft die ersten, die die Wahrheit erkennen. Die Hure hat den tiefsten Punkt der Entwürdigung erreicht, ist frei von allem falschen Stolz, Egoismus, und sie ist sich ihrer Unzulänglichkeit sehr bewußt. Wenn sie nach Wahrheit hungert und dürstet, empfängt sie sie, weil sie ein Vakuum in ihrem Geist geschaffen hat, das den sanften Schritt des Ungesehenen Gastes aufnimmt. Sie untersteht dann den Heiligen Weihen. Sie hat das Vertrauen, daß das Unendliche sie führt und leitet, ohne den Weg zu diktieren oder vorzuzeichnen. Sie weiß, daß die Wege Gottes gut, sehr gut sind. Die grenzenlose Liebe, die Gnade Gottes und das wirkende Gesetz heben sie aus ihrem Elend und bringen Licht und Frieden in ihr Herz.

Der Stein, der vom Grab weggenommen worden ist, steht für die neue Geisteshaltung, ein Gewahrsein der Spirituellen Kraft, die den Stein der falschen Glaubensvorstellungen wegrollt. Die wahre Bedeutung der *Wiederauferstehung Christi* liegt darin, daß Sie aus Ihrer eigenen Tiefe Gesundheit, Frieden, Freude und Glück auferstehen lassen. Der Glaube des Menschen ist das Grab, in dem seine Gesundheit, Weisheit und sein Frieden eingeschlossen sind. Die Meinungen und falschen Vorstellungen des Menschen sind psychische Gewänder, die er trägt. Das neue Verständnis vom Leben – eine neue geistige Einstellung – ist der *Engel*, der den Stein wegrollt. Des Menschen Erwachen zur Macht und Kraft Gottes sprengt die Bande seines religiösen Glaubens und seiner Ängste, und er erhebt sich aus seinen toten Glaubensvorstellungen zur Wahrheit, die ihn freisetzt. Er geht ohne Krücken; dies ist die Wiederauferstehung Christi oder der Gesundheit. Die Wiederauferstehung von den Toten findet jede Stunde, jeden Tag, an vielen Orten der Welt statt.

Die in diesem Kapitel erwähnten *Jünger* meinen unsere Geistesfähigkeiten, unsere geistige Einstellung. *Jesus, der von den Jüngern gesehen wird*, bedeutet, Jesus (unser Verlangen) erhebt sich, unsere Vorstellung steigt aus dem Innern, dem Unbewußten in die Bewußtheit auf.

Das in Vers 7 erwähnte *Schweißtuch, das auf dem Kopf Jesu gelegen hatte*, bedeutet die Enthüllung des neuen Zustands. Wenn Ihr Gesicht bedeckt ist, erkenne ich Sie nicht. Wenn sich ein Mensch auf psychischer Ebene entkleidet, findet er Gott. Sie sind in Realität Geist. Sie sind das Haus Gottes, und um was immer Sie beten, es existiert bereits in Ihrem inneren Königreich der Realität. Entfernen Sie das Schweißtuch, das heißt, schließen Sie alle jene Sinne aus, die Ihnen Ihr Gut verweigern, und frohlocken Sie im Bewußtsein der Realität Ihres Verlangens, und es wird sich verwirklichen. Legen Sie das Alte ab und das Neue an.

(11) Maria aber stand draußen vor dem Grab und weinte. Während sie weinte, beugte sie sich in die Grabkammer hinein. (12) Da sah sie zwei Engel in weißen Gewändern sitzen, den einen dort, wo der Kopf, den anderen dort, wo die Füße des Leichnams Jesu gelegen hatten.

Die beiden Engel, die in der Grabkammer sitzen, stehen für den gegenwärtigen Zustand des Friedens und des neuen Verlangens. Wenn unser Gebet beantwortet ist, sind wir für eine Weile zufrieden, aber es kommt sofort ein neues Verlangen zur Weiterentwicklung auf.

Unsere Geistesfähigkeit schulen

(19) Am Abend dieses ersten Tages der Woche, als die Jünger aus Furcht vor den Juden die Türen verschlossen hatten, kam Jesus, trat in ihre Mitte und sagte zu ihnen: Friede sei mit euch!

Jesus, der seinen Jüngern erscheint und zu ihnen spricht, bedeutet, daß wir unsere Geistesfähigkeiten schulen oder zu ihnen sprechen und unsere Ausgeglichenheit und Sicherheit in der Wahrheit finden. Jesus – der die Lösung oder das beantwortete Gebet darstellt – hat sich nun manifestiert, und die Geistesfähigkeiten sind sich dieser Tatsache bewußt. Wenn die Lösung eintritt, wispert sie: »Friede sei mit dir.«

(20) Nach diesen Worten zeigte er ihnen seine Hände und seine Seite. Da freuten sich die Jünger, daß sie den Herrn sahen.

Das bedeutet, daß unsere Fähigkeiten sich über das beantwortete Gebet freuen. Wir fließen über in glücklichem Enthusiasmus. Unser Sehnen und unser Hunger ist nun zumindest eine Zeitlang gestillt. Der neue geistige Zustand errichtet immer seine gegenständliche Entsprechung und vereinigt sich damit.

(22) ... hauchte er sie an und sprach zu ihnen: Empfangt den Heiligen Geist.

Atem symbolisiert Leben. Wir empfangen den Heiligen Geist (heilen, ganzen Geist), wenn wir in Geist und Gemüt integriert und nicht mehr gespalten sind. Unser Gefühl ist nun eins mit unserem Verlangen; wir sind wieder heil, ganz, vereint und im Frieden; der Mensch mit einem Verlangen ist zwiegespalten; der Mensch, der mit seinem Ideal oder Verlangen eins ist, hat den Heiligen Geist empfangen oder das Gefühl der Ganzheit oder des Einsseins mit seinem Ziel im Leben. Er erlangt diesen Zustand der Ganzheit oder Einheit, indem er den Atem des Lebens in seine Idee haucht und in dieser geistigen Atmosphäre lebt, sich bewegt und ist.

(24) Thomas, genannt Didymus (Zwilling), einer der Zwölf, war nicht bei ihnen, als Jesus kam. (25) Die anderen Jünger sagten zu ihm: Wir haben den Herrn gesehen. Er entgegnete ihnen: Wenn ich nicht die Male der Nägel an seinen Händen sehe und wenn ich meinen Finger nicht in die Male der Nägel und meine Hände nicht in seine Seite lege, glaube ich nicht.

Thomas wurde der Zweifler genannt, jene Fähigkeit in Ihnen, die, wenn sie geschult ist, gegen jedes Gerücht vorgeht, das die Wahrheit Gottes in Frage stellt. *Er legt die Hand in die Seite* bedeutet, er berührt die Realität und akzeptiert nur die göttliche Lösung. Deshalb wird gesagt, daß er als einziger von allen Jüngern seinen *Finger in das Mal der Nägel* legt *und Jesus* (oder die Lösung) *berührte.*

KAPITEL 21

Wie Sie das Licht in uns allen finden

(1) Danach offenbarte sich Jesus den Jüngern noch einmal. Es war am See von Tiberias, und er offenbarte sich in folgender Weise. (2) Simon Petrus, Thomas, genannt Didymus (Zwilling), Natanael aus Kana in Galiläa, die Söhne des Zebedäus und zwei andere von seinen Jüngern waren zusammen. (3) Simon Petrus sagte zu ihnen: Ich gehe fischen. Sie sagten zu ihm: Wir kommen auch mit. Sie gingen hinaus und stiegen in ein Boot. Aber in dieser Nacht fingen sie nichts. (4) Als es schon Morgen wurde, stand Jesus am Ufer. Doch die Jünger wußten nicht, daß es Jesus war. (5) Jesus sagte zu ihnen: Meine Kinder, habt ihr nicht etwas zu essen? Sie antworteten ihm: Nein. (6) Er aber sagte zu ihnen: Werft das Netz auf der rechten Seite des Bootes aus, und ihr werdet etwas fangen. Sie warfen das Netz aus und konnten es nicht wieder einholen, so voller Fische war es. (7) Da sagte der Jünger, den Jesus liebte, zu Petrus: Es ist der Herr! Als Simon Petrus hörte, daß es der Herr sei, gürtete er sich das Obergewand um, weil er nackt war, und sprang in den See. (8) Dann kamen die anderen Jünger mit dem Boot – sie waren nämlich nicht weit vom Land entfernt, nur etwa zweihundert Ellen – und zogen das Netz mit den Fischen hinter sich her. (9) Als sie an Land gingen, sahen sie am Boden ein Kohlenfeuer und darauf Fisch und Brot. (10) Jesus sagte zu ihnen: Bringt von den Fischen, die ihr gerade

gefangen habt. (11) Da ging Simon Petrus und zog das Netz an Land. Es war mit hundertdreiundfünfzig großen Fischen gefüllt, und obwohl es so viele waren, zerriß das Netz nicht. (12) Jesus sagte zu ihnen: Kommt her und eßt! Keiner von den Jüngern wagte ihn zu fragen: Wer bist du? Denn sie wußten, daß es der Herr war.

Dies ist eine Geschichte vom Fischen. Wir alle sind Fischer, weil wir uns bemühen, aus den Tiefen unserer selbst die Antworten auf unsere Probleme herauszufischen. Die *Fischer* sind Bewußtseinszustände in uns, Fähigkeiten und geistige Einstellungen. *Das Boot, in das wir steigen*, ist natürlich unser eigener Geist insofern, als wir immer in unserem Geist reisen. Sobald wir ein Problem haben, setzen wir uns auf psychischer Ebene in Bewegung und versuchen, es zu lösen. Wir halten nach einer Lösung, nach einem Ausweg Ausschau; das wird in der Bibel fischen genannt.

So fischte auch Einstein viele Ideen aus den Tiefen seines Unbewußten. Er wußte, daß die Antworten auf seine Probleme im Innern zu finden waren. Er brachte sein Bewußtsein zur Ruhe, dachte von allen Blickwinkeln aus über die Antwort nach, lauschte still auf jede Führung und Lenkung, verband alle Fäden miteinander, und oft kam ihm dann die vollständige Antwort ins Bewußtsein. Manchmal dachte er still und intensiv über die Antwort auf sein Problem nach und übergab es dann voll Vertrauen und Zuversicht seinen tieferen Schichten des Unbewußten im Wissen, daß der Grenzenlose Geist im Innern ihm die Antwort geben würde. Das nannte er den Inkubationsprozeß. Das Unbewußte schien seine Frage aufzunehmen, eine Weile darüber nachzusinnen, und wenn es alle Fakten gesammelt hatte, übergab es sie dem Bewußtsein.

Vor einiger Zeit verlor ein Freund von mir, ein Priester, ein sehr wichtiges Dokument. Ich brachte meinen Geist und mein Gemüt zur Ruhe, indem ich mir die Wahrheiten des 91. Psalms ins Gedächtnis rief, und stellte mir vor, wie mein Freund mir sagte, daß er es gefunden habe. Ich hörte seine Stimme immer wieder; kurz darauf flüsterte mein subjektives Selbst: »Der Wagen seines Schwagers.« Das nennt man wahres Hellhören, das heißt, Sie hören tatsächlich die Innere Weisheit zu Ihnen sprechen. Ihre Gedanken kann nur das eingestimmte Ohr vernehmen; andere Menschen im gleichen Raum können sie nicht hören. Sie können die Antwort auf alles hören und sie aus den Inneren Tiefen herausfischen, wenn Sie still werden und wissen, daß die Antwort dort zu finden ist; lauschen Sie darauf – Lauschen in Demut und Bescheidenheit ist die Antwort. Auf meinen Vorschlag hin rief dieser Priester seinen Schwager an; und der war überrascht, das Dokument unter einem Teppich in seinem Wagen zu finden. Mein Freund weiß nicht, wie es dorthin gekommen ist, aber die Innere Weisheit wußte es.

Viele Menschen fischen die ganze Nacht, das heißt, sie fischen in der Nacht menschlicher Dunkelheit und Unkenntnis von den Gesetzen ihres Geistes; und sie wissen nicht, wo die Quelle all ihres Guts ist. Es gibt einen richtigen und einen falschen Weg, etwas zu tun.

Es gibt zum Beispiel eine richtige und eine falsche Weise, einen Kuchen zu backen, einen Brief zu schreiben, eine Rede zu halten. Es gibt eine richtige und eine falsche Weise, zu denken und zu leben. Wenn Sie nicht lernen, wie Sie konstruktiv denken (fischen) und mit den geistigen und spirituellen Gesetzen zusammenarbeiten, werden Sie eine Menge Schwierigkeiten bekommen. Wenn Sie eine falsche Einstellung zum Leben haben, scheint alles schiefzugehen.

Ich kannte ein Mädchen, das ein anderes Mädchen haßte. Sie hatte eine mißgünstige Einstellung. Durch Unterweisung lernte sie, Liebe, guten Willen und Freundlichkeit gegenüber der anderen »zu fischen«, indem sie für das Mädchen, das sie haßte, betete. Sie betete um Führung, Glück und Frieden für sie, und diese ihre Wünsche waren zutiefst aufrichtig. Sie betete häufig auf diese Weise, und die beiden Mädchen wurden beste Freundinnen. Später heiratete sie den Bruder des Mädchens, das sie einst gehaßt hatte. Dies heißt auf der rechten Seite fischen; Ihr Geist und Gemüt sind das Netz, das alle möglichen Fische einfängt; das heißt Gedanken, Gefühle, seelische Muster, Hoffnungen, Ängste, Machenschaften usw. des kollektiven Geists der Menschheit.

Im Meer des Geistes

Das kollektive Unbewußte der Menschheit wirkt auf uns alle ein. Wir sind eingetaucht in das große Meer des Geistes. Sie mögen sich oft über die seltsamen Gedanken wundern, die Ihnen in den Sinn kommen. Schlagen Sie den negativen, destruktiven Gedanken den Kopf ab, die an die Oberfläche Ihres Bewußtseins schwimmen, töten Sie sie, verbrennen Sie sie mit dem Feuer Göttlicher Liebe, wahrer und konstruktiver Vorstellungen. Denken Sie recht, tun Sie recht, fühlen Sie recht, handeln Sie recht und fischen Sie weiterhin auf der rechten Seite des Bootes. Weisen Sie alle negativen Eingriffe in Ihren geistigen Haushalt zurück. Wachen Sie über Ihr Netz (Ihren Geist und Ihr Gemüt); sehen Sie nach, ob es verdorbene Fische darin gibt; werfen Sie sie hinaus; verbrennen Sie sie im Feuer wahren, wissen-schaftlichen Denkens! Tun Sie das klar und entschieden, und Sie werden ein guter Fischer sein.

In Vers 4 wird ausgedrückt, daß die Lösung immer vorhanden ist. Wahrheit ist allgegenwärtig; so wird gesagt, daß sie *nicht wußten, daß es Jesus war.* Sie hatten die Wahrheit noch nicht erkannt.

Die Anweisung in Vers 6, *das Netz auf der rechten Seite des Bootes auszuwerfen,* meint die rechte Anwendung des Gesetzes zur Lösung unseres Problems. Nachdem sie ihre Netze (Ihre Gedanken oder Wünsche) in das Innere ausgeworfen hatten – und da Gott immer Vermehrtes gibt –, wurden ihnen eine Menge Fische gegeben; das bedeutet das vermehrte Göttliche Maß oder Gut. Das Unbewußte vermehrt immer außerordentlich und gibt Zinseszinsen für jede unserer Einlagen.

Petrus in Vers 7 symbolisiert Glauben. Der *ins Meer springende Petrus* bedeutet, daß uns alles gelingen wird, wenn wir unser Bewußtsein so geschult haben, daß wir unbedingt an unser Wohl glauben.

Land in Vers 9 bedeutet Manifestation. Das *Kohlenfeuer* ist das Feuer der Erleuchtung, die Wärme des Geists und das Gefühl der Sicherheit. *Die Fische* sind immer vorhanden, was bedeutet, daß aus der Stimmung des Friedens und der Harmonie alle die Dinge kommen, von denen wir uns in dieser Welt nähren.

In Vers 11 werden einhundertdreiundfünfzig Fische gefangen. Die Quersumme dieser Zahl ist neun. In neun Monaten bringt eine Frau ein Kind zur Welt, was heißt, wenn wir auf die rechte Weise fischen, werden wir immer von unserem Verlangen befruchtet sein. Die Zahl Neun ist symbolisch Besitz, Beherrschung und Meisterschaft zugeordnet. Auf unser Gefühl von Besitz erfolgt die Manifestierung, unser realisiertes Wohl, dem die Zahl Zehn zugeordnet ist. Wenn ein Freund zu Ihnen sagt, daß Sie Ihren Wunsch unmöglich verwirklichen können, dann wenden Sie sich nach innen, und fischen Sie aus Ihren Tiefen Vertrauen und Zuversicht in Gott, und Sie werden auch seine Manifestierungen oder Erfahrungen mit heraufziehen.

Hier folgen einige Höhepunkte der Schlüsselverse.

(15) Als sie gegessen hatten, sagte Jesus zu Simon Petrus: Simon, Sohn des Johannes, liebst du mich mehr als diese? Er antwortete ihm: Ja, Herr, du weißt, daß ich dich liebe. Jesus sagte zu ihm: Weide meine Lämmer!

Lämmer sind gehütete Tiere. *Weide meine Lämmer* meint, wir müssen die Dinge, die wir wollen, nähren, wir müssen liebevoll an sie denken.

(18) Amen, amen, das sage ich dir: Als du noch jung warst, hast du dich selbst gegürtet und konntest gehen, wohin du wolltest. Wenn du aber alt geworden bist, wirst du deine Hände ausstrecken, und ein anderer wird dich gürten und dich führen, wohin du nicht willst.

Der Vers besagt, daß unser Glaube nicht immer stark ist, wenn wir in der Wahrheit noch jung sind. Wir handeln manchmal, ohne zu denken, und tun nur das, was uns gefällt. Wenn wir alt sind, strecken wir unsere Hand aus; wir haben mehr Macht und tieferes Verständnis. Wir sind fester verankert; dieser Glaube oder diese geistige Einstellung wird uns weiterführen.

Das Licht sehen

(22) Jesus antwortete ihm: Wenn ich will, daß er bis zu meinem Kommen bleibt, was geht das dich an? Du aber folge mir nach!

Dieser Vers bezieht sich auf mystische Schöpfung. Er symbolisiert Johannes oder Liebe. Wir müssen unser Ideal lieben; dann kommt Jesus oder die Lösung. Dieser Vers lehrt uns auch, daß wir uns um unsere eigenen Angelegenheiten kümmern sollen. Leute sagen oft: »Was ist mit den Müllers nebenan? Sie stehlen und betrügen; und doch scheint es ihnen gutzugehen.« Ein Mensch kann eine Million Dollar besitzen und doch arm an Frieden, Harmonie, Liebe und Gesundheit sein. Er kann sie sich nicht kaufen.

(25) Es gibt aber noch vieles andere, was Jesus getan hat. Wenn man alles aufschreiben wollte, so könnte, wie ich glaube, die ganze Welt die Bücher nicht fassen, die man schreiben müßte. Amen.

Vers 25 sagt uns allen, daß sich das Mystische hier nicht auf den Menschen Jesus bezieht, sondern auf die Dramatisierungen und Verwirklichungen des ICH BIN oder Gottes. Gott denkt, und Welten treten in Erscheinung. Der ganze Kosmos ist Gottes Denken. Unsere kleine Welt hat nicht Raum, um die Werke des Grenzenlosen Einen zu fassen. Welcher Band oder welche Bände könnten die Taten des Unendlichen verzeichnen?

Alle Menschen werden Das Licht sehen: Wenn der Mensch zu seinem Wahren Selbst erwacht, wird er das Strahlen des Grenzenlosen Lichts erfahren. Und aus den Gefilden der Sünde und Bestrafung wird er hinübergehen in die grenzenlose Freiheit göttlicher Vollkommenheit.

DR. JOSEPH MURPHYS HAUPTWERKE ANGEWANDTER PSYCHOLOGIE

Alle Bücher in Großoktav, gebunden mit Goldprägung und farbigem Schutzumschlag

---

DIE MACHT IHRES UNTERBEWUSSTSEINS
DAS GROSSE BUCH INNERER UND ÄUSSERER ENTFALTUNG

Unser Unterbewußtsein lenkt und leitet uns, ob wir das wollen oder nicht. Dieses Buch zeigt, wie wir die unermeßlichen Kräfte des Unterbewußtseins in uns wecken und für unsere Ziele schöpferisch einsetzen können. 246 Seiten, ISBN 3-7205-1027-1.

DIE UNENDLICHE QUELLE IHRER KRAFT
EIN SCHLÜSSELBUCH POSITIVEN DENKENS

Dieses Buch zeigt, wie kraft positiven Denkens und bewußter Einstimmung Ihrer inneren Welt auf die universellen Realitäten des Geistes scheinbar Unmögliches möglich wird und Sie alle Ihre angestrebten Ziele erreichen können. 228 Seiten, ISBN 3-7205-1211-8.

DIE GESETZE DES DENKENS UND GLAUBENS
SIE WERDEN, WAS SIE DENKEN UND GLAUBEN

Sie erfahren hier, wie Sie gesetzmäßig die Macht des Denkens und Glaubens entwickeln und zur Geltung bringen, wie Sie das Gesetz des Heilens nutzen und der Segnungen der Liebe teilhaftig werden können. 234 Seiten, ISBN 3-7205-1061-1.

DER WEG ZU INNEREM UND ÄUSSEREM REICHTUM
IHR DENKEN GESTALTET IHR LEBEN

Es gehört zum Geburtsrecht jedes Menschen, gesund und geistig wie auch materiell reich zu sein. Wie Sie ideellen Reichtum des Geistes erwerben und in ein Leben auch materieller Fülle umsetzen können, das gelingt Ihnen mit Hilfe der hier angebotenen einfachen Methoden. 214 Seiten, ISBN 3-7205-1253-3.

WAHRHEITEN, DIE IHR LEBEN VERÄNDERN
DR. JOSEPH MURPHYS VERMÄCHTNIS

In diesem Vermächtnis-Buch faßt der Weltbürger des Geistes die Quintessenz seiner Lehren zusammen: Der Inhalt unseres Denkens und Glaubens gestaltet unsere Persönlichkeit, unser Leben, unsere Zukunft. Wer das Leben bejaht, zieht das Gute an und bringt in sein Dasein Freude. 200 Seiten, ISBN 3-7205-1330-0.

ARISTON VERLAG · GENF/MÜNCHEN

CH-1211 GENF 6 · POSTFACH 6030 · TEL. 022/786 18 10 · FAX 022/786 18 95
D-81379 MÜNCHEN · BOSCHETSRIEDER STRASSE 12 · TEL. 089/724 10 34